匡亚明 主编

中国思想家评传丛书

# 徐光启评传

陈卫平 李春勇 著

南京大学中国思想家研究中心

南京大学出版社

# 中国思想家评传丛书

徐文定公彩像

# 《中国思想家评传丛书》序

匡 亚 明

伟大的中华民族在长达五千年连绵不断的曲折发展过程中，像滚滚东流的长江那样，以磅礴之势，冲破了重重险阻，奔腾向前，现在更以崭新面貌，雄姿英发，屹立于世界民族之林。这是人类历史上的一个奇迹。产生这一奇迹有诸多原因，其中十分重要的一点，就是我们勤劳、勇敢、智慧的各族人民，在长期的生产活动、社会活动、思维活动和对外交往以及抗击外来侵略过程中，逐渐创造、积累、发展了具有以生生不息的内在思想活力为核心的优秀传统思想文化。这是一种伟大、坚强的精神支柱，是我们民族凝聚力和生命力之所在，是历史留给我们所有海内外炎黄子孙引以自豪的无价之宝。

当然，和各国各种不同传统思想文化一样，在中华民族的思想文化传统中，也是既有精华，又有糟粕，因而全盘肯定或全盘否定，不对；一知半解、信口开河或裹足不前、漠然置之，也不对。郑重而严肃的态度应该是对它进行实事求是的科学的研究和分析，取其精华，弃其糟粕，继承和弘扬这份瑰宝，振兴中华，造福人类。人类历史发展的连续性，就是在不断去粗取精、继往开来和改革创新过程中实现的。继往是为了开来，开来不能离开继往。民族虚无主义和复古主义，都是违背历史发展的辩证规律的。

现在我们国家正处在一个新的继往开来迈向四化的关键时刻。继往就是继民族优秀传统之往，开来就是开社会主义现代化建设之来。对中国传统思想文化从广度和深度上进行系统研究，实现去粗取精的要求，正是继往开来必须完成的紧迫任务。我认为这是中国各族人民，首先是文化界、学术界、理论界义不容辞的光荣职责。但面对这一时间上长达五千年，内容上涉及人文科学、自然科学等各个领域的传统思想文化，将从何着手呢？毛泽东同志早在 1938 年就说过："从孔夫子到孙中山，我们应当给以总结，承继这一份珍贵的遗产。"[①]这是很有远见而又切合实际的英明建议。从孔子到孙中山这两千余年是中国历史上思想文化最丰富的时期，如果总结了这段历史，也就基本上总结了五千年传统思想文化的主要内容。当然，基本上不等于全部。孔子以前和孙中山以后的情况，可以另行研究。因此，我认为首先最好是在时间上从孔子开始到孙中山为止，方法上采取

① 毛泽东《中国共产党在民族战争中的地位》，《毛泽东选集》第 2 卷，人民出版社 1952 年版，第 522 页。

《中国思想家评传丛书》的形式作为实现这一任务的开端。这就是从这段历史的各个时期、各个领域和各个学科（包括文、史、哲、经、教、农、工、医、政治等等）有杰出成就的人物中，遴选二百余人作为传主（一般为一人一传，少数为二人或二人以上合传），通过对每个传主的评述，从各个侧面展现那些在不同时期、不同领域中有代表性人物的思想活力和业绩，从而以微见著、由具体到一般地勾勒出这段历史中中国传统思想文化的总体面貌，揭示其积极因素和消极因素的主要内涵，以利于开门见山、引人入胜地批判继承、古为今用，也为进一步全面系统地总结中国传统思想文化打下基础。自从毛泽东同志提出上引建议后，半个世纪以来，不少专家学者已从各个方面做了许多工作，但对全面完成这个任务来说还远远不够，还要在深度和广度上继续努力。作为"抛砖引玉"，本《丛书》只是这个继续努力所应完成的工作的一部分。《丛书》凡二百部，约四千万言，自 1990 年开始陆续出版，争取十到十五年全部出齐。

《丛书》所以用"中国思想家评传"命名，主要是考虑到中国传统思想文化中的核心是生生不息的内在思想活力，而历史事实也反复证明，凡是在各个不同时代不同领域和学科中取得成就者，大多是那些在当时历史条件下自觉或不自觉地认识和掌握了该领域事物发展规律的具有敏锐思想的人。他们取得成就的大小，取决于思想上认识和反映这些规律的程度如何。思想并非先验之物，它所以能反映和掌握这些规律，主要是通过社会实践和对前人思想成果的借鉴和继承。思想一旦形成，反过来在一定程度上又对实践起决定性指导作用。

韩愈说的“行成于思，毁于随”[①]，列宁说的“没有革命的理论就不会有革命的运动”[②]，这些话，虽所处时代和所持立场不同，所要解决的问题的性质也不同，但就认识论中思与行、理论（思想的高度概括）与实践的关系而言，确有相通之处，即都强调思想对实践的指导意义和作用。因此我们以“中国思想家评传”命名，就是力图抓住问题的核心，高屋建瓴地从思想角度去评述历史人物，以便对每个传主在他所处时代的具体情况下，如何在他所从事的领域中，克服困难，施展才华，取得成功，做出贡献，从思想深处洞察其底蕴。历史上各个时代富有思想因而能在有关方面取得成就的人，直接阐述自己思想观点的论著虽亦不少，但大量的则是其思想既来自实践（包括对前人、他人实践经验的吸取）、又渗透在自己创造性实践之中，集中凝聚在他自己的业绩和事功上，而没有留下论著。另一些人却只留下著作而无其他功绩，对这些人来说，他那些有价值的著作就理所当然地是他的伟大业绩和事功。如果论述一个人的思想而不联系他的业绩（包括著作），必将流于空洞的抽象；同样，如果只讲一个人的具体业绩而不结合他的思想活动，又必将成为现象的罗列。评价思想和评价业绩，两者不应偏废。而不断在实践中丰富和深化的思想活力则是经常起主导作用的因素，强调这个因素，引起人们的正视和反思，正是我们的主旨和目的。当然，思想和思想家，思想家和实践家，都是既有区别又有联系的不同概念，忽视这一点是不对

① 韩愈《进学解》，中华书局《四部备要》东雅堂本《韩昌黎全集》卷一二，第3页。

② 列宁《怎么办》，《列宁选集》第1卷，人民出版社1976年版，第241页。

的。《丛书》的重点则是放在两者的联系和结合上。至于如何使两者很好联系和结合而又着意于剖析其思想活力，各占多少篇幅或以何种方式表达，则自当由作者根据传主的具体情况创造性地作出妥善安排。

自从人类历史上产生了马克思主义，不仅全人类解放和发展有了划时代的明确方向，学术研究也有了更严密的科学方法，即辩证唯物主义和历史唯物主义的世界观和方法论。根据这一科学方法，在研究和总结中国传统思想文化，特别是联系到《丛书》的撰著时，我认为下列几点应特别引起重视。

一、坚持实事求是的原则。实事求是是贯串在马克思实际活动和理论研究中的主线，离开了它也就离开了马克思主义。只有切实掌握了客观情况，才能得出正确的认识和判断。前者为“实事”，后者为“求是”，二者相结合，就叫实事求是。事不实则非夸即诬。为了弄清情况，就必须对情况的本质与现象、整体与局部、真与伪、精与粗，作出区别、梳理和取舍，这样才能掌握情况的实质，达到“实事”的要求；然后进一步加以分析研究，找出事物本身固有的真相而非主观臆测的假象，并验证其是否符合人民利益和人类历史前进方向，是否反映科学、技术、文化、艺术的发展规律，这样才能得出正确的认识和判断，达到“求是”的要求。实事求是是治学的基本功夫，是对每个传主的功、过、是、非作出公正评价的必要前提。不论古今中外，对历史人物过高或过低的不公正评价，大都由于未能认真坚持实事求是原则的缘故。

二、坚持批判继承的原则。马克思主义学说就是批判的学说，而批判是为了继承、发展和创新。这就需要我们在实事求是的基础上，既要继承发扬传主业绩和思想中的积极因素，又要批判清除其消极因素。凡传主业绩和思想中体现了诸如爱国主义、民主意识、科学见解、艺术创造和艰苦奋斗、克己奉公、追求真理的精神，即在符合历史前进要求的"立德"、"立功"、"立言"诸方面有显著成就等积极因素者，必须满腔热情地加以继承和弘扬，并紧密结合当前社会主义建设实际，使之深入人心，蔚然成风；凡反映有诸如封建迷信、专制独裁、愚昧落后、丧失民族尊严和违背科学进步等消极因素者，必须以历史唯物主义的观点加以批判，清除其一定程度上至今尚起作用的消极影响，而消极因素经过彻底批判后可转化为有益的教训；凡积极因素和消极因素相混者，更当加以认真清理和扬弃，既发扬其积极因素又摒弃其消极因素。我们力求一点一滴、切实认真地探索各个传主思想和业绩中珍贵的积极因素，使之成为全国各族人民正在从事的继往开来伟大历史工程的组成部分。

三、坚持"百花齐放"、"百家争鸣"的原则。"百花齐放"和"百家争鸣"，是发扬学术民主、促进学术繁荣的正确原则和巨大动力。前者强调一个"齐"字，后者强调一个"争"字，是表示学术上平等、民主和自由的两种不同状态；前者突出的是统一与和谐，后者突出的是区别与争论；两种状态又统一于不断地相互促进和相互补充、转化的持续发展提高过程之中。"百花齐放"、"百家争鸣"的原则体现在撰著评传时，应从"齐放"和"争鸣"出发，综合中外各个时期对有关传主的不同评价，吸取符合客观存在的对的东西，摒弃其违反客观存在的不实的东西，然后创造性地提出经过自已独立思考的、赶前人或超前人的一家之言。同时，对整个《丛书》而言，也有个共性、个性又统一又区别的问题。这就是一方面作者应把"实事求是"、

“批判继承”和“百花齐放”、“百家争鸣”这几点作为大家的共性(统一与共识);另一方面,对每部评传的立意、结构和行文(文体、文风和文采等),则主要是作者的创造性思维劳动和雅俗共赏的文字表达艺术的成果,是彼此的个性(区别),不宜也不应强求一律。评传作者都有充分自由去发扬这一个性,力求在对每一传主的评述中探索和展示其积极因素,使之和正在变革中国面貌的伟大社会主义建设实践融为一体,丰富其内容,促进其发展,而不是仅仅停留在对传主思想业绩的一般性诠释上。

我认为,以上三点大体上可以表达《丛书》所遵循的主要指导思想,但也不排除用其他思想和方法得出的有价值的研究成果。

感谢所有关心和支持《丛书》工作的单位和个人,特别感谢《丛书》的名誉顾问和学术顾问。他们的热情关心、支持和指教,使《丛书》工作得以顺利进行。更要感谢所有承担评传撰著任务的老中青学者,他们都以严谨的治学态度,作出了或正在作出对学术、对民族、对历史负责的研究成果。没有他们的积极合作,《丛书》工作的开展是不可能的。《丛书》副主编和中国思想家研究中心、南京大学出版社,在制定《丛书》规划,约请和联系国内外学者,审定书稿以及筹划编辑出版等方面,克服重重困难,做了大量工作,他们的辛勤劳动是《丛书》能按预定计划出版的必要前提。

现在《丛书》开始出版了,我作为年逾八旬的老人,看到自己迫于使命感而酝酿已久的设想终于在大家支持合作下实现,心情怡然感奋,好像回到了青年时代一样,体会到“不知老之将至”的愉悦,并以这种愉悦心情等待着《丛书》最后一部的问世；特别盼望看到它在继承中华民族传统思想文化的珍贵遗产方面，在激励人心、提高民族自尊心和爱国主义思想方面，在促进当前建设有中国特色的继往开来的社会主义现代化物质文明和精神文明的历史性伟大事业中，能起到应有的作用。我以一颗耄耋童心，默默地祝愿这一由一批老中青优秀学者经长年累月紧张思维劳动而作出的集体性学术成果能发出无私的熠熠之光，紧紧伴照着全民族、全人类排除前进道路上的各种障碍，走向和平、发展、繁荣、幸福的明天！

热诚欢迎国内外同仁和各界人士不吝赐教，以匡不逮。是为序。

1990 年 10 月 7 日

## 内 容 简 介

本书把晚明期间的徐光启(1562—1633)放到中国的传统文明向近代文明嬗变的历史必然中予以考察和评价。徐光启所处的时代,是“天崩地解”前夜的动荡腐朽时期,也是“推故而别致其新”的多元裂变时期。他既是在科举“烂路”上屡败屡战的传统儒生,又是倡导近代科学思维的前驱人物;他既是浸润于尧舜孔孟程朱陆王的士大夫,又是试图以天学“补儒易佛”的洋教徒;他既描绘了会通中西以求超胜的宏伟蓝图,又无法冲破旧世界的制度网罗;他既具有正派清廉的高尚道德,又不乏周旋官场的政治智慧。总之,徐光启的思想既有孕育近代文明的超前性,又有束缚于传统的滞后性。因而他既是传统社会立言、立功、立德的理想人物,又是为传统社会压抑而郁闷的悲剧人物。试想,如果徐光启思想的近代胚芽在当时能够生长发育,那么中国的近代社会及其思想史大概就是另一种写法了。

## A Brief Introduction

This book puts Xu Guangqi (1562—1633) of the late Ming Dynasty into the historical inexorable trend transforming from Chinese traditional civilization to the Modern civilization for the observation and evaluation. The time he lived was not only at the eve of "the Sky Crashed and the Earth Cracked" which showed the sign of shaking and corrupting, but also in "Reviewing the past in order to Make Changes for the New Age" which manifested a split of plurality. Xu was not only a traditional Confucian who lost but fought repeatedly in the corrupt imperial examination, but also a pioneer of advocating the modern scientific thinking. He was not only the imperial official who was cultivated in the ideology of Yao, Shun, Confucius, Mencius, Chen Yi, Chen Hao, Zhu Xi, Lu Xiangshan and Wang Yangming, but also the Christian who tried to perfect Confucianism and change Buddhism with the Catholic theology. He drew a great blueprint of integrating Chinese with the West in order to get triumph, however, he could not break the network of the old world system. He was not only an incorruptible man of noble morality, but also a politic official of politic wisdom. In short, the ideas of Xu Guangqi had the leading capacity of gestating the modern civilization, at the same time with the nature of lag bounded by the traditional force. Hence, Xu Guangqi was an ideal figure who had established theory, achieved merits and virtues for the traditional society, however, he was a tragedy person who felt depressed and sad for the traditional society. Nevertheless, suppose the modern embryo of Xu Guangqi's thinking could grow and develop at that time, then, the Chinese modern society and thinking history would have another direction.

# 目 次

# A CRITICAL BIOGRAPHY OF XU GUANGQI

## CONTENTS

# 前言

徐光启，一个生活于约400年前的人物，距离今天是相当遥远了。但是，人们对历史人物的价值总是会随着历史的发展而有新的认识，由此历史人物走近了我们，我们也走近了历史人物。

当中国的历史推进到了20世纪和21世纪交替之际，改革开放的浩荡春风，翻卷着全球化的奔腾大潮，上海成为了中国现代文明的象征。在20世纪90年代，有位散文家看到了，在徐光启的身上，已经显示了上海如此历史走向的端倪。在散文家的笔端下，徐光启是这样出场的：

上海前些年在徐家汇附近造了一家豪华的国际宾馆，叫华亭宾馆，这个名字起得不错，因为上海古名华亭。……早期的上海人也就是华亭人。但是这与我们所说的上海文明基本不相干。我认为上海文明的肇始者，是明代进士徐光启，他可算第一个严格意义上的上海人。他的墓，离华亭宾馆很近。两相对应，首尾提挈，概括着无形的上海文明。

今天上海人的某种素质，可在徐光启身上找到一些踪影。这位聪明的金山卫秀才，南北游逛，在广东遇到了意大利传教士郭居静，一聊起来，十分融洽，徐光启开始知道了天主教是怎么回事。这年他34岁，对以儒学为主干的中国宗教精神早已沉浸很深，但他并不把刚刚听说的西方宗教当作西洋镜一笑了之，也不仅仅作为一种域外知识在哪篇著作中记述一下而已，而是很深入地思考起来。他并不想放弃科举，4年后赴京应试，路过南京时专门去拜访更著名的欧洲传教士利玛窦，询问人生真谛。以后又与另一位传教士罗如望交结，并接受他的洗礼。

洗礼后第二年，徐光启考上了进士，成了翰林院庶吉士，这对中国传统知识分子来说已跨进了一道很荣耀的门坎，可以安安心心做个京官。但这个上海人很不安心，老是去找当时正在北京的利玛窦，探讨的话题已远远超出宗教，天文、历法、数学、兵器、军事、经济、水利，无所不及。其中，他对数学兴趣最大，穿着翰林院的官服，痴痴迷迷地投入了精密的西方数学思维。不久，他居然与利玛窦一起译出了一大套《几何原本》，付诸刊行。当时还是明万历年间，离鸦片战争的炮火还有漫长的230多年光阴。

这个上海人非常善于处世，并不整天拿着一整套数学思维向封建政治机构寻衅挑战，而是左右逢源，不断受到皇帝重用。《几何原本》刊行20年后，他竟然做了礼部侍郎，不久又成了礼部尚书。获得了那么大的官职，他就正儿八经地宣扬天主教，提倡西方科学文明，延聘重用欧籍人士，忙乎了没几年，劳累而死。徐光启死后，崇祯皇帝还“辍朝一日”，以示哀悼，灵柩运回上海安葬。安葬地以后也就是他的家族世代汇居地，开始称为“徐家汇”。徐光启至死都是中西文化的一种奇异组合：他死后朝廷追封加谥，而他的墓前又有教会立的拉丁文碑铭。

开通、好学、随和、机灵，传统文化也学得会，社会现实也周旋得开，却把心灵的门户向世界文明洞开，敢将不久前还十分陌生的新知识吸纳进来，并自然地汇入人生。不像湖北人张居正那样为兴利除弊深谋远虑，不像广东人海瑞那样拼死苦谏，不像江西人汤显祖那样挚情吟唱，这便是出现在明代的第一个精明的上海人。

人生态度相当现实的徐光启是不大考虑自己的“身后事”的，但细说起来，他的身后流泽实在十分了得。他的安葬地徐家汇成了传播西方宗教和科学文明的重镇。著名的交通大学从19世纪末开始就出现在这里，复旦大学在迁往江湾之前也一度设在附近的李公祠内。从徐家汇一带开始，向东延伸出一条淮海路，笔直地划过上海滩，它曾经是充分呈现西方文明的一道动脉，老上海高层社会的风度，长久地由此散发。因此有人认为，如果要把上海文明分个等级，最高一个等级也可名之为徐家汇文明。

徐光启的第十六代孙是个军人，他有一个外孙女叫倪桂珍，便是名震中国现代史的宋氏三姐妹的

> 母亲。倪桂珍远远地继承了先祖的风格，是一个虔诚的基督教徒，而且仍然擅长数学，她所哺育的几个女儿对中国现代社会的巨大影响，可看作徐光启发端的上海文明的一次重大呈示。[1]

散文家以上海现代文明的萌发为焦点来透视徐光启，这仅是评价徐光启的一个角度，而且有些说法不很恰当，如讲徐光启不大考虑自己的"身后事"，实际上他正是在认同了天主教关于"身后事"的教义后，最终接受洗礼的。我们之所以大段地引用这位散文家的上述文字，主要是因为由此可以进一步地形成更广阔的视野，这就是把徐光启的思想放到中国的传统文明向近代文明嬗变的历史必然中予以考察和评价。以如此的视野来撰写这本作为思想家的徐光启的评传，并非无的放矢。那位散文家在揭示了徐光启作为上海现代文明的渊源后，发出了这样的感慨："这一包涵着必然历史逻辑的传承系脉，在今天常常被现实喧闹湮没得黯淡不清"；"忘记了徐光启倒是小事，怕只怕上海文明因失落了远年根基而挺不起身"。[2] 如果说当代中国人完全忘记了徐光启，恐怕不那么确切，因为在我们的历史教材中一般都会提及其科学成就。然而，尽管已经有了不少徐光启的传记，[3]对于徐光启在中国传统文明向近代文明转型中的思想地位，还是缺少深入研究。

---

① 余秋雨：《文化苦旅》，上海，东方出版中心，1992年，第145—147页。

② 余秋雨：《文化苦旅》，第147页。

③ 这些传记主要有：方豪，《徐光启》，重庆，胜利出版社，1944年；王重民，《徐光启》，上海，上海人民出版社，1981年；施宣圆，《徐光启》，南京，江苏古籍出版社，1984年；罗光，《徐光启传》，台北，传记文学社，1970年。

我们希望本书对此有所推动，使读者看到在徐光启那里折射出的从传统走向近代的思想之光。

古人云：知人论世。思想总是时代的产儿，思想也是时代的记录。因此我们首先来展开徐光启生活的时代画卷。

# 第一章 “天崩地解”与“推故而别致其新”

个人活动的舞台是由时代的社会历史条件确定的，但个人的思想如果没有超越时代的火花，那么他就不可能闪烁在时代思想的星空里。而点燃他思想火花的要素，又是为时代所蕴涵的。

徐光启(1562—1633)生活的年代，大约相当于史家所说的晚明时期。[①] 他出生的那一年，总共存在了 276 年的明朝已经走过了 194 个春秋，他去世的那一年，离开明朝的覆灭只有 11 年了。学术界在考察中国社会的历史演进时，经常把“明末”和“清初”联系在一起，将其作为相对独立的历史阶段标示出来，称之为“明末清初”或“明清之际”。这是因为它具有特殊的时代内涵。当时的一些思想家对此已有敏锐的意

---

① 樊树志的《晚明史》(上海，复旦大学出版社，2003 年)，指自万历元年(1573 年)至崇祯十七年(1644 年)。

识,其中最具代表性的说法,是黄宗羲(1610—1695)的“天崩地解”[①]和王夫之(1619—1692)的“推故而别致其新”[②],前者揭示了中国两千年来的传统社会正在崩塌瓦解的历史趋势,后者指出了不同于以往传统的一些新因素正在酝酿滋生。这两者其实是同一历史进程的两个方面:旧事物的没落总是与新事物的萌发相伴随。徐光启在这样的时代度过了一生。

## 一、重重叠叠的弊端危机

如果以季节来形容晚明在中国两千多年封建社会漫长历史中的位置,那就是枯叶满地的深秋。在这深秋的季节里,封建社会的弊端已是不可救药的沉疴,由这些弊端造成的社会危机日益深重,明王朝正在无可挽回地走向自己的尽头。如此的趋势,大约是由张居正新政的终结而明白显露的。

张居正(1525—1582)新政对于明朝统治来说,犹如夕阳西落之前的最后一道霞光。隆庆六年(1572年)神宗继承帝位,张居正进而为首辅,总揽大权,开始了直到他去世为止的十年改革。他指出当时的政治存在五大弊端:“曰宗室骄恣,曰庶官瘝旷,曰吏治因循,曰边备未修,曰财用大匮。”明王朝就像一座“将圮未圮”的大厦。[③] 他描述的局势是:“长安棋局屡变,江南羽檄旁午,京师十里之外,大盗十百为群,贪风不

① 《留别海昌同学序》,《黄宗羲全集》第10册,杭州,浙江古籍出版社,2005年,第646页。

② 《周易外传》卷二,北京,中华书局,1977年,第63页。

③ 《张文忠公全集》卷一二,《论时政疏》。

止，民怨日深，倘有奸人乘一时之衅，则不可胜讳矣”；因而“非得磊落奇伟之士，大破常规，扫除廓清，不足以弭天下大患”。[①] 张居正以“磊落奇伟之士”的姿态，雷厉风行地“大破常规，扫除廓清”，推行改革新政。他整顿吏治，建立官吏考成制度，贯彻综核名实、信赏必罚的原则，在一定程度上改变了官僚机构的颓靡之风：“自考成法一立，数十年废弛丛积之政，渐次修举。”[②]他认为养士之本在于学校，对府、州、县学进行了整顿，其重点是严格考试制度，严格甄选督学官员，不合格者坚决淘汰，堵塞奔竞之门，杜绝请托之举，期望由此在十年后可以培养出比较充足的人才。为了发展农业，他起用治河专家潘季训督修黄河水利工程。他十分关注边防问题，支持了王崇古处理蒙古俺答的封贡主张，由此在万历时俺答部落不再进行骚扰活动，而是与汉人贸易互市，并筑建城廓(明政府赐名“归化”，即今呼和浩特市)。他调戚继光整顿蓟镇防务，用李成梁防守辽东，在东南沿海也加强了戒备，因而当时的边境比较安定。张居正新政最卓有成效的，是扭转了财政困难的局面。嘉靖、隆庆年间国库几乎年年亏空，隆庆三年(1569 年)，张居正向皇帝报告：每年所入为 250 余万两，而支出达 400 余万两，亏空 150 万两。张居正认为国家财政危机的根本原因之一，是赋税征收处于严重的混乱和不均状态，豪民兼并了大量土地，隐匿不报，拒不纳税。因此在万历六年(1578 年)张居正开始清丈土地。经三年的清丈，新增耕地面积 1828542.73 顷，与万历六年的耕地面积相比较，增

---

① 《张文忠公全集》卷二八，《答耿楚同》。

② 《明神宗实录》卷七一。

长率为35.29%。[1] 在此基础上，为了平均赋役，他于万历九年(1581年)在全国推行著名的一条鞭法，将赋税、徭役一元化。这些财政经济改革措施，使财政赤字渐趋消灭，“自正(德)嘉(靖)虚耗后，至万历十年间，最称富庶”[2]。

万历十年(1582年)六月，张居正病逝。张居正其人其政本来就有不少非议，他死后，立即受到多方面的攻击，不仅被削去生前所有的官衔，家产抄没，还差点将其剖棺戮尸，其家人或被迫自杀，或被流放边地。于是，人亡政息，万历新政很快就烟消云散了。张居正曾指出的五大弊端不仅故态复萌，而且变本加厉。在张居正去世两年多后，中国历史上著名的清官、明朝另一位曾进行过某些改革的“磊落奇伟之士”海瑞(1514—1587)，在72岁高龄时重新受到任用，官至南京都察院右都御史。但他根本不能有所作为，在此后的两年多里，七次上疏辞官，乞归田里，谓“年七十有四非做官时节，况天下事只如此而已，不去何为”[3]。就在74岁那年，他黯然逝世在官衙里。张居正和海瑞在晚明的遭遇，说明明王朝已经没有通过改革来化解社会危机的能力，即便是“磊落奇伟之士”，也无法改变它腐烂没落的趋势。

但是，当时士大夫阶层中关心时局的有识之士，仍在思考着如何应对所面临的社会危机，徐光启就是其中的一员。万历九年(1581年)，即张居正去世的前一年，徐光启在金山卫

---

① 参见樊树志：《晚明史》，上海，复旦大学出版社，2003年，第295页。

② 汤纲、朱元寅：《二十五史新编·明史》，上海，上海古籍出版社，1997年，第195页。

③ 梁云龙：《海忠介公行状》，《海瑞集》下册，北京，中华书局，1962年，第543页。

中了秀才,“便以天下为己任”;万历二十五年(1597年),在张居正去世15年和海瑞去世10年后,徐光启成为举人,“尤锐意当世,不专事经生言,遍阅古今政治得失之林”[①]。显然,在这十六七年里,徐光启一直在注视着万历新政前后的当世政治,尤其用心思考的是挽救新政失败之后国势迅速衰落的办法,如其自己所说:“时时窃念国势衰落实十倍于宋季,每为人言富强之术。”[②]而海瑞和张居正在政治上的得失,无疑是他从政经世时所要借鉴的。虽然张居正不太喜欢海瑞,但他们两人的改革措施有很多是相同的,如摧豪强、抑兼并、兴修水利、整顿吏治、推行一条鞭法等。从某种意义上说,隆庆三年(1569年)海瑞在应天府巡抚任上的革新,是张居正新政的前导。徐光启的出生地就在海瑞当年实施改革的地区之内,他的童年正是海瑞推行改革的时期,因而他对海瑞其人其事应该是从小就有耳闻或目睹。张居正新政的推行和失败,更是在徐光启读书立志,进而谋划国家富强之术的二三十年的岁月里亲身经历的。从徐光启的经世方略,可以看到不少对海瑞和张居正改革措施的继承和发展。不过,和海瑞、张居正改革的命运一样,徐光启的“富强之术”最终成为泡影:“富强之略,不见之施设,仅见于纸墨之流传。”[③]这意味着不能容许任何改革的朝廷,只能以其“天崩地解”的灭亡来解决自身酿成的社会危机。徐光启从政处世的风格显然也汲取了海瑞和

① 徐骥:《文定公行实》,《徐光启集》(王重民辑校),上海,上海古籍出版社,1984年,第552页。以下引自《徐光启集》,不再注明辑校者。

② 徐光启:《复太史焦座师》,《徐光启集》,第454页。

③ 徐骥:《文定公行实》,《徐光启集》,第562页。

张居正的教训：不像前者那样冒犯龙颜，也不像后者那样卷入党派，因此他的个人下场要比海瑞和张居正幸运得多：没有像前者那样生前坐大牢，也没有像后者那样死后遭清算。但是，这样的个人幸运却是以政治上没有重大建树为代价的。这从一个侧面再次表明社会危机已经不能由统治阶层来解决了。

随着张居正新政的中断，愈演愈烈的党争成为晚明政治舞台上绵延不绝的一出又一出的活剧。朋党争斗是中国封建专制制度固有的顽疾，明代尤盛，而晚明则达到了登峰造极的地步。张居正成为首辅就是党争的产物：他与太监冯保结党扳倒了高拱与其他太监所结的另一党。张居正推行新政时数次遭致弹劾，其中虽然有抵制新政的因素，但也与党争交织在一起。例如，他任用的官员，就有籍同乡而结为私党之嫌，时人说："江陵（指张居正）作相，九列公卿半系楚人。"[①]于是，张居正死后，被其压抑的官员必然联手结党而反击他的同党，于是又掀起了新一波的朋党之争，并形成了廷臣朋比党援，不分是非，互相攻讦的风气。大学士许国在张居正死后一年左右（万历十一年四月）的一份奏疏中，对这种"党同伐异，诬上行私"风气的蔓延表示担忧，希望"虚心平气分别人品，先公义而后私怨，毋缉缉翩翩以构谗，毋翕翕訿訿以立党，各守职分，务期共济，庶以定国家之计，而消党比之私"[②]。但是，事情的发展与许国的愿望相反，此后的万历时期形成了诸多的党派，如宣党、昆党、浙党、齐党、楚党等，由士大夫讲学结社的团体

① 汪士性：《广志绎》卷四。

② 吴伯与：《国朝内阁名臣事略》卷一四，许国：《乞辨邪正以消党比疏》。

东林书院,则被称之为“东林党”。朝廷党争与士绅结社相互呼应,就变得更为复杂和激化了。各党派在朝廷中的权力彼此消长,到天启初期,东林党在朝中的权力得到极大发展。然而,很快又出现了魏忠贤专权的局面,昆党、浙党、齐党、楚党相继投靠,形成了阉党。阉党把万历、泰昌两朝的纠纷全都归之于东林党,使其成为众矢之的,将他们或杀头坐牢,或流放罢官,一时间腥风血雨。思宗即位后,去除魏忠贤的阉党,东林党势力又一度抬头,但不久仍陷入新的朋党纷争之中。崇祯时期,朝内三个系统并立:一是东林党,二是周延儒一派,三是温体仁一派。[①] 有“小东林”之称的复社深深卷入了周、温两派的纠纷之中。直至明亡,乱哄哄的党争仍未停止。

晚明党争虽然不能一概视之为争权夺利的勾心斗角,如东林和复社中确有一些人志在革新朝政,他们的结党干政有着政治上激浊扬清的意义。然而,即便是东林和复社,最终也没有跳出党同伐异的窠臼。东林党领袖顾宪成(1550—1612)对党争的起因和危害是有相当认识的:“党争大都起于意见之歧,而成于意气之激耳。窃见长安议论喧嚣,门户角立,甲以乙为邪,乙以甲为邪;甲以乙为党,乙亦以甲为党,异矣。始以君子攻小人,继之君子附小人,终以君子攻君子,异矣。……长此以往,其酿毒有不可胜言者矣。”[②]但东林一旦大权在握,便扶植同党,排斥异己。如在天启三年(1623 年),东林党人利用主持“京察”即考核京官的机会,大力排斥异己者。复社在周、温的纷争中,助周攻温,重要原因在于周是复社领袖

① 参见谢国桢:《明清之际党社运动考》,北京,中华书局,1982 年,第 80 页。
② 顾宪成:《泾皋藏稿》卷五。

张溥、吴伟业等人的座师，而门生、座师相互援手，本身就是朋党政治的要素。顾宪成曾反复劝诫东林同人："不必急于抉择是非，急于联属同心；不必急于翦除异己类，使彼之有以自容，而于我无所致其毒，久之将渐渐消失耳。"①但是，这并没有改变东林对党争的热衷，东林在党争的泥潭里越陷越深。复社的主要成员夏允彝曾为东林、复社违背原先的理想和抱负、重蹈朋党覆辙而感叹："急功名，多议论，恶逆耳，收附会，其习如前，党祸且再起。"②东林、复社的结局，表明封建专制的政治结构不改变，即便是深知党争危害的有识之士，也无法阻止其所在的团体走上党争的旧轨道。因此，《明史》"明亡于党人"之论，并未真正触及历史的本质。但是，无休止的党争，确实把晚明政治推向更为混乱、社会更加动荡、士风更加败坏的境地。经历了明朝亡国而心怀沉痛之情的王夫之总结历史的经验，指出："国家之大患，人臣之巨慝，莫甚于自相朋比，操进退升浮于同类之盈虚"；"朋党兴，人心国是如乱丝之不可理，将孰从而正之哉？邪正无从定，离合无恒势，欲为伸其是、诎其非，画一是非以正人之趋向，智弗能知，勇弗能断"。③ 党争混淆了是非，搞乱了正常的人际关系，即使是大智大勇者都无法祛邪扶正。

徐光启是在如上纠缠不停的党争中展开仕途的。他在万历三十二年(1604 年)中了进士，开始了近 30 年的官宦生涯。东林书院就在这一年创建，晚明的党争开始日趋白热

① 顾宪成：《泾皋藏稿》卷五。

② 夏允彝：《幸存录》卷上。

③ 王夫之：《读通鉴论》卷二六，北京，中华书局，1975 年，第 914、915 页。

化。徐光启的仕途应当说基本上没有太大的波折，到他去世的那一年，做到了文渊阁大学士兼礼部尚书。这在党派林立、纷争不停的险恶环境里实属不易。如何应对党争，如何与各党派的人物周旋，是徐光启面临的极为棘手的问题。他对于这一问题所交出的答卷是富有政治智慧的：既严守中立又自有主见，既善于委曲求全又能够适时辩诬。这样的智慧里也透出了急流勇退的超然和孤芳自赏的寂落，而这正折射出党争导致的恶果：政治的极端无序和官场的污浊不堪。因为前者使得徐光启只能急流勇退，后者使得徐光启可以孤芳自赏。对无休止党争的厌恶，麻痹了徐光启的政治神经，使其丢失了从中捕捉不同于传统的新事物的政治敏感。

政治的极端无序和官场的污浊不堪，作为晚明党争不休的恶果，是相互联结在一起的。由于政治的极端无序，士人为了科举的高中、官员为了保住职位或升迁，往往就以行贿攀附某党权贵为捷径；而官场的污浊不堪，使得种种规则、制度形同虚设，加剧了政治的无序，由此吏治败坏，贪污成风。户科给事中韩一良在给思宗的奏疏中说：“皇上平台召对，有文臣不爱钱之语，今之世局，何处非用钱之地；今之世人，何官非爱钱之人？皇上亦知文官不得不爱钱乎！何者？彼原以钱进，安得不以钱偿！”他指出：得到一个总督巡抚的职位，要花五六千两银子；得到一个道台知府的职位，也要花二三千两银子；至于州县衙门的主官，亦各有定价；甚至于举人监生及衙门吏胥，也多以贿赂成交；京官中的科道官选，莫不如此。他联系自身从县官到言官的经历说道：州县官无法廉洁，因为薪俸本来不多，要应付上司票取，要支付过境官员的“书仪”，要“荐谢”顶头上司的巡按，遇上考满进京朝觐，没有三四千两银子不能过关。这大把大把的银子从哪里来呢？州县官怎么可能廉洁呢？至于言官，也是“只管他人干净，不管自己污名”，他在两月之内已经推辞“书仪”五百两，他寡于交际尚且如此，其余可以类推。[①] 官员行贿所出的银子，主要是在冠冕堂皇的征派赋税的旗号下，从民众中勒索榨取，所以人们把“崇祯”的年号读为“重征”。据史家研究，当时“在全国范围内占有土地最多，在社会上影响最广泛的是官绅地主”[②]。于是，被迫离开土地的流民大量出现，加上明末连年不断的各种天灾，终于在天启七年(1627 年)，农民造反的星星之火在陕西点燃，很快遍及全国。内政的混乱给虎视眈眈的后金以可乘之机。万历四十六年(1618 年)日益强大的后金出兵伐明，连破抚顺等城，全辽震动，神宗深感“辽东覆军陨将，虏势益张，边事危急”[③]。此后辽东战事不断，直至清(后金)兵入关。无论是围剿农民的造反大军，还是阻挡后金的八旗铁骑，都需要有强大的军队。但是，政治的无序和官场的腐败，同样渗透于军队之中：“万历、天启以来，各级军将虚报名额，贪污军饷，已成普遍现象。通常一万兵额只有六千，另四千作为家丁粮饷”；为了约束军队，思宗派宦官充作监军，然而“派出的太监大多克扣军中粮饷物资，遇上敌人就率着精兵抢先逃奔，将官们也耻于在他们监督下工作，因此毫无积极效果可言”。[④] 依

① 谈迁：《国榷》卷八九，崇祯元年七月辛酉。

② 白寿彝总主编：《中国通史》第 9 卷，第 15 册，上海，上海人民出版社，1999 年，第 349 页。

③ 《明神宗实录》卷五六八。

④ 汤纲、朱元寅：《二十五史新编·明史》，第 23 页、第 236—237 页。

靠这样的军队是不可能取得战争胜利的。与农民军和清军的两面作战以及训练军队，要耗费巨额的钱财。但是库府空虚，难以支应，只能向百姓加派赋税，即所谓的“辽饷”、“剿饷”和“练饷”，这三饷共征银 1500 余万两。① 如此的竭泽而渔，只能把更多的民众推向朝廷的对立面，进一步激化两者的矛盾。

内战和外患的叠合，使得晚明的国穷兵弱得以充分暴露。徐光启一生的所作所为，无论是从政治国还是受洗入教，也不论是科学研究还是著书立说，归根到底，就是力图扭转这种国穷兵弱的局面。在他的晚年，扭转国穷兵弱局面的当务之急就是如何平息内战和消弭外患。崇祯六年（1633 年）十一月八日，在徐光启留存人世的最后一天，念念不忘的就是这两件事。华亭人陈子龙（1608—1647）的《农政全书·凡例》有这样的记载：“往公以大宗伯掌詹，子龙谒之都下，问当世之务。时秦盗初起，公曰：自今以往，国所患者贫，而盗未易平也。中原之民，不耕久矣。不耕之民，易与为非，难与为善。因言所辑农书，若己不能行其言，当俟之知者。”此番话说于陕西农民造反的烽烟刚起之时，这意味着他看重的“农政”，要旨在于使破产离开土地“不耕之民”重新回到土地上耕作，从而杜绝农民的造反。因此，就在他临终前，“语孙尔爵：速缮成《农政全书》进呈，以毕吾志”。② 他在和陈子龙所说的上述那段话里，已经预计到其所言之“农政”是实行无望了。事实上，就在他去世的当月下旬，农民造反武装成功实现了带有传奇色彩的“渑池渡”突围，由秦晋黄土高坡进入河南中原大地，“不耕之

① 汤纲、朱元寅：《二十五史新编·明史》，第 24 页。

② 梁家勉：《徐光启年谱》，上海，上海古籍出版社，1981 年，第 203 页。

民”纷纷揭竿而起，成了势不可挡的洪流。据徐光启长子徐骥的《文定公行实》，其父“临没了了，只以疆圉多故为念”。这里的“疆圉多故”显然是指后金对明朝的进攻。因为在徐光启去世的前四年(1629 年)，后金军队兵临京都城下，北京岌岌可危。也在这一年，思宗冤杀了主持辽东边防的将领袁崇焕，“自崇焕死，边事益无人，明亡征决矣”①。在内战和外患的夹击下，明朝必亡的征兆到徐光启去世时已经十分明显了。

王朝的兴亡，与作为最高统治者的皇帝有着很大的关系。张居正去世后，明朝不可逆转地走向灭亡。在这 62 年里负有最大责任的皇帝是神宗和思宗，前者在位了 38 年，后者在位了 17 年，两者相加共有 55 年。神宗在张居正死后亲政的最初几年，有励精图治的气象。但从万历十四年(1586 年)开始，长期怠政，自毁新政改革的成果。有些史书上记载，他长达二三十年没有临朝，也不接见大臣。与此同时，他为了满足生活上穷奢极欲的需要，不断把宦官派往各地担任矿监税使，横征暴敛，在很多地方激起“民变”。皇帝怠于临朝，勇于敛财，朝中党争朋比之风自然就泛滥蔓延。因而在神宗晚年，政府机构已处于半瘫痪状态。有鉴于此，《明史》卷二一《神宗本纪》说：“论者谓：明之亡实亡于神宗。岂不谅欤!”思宗倒是锐意求治，勤于政事，崇尚节俭，但他依然无法解决贪污腐败、门户纠纷等根深蒂固的弊病，他依然试图加派税赋来把财政危机转嫁于民众，再加上他的刚愎自用和褊狭急躁，一方面重要官员因动辄严惩而难以施展其才，另一方面奸佞之徒因善于逢迎而不断受到重用。因此，朝政并未有多大起色，社会矛

① 《明史》卷二五九，《袁崇焕传》。

盾更为尖锐，终于这位勤政之君成了亡国之君。神宗和思宗，如果说前者的荒怠废政是晚明走向社会危机深渊的标志，那么后者的勤政亡国则是晚明的社会危机不可救治的证明。

两位皇帝的统治风格，也在徐光启的一生中留下了印记。神宗怠政，徐光启的不少有关国计民生的奏疏自然得不到重视，不过这也给徐光启有了接触西学和研究科学的机会。思宗勤政，此时的徐光启出相入阁，但皇帝的变化无常也使他一筹莫展，感慨万千。梁家勉的《徐光启年谱》引用有关史料，在叙述谱主生命的最终一年即崇祯六年（1633年）时写道："此顷，在参与'密勿之中，时切疆埸之念，而〔崇祯帝〕亦有以宰臣行边之意属〔公〕。一日，夜分退朝，喜形于色。初不以叨居辅弼之位，遂忘锁钥北门之寄，而绸缪户牖之防，肠盖一日九回'。时，'自意可尽展其所为，卒不果'"；于是，"每诵唐人诗：'一人计不用，万里空萧条'，有'击碎唾壶'之慨"。①

总之，新政废弛、朋党恶斗、贪污盛行、民变蜂起、边患日深以及帝王的荒怠和暴戾，构成了一幅晚明社会危机重重叠叠的图景。徐光启就在这样的历史图景中行走了70余年。

## 二、星星点点的异质新芽

晚明社会在日益陷入重重危机的同时，也出现了某些以往不曾有过的异质新芽。对这些异质新芽学术界一般以"资本主义萌芽"而名之。关于明清之际有无资本主义萌芽问题，学术界争论了很多年，至今没有定论。我们不可能在这里对

① 梁家勉：《徐光启年谱》，第198页。

此展开探讨。但是，我们注意到在近些年有关的讨论中，有两方面的新进展：一是从“全球化”的视角，论证晚明社会的经济、文化和地理大发现后“全球化”初始阶段的联系，展现其资本主义萌芽的生发；一是从考察中国传统社会的君主中央集权制度以及由此造成的政治一体化的社会结构出发，论证了类似西欧的资本主义萌芽在晚明并不存在。① 我们认为上述两种观点看似相反，实是互补，即在晚明与当时“全球化”起步阶段的联系中，确实透显出了星星点点的资本主义萌芽的光亮，但中国传统的制度和社会结构就像厚重的黑色大门，很快就把这微弱的光亮封闭窒息了，传统的黑色大门仍然紧锁着。徐光启就置身于如此的新旧交织之中。

马克思、恩格斯在考察西欧资本主义萌芽生长过程时指出：“工场手工业的初次繁荣（先是在意大利，然后是在弗兰德）的历史前提，乃是同外国各民族的交往。”②列宁在阐明俄国资本主义发展历史时说：“资本主义只是广阔发展的、超出国家界限的商品流通的结果。因此，没有对外贸易的资本主义国家是不能设想的。”③明朝自建立起，就实行严厉的海禁政策，禁止民间私人海商贸易活动。明太祖朱元璋一再宣布：“禁濒海民不得私出海”；“禁濒海民私通海外诸国”；“禁民间用番下香、番货。……敢有私下诸番互市者，必寘之重法”；

① 这两方面的研究成果，前者如樊树志的《晚明史·导论》，后者如王家范的《中国历史通论·前编》（华东师范大学出版社 2000 年版）。

② 《德意志意识形态》，《马克思恩格斯选集》第 1 卷，北京，人民出版社，1972 年，第 61 页。

③ 《俄国资本主义的发展》，《列宁选集》第 1 卷，北京，人民出版社，1972 年，第 186 页。

“人民无得擅出海与外国互市”。①《大明律》与此相似的海禁条款甚多。学术界现有的研究已经充分证明,在这样的海禁政策下,朝廷对海上民间贸易活动采取武力剿除的手段。从事海上贸易的商人被迫武装起来予以反抗,因其中夹杂着少数日本人,朝廷将之视作海盗,称为“倭寇”。嘉靖年间的“大倭寇”,实际上就是东南沿海一些颇具规模的武装海商集团。直至隆庆元年(1567 年)穆宗及其辅政大臣主张取消海禁,实行比较开放灵活的政策,准许民众航海前往东洋、西洋贸易,所谓“倭患”自然平息。由此东南沿海的私人海上贸易呈现出前所未有的繁荣景象。据樊树志的《晚明史·导论》所述,晚明时期,除了邻近国家传统的朝贡贸易外,形成了以澳门为中心的私人海上对外贸易。这主要有澳门—果阿—里斯本之间的贸易、澳门—长崎之间的贸易、澳门—马尼拉之间的贸易。这些贸易的一个显著特点,是外商都以大量白银支付贸易逆差,于是占世界产量三分之一甚至更多的白银源源不断地流入中国。这对于中国东南沿海商品经济的成长无疑有相当大的刺激作用。正如布罗代尔在分析中国如上的远程贸易时所说:“中国南方从福州到广州一带,海面和陆地犬牙交错,形成一种溺谷型海岸。在这一带,海上的旅行和冒险推动着中国资本主义的发展,中国的资本主义只是在逃脱国内的监督和约束时,才能充分施展其才能。”②

---

① 《明太祖实录》卷七〇、卷一三九、卷二三一、卷二五二。

② 布罗代尔:《15 至 18 世纪物质文明、经济和资本主义》第 2 卷,北京,三联书店,1993 年,第 647 页。

徐光启的出生地松江府上海县，正处在晚明海上私人贸易兴旺发达的东南沿海地区。在他出生前后，恰是所谓“倭寇”频繁侵扰东南沿海的时期，据梁家勉的《徐光启年谱》所载，从嘉靖三十二年(1533 年)到嘉靖三十五年(1556 年)，上海地区连续遭受“倭患”，谱主的父母随同祖母不得不举家“流移避难四年”，室庐资产焚废殆尽。徐光启幼年时就经常听到祖母和母亲讲述这段往事，在以后的文章中也不止一次地提到此事。不过，曾蒙上“倭寇”色彩的海上私人贸易同时在他生活的周围发生着影响。离开上海地区不远的宁波甬江口外的双屿岛(今普陀县六横岛)，就是晚明对外私人海上贸易的重要中转站，宁波周围的民众纷纷加入其间：“有力者自出资本，无力者辗转称贷，有谋者诓领官银，无谋者质当人口，有势者扬旗出入，无势者投托假借，双桅三桅，连樯往来，愚下之民，一叶之艇，送一瓜，运一罇，率得厚利。训至三尺童子，亦知双屿之为衣食父母，远近同风，不复知华俗之变于夷矣。”①这种社会风气恐怕对徐光启所在的上海县是有所波及的。上海县在徐光启出生时，人口约 10 万户，居县城者达三四万户，其中以纺织为业者近 2000 人。② 松江府的棉纺织品在明代中叶已经名闻遐迩，正德《松江府志》卷四《风俗》记载：“俗务纺织，他技不多，而精线绫、三梭布、漆纱方巾、剪绒毯，皆天下第一……要之，吾乡所出，皆切实用，如绫布二物，衣被天下，虽苏杭不及也。”而棉纺织品在海上私人贸易中占有很大的比重，松江府的优质棉纺织品自然是其中的尤物。应当说，

① 《明经世文编》卷二〇五，《朱中丞甓余集》。

② 梁家勉：《徐光启年谱》，第 33 页。

徐光启意识到了“倭患”与私人海上贸易的联系。他撰写于万历四十六年(1618年)的《海防迂说》表现了这一点。他在该文中认为,与日本进行海上私人贸易,使中国商人获利丰厚,如湖丝运往日本,“取去者其价十倍”,因此如果禁堵这一重大获利渠道,势必造成“商转而为盗”的后果。嘉靖二十六年(1547年)身为浙江巡抚兼福建军务提督的朱纨,则调动军队捣毁了双屿岛这一贸易据点,以查禁“倭寇”。此举引起浙江、福建一带仰赖海上私人贸易的势家大姓的极大反感,遭到朝廷中浙闽籍官僚的反对,迫使朱纨罢官回籍,不久就含愤自尽。徐光启在此文中指出:朱纨“冤则冤矣,海上实情实事,果未得要领,当时处置果未尽合事宜也”①。万历二十年(1592年)后,日本丰臣秀吉侵略朝鲜,因御倭援朝,海禁骤紧,私人海上对外贸易由此衰败消退。徐光启重提七十年前的旧事,显然是希望私人海上对外贸易再度获得发展。不过,这只能是希望,因为其时已没有将此希望落实的社会氛围和社会力量。

如果说与“全球化”初始阶段相联系的私人海上对外贸易是晚明资本主义萌芽滋生的外在契机,那么对这一契机的内在呼应,则是作为商品经济发展载体的市镇(集市)在晚明江南兴旺红火。明代的嘉靖、万历时期,江南市镇获得了蓬勃发展,这在史学界已是不争的事实。以徐光启所出生的松江府为例,据正德《松江府志》记载,当时松江府辖华亭、上海两县,共有44个市镇。到崇祯年间,松江府辖华亭、上海、青浦(万历元年由华亭、上海两县析置而新设)三县,市镇已经增加到

① 徐光启:《海防迂说》,《徐光启集》,第38页。

61个。其他苏州府、杭州府、嘉兴府、湖州府的市镇发展情景，大体和松江府相仿。晚明江南市镇的勃兴，不同于县城以上大中城市的繁华。后者是统治者的政治堡垒和奢侈消费中心，其商品生产和商品消费具有病态性和虚假性；而前者基本上以农村的经济发展为基础，即农业经济商品化程度的提高，促使了地域性商品交换的活跃，市镇由此而大量涌现。明代中叶以后，江南农业经济逐渐形成了蚕桑、棉花等经济作物压倒了粮食作物的局面，到正德、嘉靖年间，"湖广熟，天下足"取代了原先的"苏杭熟，天下足"。在晚明这种情形就更为突出了，江南本来是富饶的粮食产地，此时却必须从其他地区输入粮食。从江南农业地理来看，晚明农村大体上可分为蚕桑和棉花两大类作业区，与此同时江南也形成了丝绸业和棉布业这两大类专业化市镇。[①] 农村专业化经济作物区和专业化市镇相互作用，呈现了两者经济一体化的走势，由此涌现了一般论著在叙述晚明资本主义萌芽时所列举的生产、流通、消费等领域里的一些新气象：

带有雇佣方式的手工业作坊开始出现。《吴江县志》记载：在正德、嘉靖之际，"居民悉逐绫绸之利，有力者雇人织挽，贫者自织"；《明神宗实录》记载：万历年间苏州的纺织手工业，是"机户出资，机工出力，相依为命"。[②]

农村家庭手工业产品以卖于市场为主要出路。"农家纺木棉为纱者，市钱不自织"；"抱纱入市，易木棉而归，明日复抱

① 参见樊树志：《晚明史》上卷，第85—100页、第106—107页。

② 乾隆《吴江县志》卷三八，《风俗·生业》；《明神宗实录》卷三六一。

纱以出，无顷刻闲”。[1] 就是说，农家不仅把自己生产的棉花纺成纱出售，还从市场上买回棉花加工成纱出售。

某些原先城镇上层人群的消费品走向大众化。由于晚明的江南农业经济已经发展出粮食、经济作物与家庭副业、手工业并举的复合式多种经营结构，农业内涵发展的潜力得到较为充分的发挥，提供维持人口生存与再生产的必要消费量的劳动生产率有明显提高，于是农业中的过剩劳动力流向了市镇以及县级以上城市。这些流向城镇的底层人群，开始仿效城镇原有上层居民的日常衣食住行，由此扩大了消费主体，推动了某些消费品的大众化而价格趋贱。地方文献中的一些记载对此有生动的写照：“服饰器用竞相僭越，士庶无别”；“自明末迄今，市井之妇，居常无不服罗绮，娼优贱婢以为常服，莫之怪也”；“至今日而三家村妇女，无不高跟履”。[2] 韦伯说：“走向资本主义的决定性作用，只能出自一个来源，即广大群众的市场需求。这种需求只能通过需求的大众化，尤其是遵循生产上层阶级奢侈品的代用品的路线，而出现于一小部分奢侈品工业中”。[3]

市镇经济的发展，造就了城镇中的商业化生活形态。这样的生活形态在明代中晚期对传统小农经济的生活形态似乎已经有了一点威胁，由此在那个时期出现了拒斥城市文化的社会现象。王汎森透过对众多史料的爬梳，发现不少士人刻意发誓“不入城”是明末清初所特有的。他分析了明代中晚期

---

① 正德《金山卫志》下卷一，《风俗》。

② 叶梦珠：《阅世编》卷七，《食货》。

③ 马克斯·韦伯《世界经济通史》，上海，上海人民出版社，1981 年，第 262 页。

的此类事例，指出虽然其中的原因不尽相同，“但是更多的不入城是农业社会中坚持农村素朴文化理想的人反城市文化的心态”；“有些生活在农村社会的人认为少入城可以守住农村素朴式生活方式，入城则不可避免地要深深浸润在城市的商业化生活中”。① 试图以“不入城”来阻挡城市商业化生活形态的侵蚀，实际上是证明了城市商业化生活形态在当时社会尽管具有异端性，但已经颇有影响力和渗透力。

已有史家根据海内外关于西方现代化历史的研究成果，指出“系统地看一看欧美现代化史就知道：现代经济社会的发生、发展，一点也离不开农业。首先必须有农业劳动生产率较大幅度的增长，促使商品经济发展到一个相当高的水平，产生飞跃，于是才在工商领域首先出现变革”②。上述的晚明新气象，应当说确实表现了某种类似欧美资本主义现代化发生、发展的历史动向。马克思的《资本论》指出，资本主义萌芽发展的快慢以及能否顺利成长，关键在于能否“利用国家权力，也就是利用集中的有组织的社会暴力，来大力促进从封建生产方式向资本主义生产方式的转变过程，缩短过渡时间”③。然而，晚明的国家权力起的恰恰是与此相反的作用，从而阻断了上述的历史动向。晚明的政府开支、军事开支，以及对庞大皇室官僚特权阶层的支付费用一直居高不下，于是不断利用国家权力增加赋税徭役，导致农民的赋税徭役负担非常沉重，

① 王汎森：《清初士人的悔罪心态与消极行为》，《晚明清初思想十论》，上海，复旦大学出版社，2004年，第205、208页。

② 王家范：《中国历史通论》，第185页。

③ 《资本论》第1卷，《马克思恩格斯全集》第23卷，北京，人民出版社，1972年，第819页。

农业经济的积累极端困难，从而窒息了其内在的商品经济因素。张居正的“一条鞭法”实施赋税货币化，固然起到了把农民进一步推向市场的作用，但农民赋税负担也同时有加重的趋势，境遇更为艰难。其原因有三：一是将两税以来历久增加的各种正杂税、职贡尽数合并其中，而且官方在以银两折算税粮时，往往高出一般市价；二是权势之家通过各种花样，将负担实际转嫁到无权无势之家均摊；三是赋税项目并非单一简化，而是另有很多额外名目。[①] 江南地区的赋税则特别沉重，明中叶大学士丘濬(1420—1495)对此有一概括：“韩愈谓赋出天下，而江南居十九也。以今观之，浙东西又居江南十九，而苏、松、常、嘉、湖五郡又居两浙十九也。”[②]据统计，万历年间苏、松、常、嘉、湖五府税粮约占全国税粮的20%。[③] 松江府上海县是徐光启的家乡，该县不仅有江南最早移植棉花并从事棉纺织业的乌泥泾镇，还密布着众多的棉布业市镇。徐光启对其家乡及其附近地区的此中情形颇为了解，他在《农政全书》关于木棉即棉花一章中指出：“尝考宋绍兴中，松郡税粮十八万石耳。今平米九十七万石；会计加编，征收耗、剩、起解、铺垫，诸色役费，当复称是。是十倍宋也。壤地广袤，不过百里而遥；农亩之入，非能有加于他郡邑也。所由供百万之赋，三百年而尚存视息者，全赖此一机一杼而已。非独松也，苏杭常镇之币帛枲纻，嘉湖之丝纩，皆待此女红末业，以上供

① 参见王家范：《中国历史通论》，第203—205页。
② 丘濬：《大学衍义补》卷二四，《经制之义下》。
③ 参见樊树志：《晚明史》，第84—85页。

赋税,下给俯仰。若求诸田亩之收,则必不可办。”[①]这段论析表明江南农民的纺织生产基本上是为了满足自身生存的最低需求,其产品只是在表面上获得了市场交换的“商品”形式。就是说,一方面江南市镇经济的活跃,反映了该地区农业经济的商品化比例有了较大的提高;另一方面这种比例的提高多半是基于赋税沉重的原因而被动产生的,真正商品经济的成分微乎其微。徐光启的上述论析显然不仅是着眼于“农”即棉花生产,而且更关注“政”即国家倚重的赋税对江南农业经济商品化因素的捆绑。松弛这条捆绑的绳索,势必要在体制上伤筋动骨。然而,这不仅是徐光启不可能做到的,在整个晚明也是没有可能性的。于是,由江南率先发展商品经济进而带动全国经济转型的道路就被堵塞了。

与市镇经济勃兴相伴的,是商人阶层的崛起。明代中叶社会舞台上引人注目的一个现象,是形成了驰行于全国城乡的十大著名商帮:徽商、晋商、陕商、江右商、龙游商、宁波商、洞庭商、临清商、闽商、粤商。这中间除了江右商帮兴起较早外,其余九大商帮均形成于成化、弘治以后。[②] 到了晚明,商帮作为社会群体在经济上有了举足轻重的地位,嘉靖、万历之际,徽商与晋商已成为南北富室的代表:“富室之称雄者,江南则推新安,江北则推山右。新安大贾,鱼盐为业,藏镪有至百万者,其他二三十万,则中贾耳。山右或盐或丝,或转贩或窖

---

① 徐光启著、石声汉校注:《农政全书校注》卷三五,上海,上海古籍出版社,1979年,第969页。以下凡引《农政全书校注》,不再注明著者和校注者。

② 参见白寿彝总主编:《中国通史》第9卷,第15册,第936页。

粟,其富甚于新安。”①

晚明商人阶层的崛起,不仅表现为形成了商帮这样的社会群体,而且反映在关于商人社会地位的价值观念起了变化。按照儒家原有的价值观念,在“士、农、工、商”的四民等级秩序中,商人处于最低阶层,是被人们鄙视的。明中叶以降,如此的四民观受到了挑战和冲击。这表现在商人和儒生对商人阶层的社会价值都有了新的估量。余英时的《中国近世宗教伦理与商人精神》和《士商互动与儒学转向——明清社会史与思想史之表现》对此作了精密的论证。他详实引证了有关史料,如明代中叶商人王观(1469—1523)曾说:“夫商与士,异术而同心”;徽商有力的代言人汪道昆(1525—1593)诘问:“良贾何负闳儒”;北宋大贾李迁之的认识则与此形成对照,他不仅自觉不能与士比肩,“士非我匹”,而且以为从劳动价值来说,比之于农工,“我有惭于彼焉”。由此余英时得出了这样的论断:从11世纪到15世纪,商人对自身价值的看法发生了相当大的变化,明中叶之后“商人也意识到他们的社会地位已足以与士人相抗衡了”,这种抗衡呈现在意识形态上,就是提出了有别于儒生之道的“贾道”一词,意味着商业也具有了“道”的庄严神圣的意义。因而到了晚明,不仅富商大贾纷纷请文人写碑传、撰寿序,为他们的先辈及本身树碑立传,即使一般小商人也闻风而起,以致碑传泛滥,时人讥讽为“屠沽细人有一碗饭吃,其死后则必有一篇墓志铭”,这实际上表明了“大大小小的商人都认为他们对社会的贡献也同样有传之后世的价值”;这也意味着尽管在商人的四民观里还是士为尊而商则紧随其

① 谢肇淛:《五杂俎》卷六四。

后,但“这个‘次’一等的世界已足够他安身立命了”。总而言之,“十六世纪以后商人确已逐步发展了一个相对‘自足’的世界”。余英时也引证相当多的史料,揭示出自明代中叶以后儒生对商人社会地位所作的重新评价。如王阳明嘉靖四年(1525年)为弃儒从贾的方麟写墓表,提出“四民异业而同道”,“肯定士、农、工、商在‘道’的面前完全处于平等地位”。何心隐(1517—1579)说:“商贾大于农工,士大于商贾,圣贤大于士”,四民的排列秩序是士、商、农、工。并把他们归于两大类:士与商同属于“大”,而农与工则并列于社会的最底层。李维桢(1546—1626)在为徽商所写的墓表中,委婉地批评了“天下讳言贾”的社会氛围,认为这是“士为上,农次之,最后者工商”的四民观所造成的;他为另一位徽商写的墓铭,开头便是“太史公传货殖,子贡、范、白,其人豪杰,货殖特余事耳”,透出以“豪杰”称许商贾的弦外之音。顾宪成为同乡商人写的墓志铭,肯定其抛弃“义利离”的儒学旧解而有见于“义利合”,认为这是“上士之所不能訾,而下士之所不能测也”;晚明士人写的小说《三言》、《二拍》、《型世言》,往往以商人为故事的主角,折射出对商人意识形态的重视。①

晚明商人虽然还没有组织代表本身经济、政治利益的社会团体的自觉,但已有为维护自己利益而抗争的举动,东林党作为士人群体性组织则显露出一定的为商人阶层立言的色彩。这些也是商人阶层在晚明崛起的表现。万历后期,矿使

---

① 余英时上述两文分别收入《士与中国文化》(上海,上海人民出版社,1987年,第441—579页)、《现代儒学论》(上海,上海人民出版社,1998年,第58—127页)。

税监横征暴敛，城镇民众首当其冲，商人境遇凄惨，正如万历四十三年(1615年)户科给事中官应震所言：“二十年来采山榷酤，商困于市，旅困于途。”①因此，各地此起彼伏的民变有很多发生在城镇，如武昌、临清、苏州、景德镇等，而商人阶层则参与其间，“以负贩为业”的王朝佐在万历二十七年(1599年)的临清民变中起了很大作用。② 万历二十九年(1601年)，苏州发生了以葛成领导的民变，商人们公开支持，“这可以看作商人作为一个社会集体对于专制皇权的正式表态”③。天启六年(1626年)苏州数万人聚集，为保护猛烈抨击滥征税收的吏部郎周顺昌，殴毙击伤前来逮捕他的校尉，据《明史·周顺昌传》，领导此次行动的五人中，四个是“市人”。据日本学者的研究，五人中至少有两个确定是商人。东林党的很多人(包括上述的周顺昌)对矿使税监进行了坚决持续的反抗，痛切谴责他们摧残工商业的行径，大声疾呼“曲体商人之意”、“惠商”。④ 这并非偶然，东林党人的籍里为商帮荟萃之地江苏、浙江和山西、陕西的达50.5%，很多人出生于这两个区域工商业者的家庭里。山陕东林党人多数是政府中的当权者，而江浙东林党人大多是在野士绅。在反对矿使税监、要求体恤商人的斗争中，他们配合默契，崇祯时任礼部侍郎的东林人士钱谦益(1582—1644)说：“当是时，富平孙公(丕扬)为冢宰，

① 《明神宗实录》卷五二八。

② 参见樊树志：《晚明史》上卷，第569页。

③ 余英时：《士商互动与儒学转向》，《现代儒学论》，第96页、第123页。

④ 侯外庐主编的《中国思想通史》第4卷下册(北京，人民出版社，1960年)第1105—1121页，对此有颇为详尽的引证和阐述。

秦人几满九列，而东南之讲学者，遥相应和。”①

但是，晚明的商人阶层并没有成为变革封建制度的社会力量。恩格斯在对《资本论》第三卷作增补的论文中，对中世纪商人作了如下的评论：“商人对于以前一切都停滞不变、可以说由于世袭而停滞不变的社会来说，是一个革命的要素。……商人来到了这个世界，他应当是这个世界发生变革的起点。但是，他并不是自觉的革命者；相反，他与这个世界骨肉相连。中世纪的商人决不是个人主义者；他像他的所有同时代人一样，本质上是共同体的成员。”②这样的评论对于晚明商人阶层也是颇为贴切的。晚明商帮与封建政权的关系是投靠远大于疏离。有学者通过对中国传统社会商品生产与商人阶层（尤其是明清的徽商和晋商）的辨析，得出结论：“在传统中国，凡在商业上能抛头露面，称富商巨贾的，靠经营有方远远不够，只有通过权财交易歪打正着，争得‘政策性优惠’方能操持胜券，其中获取某些重要资源的‘专利权’则是最具优势得主项。”事实上，徽商最终所以能够执十大商帮之牛耳，重要原因在于其与封建政治势力的结合更为紧密。③ 东林党反对矿使税监、要求的“惠商”的言行，仍然以政治道德化的传统立场为基点：“天下之最不可混者，莫如君子小人之辨；最不可欺者，莫如真是真非之心。”实际上，“他们把社会矛盾

① 《牧斋初学集》卷四八，《行状三：故礼部尚书兼翰林院学士理詹事府事赠太子太保谥文肃公行状》；参见唐力行：《商人与中国近世社会》，杭州，浙江人民出版社，1993 年，第 219—220 页。

② 《马克思恩格斯全集》第 25 卷，北京，人民出版社，1974 年，第 1019 页。

③ 王家范：《中国历史通论》，第 247 页；唐力行：《商人与中国近世社会》，第 84—88 页。

又返元为人格上的‘君子’与‘小人’的矛盾”。①

徐光启对于商人阶层的崛起是持肯定态度的，但他并没有将其视作这个世界发生变革的起点。明代开初，朱元璋便有贬黜商人的法令，对此徐光启的《农政全书》卷三有记载：“（洪武）十四年上加意重本抑末。下令农民之家，许穿䌷纱绢布，商贾之家，只许穿布；农民之家，但有一人为商贾者，亦不许穿䌷纱。”②但是，徐光启并不忌讳自己出生在具有经商致富背景的家庭里。他在《先祖事略》和《先祖妣事略》里讲到，祖父徐绪曾弃农为贾，家境日渐富裕。祖父死后，由祖母尹氏主持经营，拓展家产十倍于前，从而使得其父亲有条件专心读书，并褒扬祖母经商“起家”的才能。③ 这意味着徐光启与明中叶以来重新估量商人社会价值的思潮是吻合的。徐光启座师焦竑（1540—1620）给予商人和商业活动积极的评价。他的《澹园集》中收有为商人撰写的传记、行状、墓志铭，在其笔下的商人都具正面形象，他指出商业对于社会生活的必要性：“传有之：‘农不出则乏食，工不出则乏事，商不出则三宝绝’，此民衣食之原，何可忽也。”④徐光启对焦竑文章极为推崇，他对商人的看法大概与焦竑的影响不无关系。司马迁《史记·货殖列传》有“人富而仁义附焉”之说，汪道昆对此予以引申：“司马氏曰：儒者以诗书为本业，视货殖辄卑之。籍令服贾而

---

① 顾宪成：《顾端文公集》卷三，《上叶相国台山先生书》；参见侯外庐主编：《中国思想通史》第4卷下册，第1109—1119页。

② 《农政全书校注》卷三，第65页。

③ 《先祖事略》、《先祖妣事略》，见《徐光启集》，第523—525页。

④ 焦竑：《澹园续集》卷一〇，《汪君民望传》。

仁义存焉,贾何负也。”[①]无独有偶,徐光启也引司马迁语而发挥,其《〈泰西水法〉序》曰:“人富而仁义附焉,或东西之通理也。”这可能直接与焦竑以及利玛窦的影响有关。焦竑说:“自世猥以仁义功利二途,不知即功利而条理之,乃义也。”[②]当时徐光启已研读过利玛窦的《天主实义》,该书第六篇以“西士曰”的口吻肯定有崇德和义之正利,“以是知利无所伤于德也”。贱商传统的重要理由之一,就是商人逐利求富因而不可能有仁义。这是以正统儒学义利之辩上的义利对立不相容为立论根据的。从汪道昆到徐光启,重申司马迁之说显然是要动摇如此的理论基础,这和上述顾宪成的以“义利合”取代“义利离”是相一致的,而且徐光启强调“义利合”是中国和泰西之“通理”,显示了汪道昆、顾宪成所不及的开阔视野。但是,徐光启没有汪道昆“良贾何负闳儒”那种向传统四民观挑战的气势。司马迁《史记·货殖列传》还说过:“本富为上,末富为次,奸富为下。”这里的“本富”指以农业致富、“末富”指以工商业致富、“奸富”指以“劫人作奸”之类不正当手段而致富。徐光启在引用此话后,认为对社会来说,“末富未害也”,“奸富者目前为我大蠹,而他日为我隐忧”,必须设法使“末富奸富之民皆为本富之民”。[③] 从这里可以看到,徐光启有见于商人阶层崛起的正面作用,但是他不仅没有推动这个阶层从传统社会分化出去的自觉,而且力图将这个阶层与传统社会依然能够骨肉相连。

---

① 汪道昆:《太函集》卷二九,《范长君传》。

② 焦竑:《澹园集》卷二二,《书盐铁论后》。

③ 徐光启:《钦奉明旨条画屯田疏》,《徐光启集》,第 228 页。

形形色色的讲学会作为士人的群体性组织，遍布在大江南北，活跃于城镇乡村，也是明代中晚期的社会景观。士人的讲学会初起于宋元，大盛于明代中叶，直至明亡，才逐渐归于沉寂。讲学会在明代中叶以后蓬勃发展，肇始于王阳明的讲学活动，如明末清初陆世仪(1611—1672)所说：“至正嘉时，湛甘泉、王阳明诸先生出，而书院生徒乃遍天下，盖讲学于斯为烂漫矣。……迄于隆万，此时天下几无日不讲学，无人不讲学。”[①]讲学如此风行，讲学会自然是蔚为大观。明代中晚期的讲学会数目之大，不易统计。[②] 它们往往是定期的(一月、数月、半年举行一次会讲)、跨地域的(跨县、府、省)、组织化的(有会约、名簿、会所、固定财务来源)、网络化的(以某一讲学会为中心，发展联络邻近若干讲学会为羽翼)，讲学大多面向平民百姓，听众常常多达数百人、数千人，甚至更多。这样的讲学会显然不是一般的师生切磋交流，而成为了群体性的民间社会组织。东林书院(东林党)是晚明社会影响最大的讲学会，它创建于万历二十三年(1604 年)，禁毁于天启五年(1625 年)。

洪武十五年(1382 年)明太祖曾颁明伦堂卧碑，严禁生员上书建言、纠党结社、妄刊文字。如火如荼的讲学会实际上显示了冲击这道藩篱的气势。晚明为君子结党讲学予以辩护的言论趁此气势纷纷涌现，东林派人士吕坤(1536—1618)说：“君子小人，本不难辨。然声应气求，君子以合道为朋，小人以

① 陆世仪：《桴亭先生文集》卷一，《高顾两公语录大旨》。

② 明中叶后讲学会盛况，详见陈宝良《中国的社与会》，杭州，浙江人民出版社，1996 年，第 310—314 页。

合己为朋。"①东林派人士钱一本(1539—1610)亦说:"后世小人,动以党字倾君子,倾人国,不过小人成群,而欲君子孤立耳!或有名为君子,好孤行其意,而以无党自命者,其中小人之毒亦深。"②此后的复社人士侯方域、黎遂球都著有长篇《朋党论》,认为君子朋党讲学有利于社稷。由于作为群体性士人组织的讲学会有着某种抵制上述专制禁令的政治异质性,所以在明代中晚期政府当局于嘉靖十六年(1537年)、嘉靖十七年(1538年)、万历十七年(1589)、天启五年(1625)四次禁毁书院,以扫除讲学会的活动据点。萧公权对此曾有揭示:"盖张居正等毁书院禁私学之动机既为巩固专制政权,则王门之布教平民,不啻无意中向专制作微妙之攻击。"③对于明代中晚期讲学会与专制政权间存在紧张关系的微妙之所在,余英时作了进一步的分析。他指出宋儒在"与士大夫治天下"(文彦博语)的政治环境中,企图走"得君行道"的上行路线,以为"天下治乱系宰相"(程颐语),而儒者只要掌握了相权,便可"行道"。由于明代废除了宰相制度,这条路线失去了存在的依据,因而明代中叶王学所掀动的布教平民的讲学之风,实际

① 吕坤:《四礼翼·冠后翼·成人礼》;日本沟口雄三《所谓东林派人士的思想》指出,吕坤虽未名列《东林学案》、《东林列传》、《东林党人榜》等,但从其交游、师生关系看,应视为东林派人士,详见《中国前近代思想的演变》,北京,中华书局,1997年,第377页。

② 黄宗羲:《明儒学案》卷五九,《东林学案二》,北京,中华书局,1985年,第1442页。

③ 萧公权:《中国政治思想史》下册,台北,联经出版事业公司,1982年,第605页。

上意味着儒学转向了“觉民得道”的下行路线。[1] 这表明了明代中晚期士人讲学会的兴起，隐含着对明代强化君主专制的反弹。

既然走的是“觉民得道”的下行路线，必然就会产生平民化的讲学会，而发展出不受士大夫阶层奉行的正统意识形态笼络的倾向。王学泰州学派的讲学会正是如此。钱穆指出：“守仁的良知学，本来可以说是一种社会大众的哲学。但真落到社会大众手里，自然和在士大夫阶层中不同。但从这一点讲，我们却该认泰州一派为王学惟一的真传。”[2]黄宗羲《明儒学案·泰州学案》指出，泰州学派，“传至颜山农、何心隐一派，遂复非名教所能羁络”。颜山农（1504—1596）、何心隐先后组织的讲学教化和改良农村相结合的“萃和会”、“聚和会”，有着较为明显的与正统意识形态以及现实社会制度相抵牾的色彩。和他们同一时期的王世贞（1526—1590）以文学家的敏锐和史学家的眼光，由颜山农的聚徒讲学而生出“黄巾五斗之忧”[3]，颜、何两人均曾被官方逮捕入狱，何心隐两次入狱，最后惨遭杀害。他第一次入狱后，写有长文《原学原讲》，开头一句就是：“学则学矣，奚必讲耶？必学必讲也，必原以有事于学于讲，必不容不学不讲。”为自己讲学之正当性辩护，表明他意识到了官方视其讲学有政治上的危害性。

东林讲学会执晚明讲学会牛耳，其重要人物邹元标

---

① 详见《现代儒学的回顾与展望》，收入《现代儒学论》；其《朱熹的历史世界》、《宋明理学与政治文化》等论著也有类似论述。

② 钱穆：《宋明理学概述》，台北，学生书局，1977年，第327页。

③ 王世贞：《弇州史料后集》卷三五，《嘉隆江湖大侠》。

(1551—1624)肯定何心隐"聚和会"布教平民卓有成效,[①]但它并没有朝着"萃和会"、"聚和会"越出正统名教的方向走去。李贽(1527—1602)歌颂何心隐"英雄莫比",是继其之后把泰州学派进一步推向异端的代表人物,而东林党人张文达(?—1625)、冯琦(1558—1603)却俨然以正统名教代言人的姿态弹劾他,导致其被政府当局定以"敢倡乱道,惑世诬民"的罪名入狱而身亡。以后东林党人陈龙正(1585—1645)、顾宪成、刘宗周(1578—1645)等也批判李贽的"邪说横议"。不过,另有一些东林党人如范景文(1587—1644)、钱谦益、金铉(1610—1644)、杨涟(1572—1625)等,均有维护李贽的文字。[②] 东林党人对李贽评价的差异,从一个侧面说明东林党作为讲学团体在总体上既恪守正统名教,又有某种与现实政治不相容的异质性。后者即如黄宗羲《明儒学案·东林学案一》评论东林讲会所言:"会中亦多裁量人物,訾议国政,亦冀执政者闻而药之也。天下君子以清议归于东林,庙堂亦有畏忌。"就是说,讲学会发展至东林,已成了讲学议政合一的组织;而"畏忌"一语表明,讲学议政的合一使得讲学会原先隐含着的与明代强化君主专制的紧张关系显现出来了。

东林讲学会的裁量人物、訾议国政,如前所述最终并未走出传统政治的党争旧轨道,但其中的思想基调即争是非的政治使命感,确有指向君主专制政体的批判性锋芒。东林书院创立者顾宪成有一段与内阁首辅王锡爵关于"是非"的著名对

① 参见《何心隐集》附录《梁夫山传》,北京,中华书局,1960年,第120页。

② 东林党人批判和维护李贽的言说,详见沟口雄三《所谓东林派人士的思想》第5节,《中国前近代思想的演变》,第439—467页。

话:“娄江(王锡爵)谓先生(顾宪成)曰:近有怪事知之乎?先生曰:何也?曰:内阁所是,外论必以为非;内阁所非,外论必以为是。先生曰:外间亦有怪事。娄江曰:何也?曰:外论所是,内阁必以为非;外论所非,内阁必以为是。”[①]沟口雄三《所谓东林派人士的思想》排列有关史料后,指出:“从上述文献记录可以看出,当时国政的专权事实上已经脱离了内阁这一公共权力执行机关,权力已集中到皇帝及其周围的宦官(所谓皇帝的私人机关)手中了。”[②]就是说,东林派人士与内阁之争是非,其实是与宦官阉党争是非。征诸于东林党之历史,正是如此。他们与宦官阉党所争是非的有些事件(如梃击、红丸、移宫),其本身并没有太重要的意义。但是,如果将其置于从宋儒到黄宗羲的相权观之中,就不难看到其中的重要政治蕴涵。宋儒如前所述,强调“天下治乱系宰相”,以为儒者握有相权,便可“行道”。黄宗羲《明夷待访录》的《置相》指出:“有明之无善治,自高皇帝罢丞相始。”因为天子传子,但“天子之子不皆贤,尚赖宰相传贤,足相补救,则天子亦不失传贤之意”,并否定了“入阁办事”无宰相之名有宰相之实的说法,认为这只是充当“书记”即秘书而已,“吾以为有宰相之实者,今之宫奴也”。其《学校》则要求评议国政是非的中央“太学祭酒,推择当世大儒,其重与宰相等”。联系宋儒和黄宗羲的相权观,东林以讲学会之“外论”和宦官阉党的争是非,显然是不以明代强化君主专制的废相为“善治”。东林讲学会争是非的政治使命感,在理论上则是强调不能以在朝(内阁)与在野

---

① 黄宗羲:《明儒学案》卷五八,《东林学案一》,第1377页。

② 沟口雄三:《所谓东林派人士的思想》,《中国前近代思想的演变》,第388页。

(外论)作为确定是非的标准,而应诉诸于天下之"众议"。顾允成(1554—1607)说:"言路者,天下之公,非台省之私也。"[①]将台省之论作为私论予以摒弃,所追求的是天下之公论。这样的天下公论,不是一般的"清议",而是"国是"。缪昌期(1562—1626)指出,"国是"是"天下之所共",即出于群心之自然,而成于众口之同一。[②] 刘宗周则以"国是"迫使君主将好恶"公天下",并"集众议为耳目"。[③] 这样的"国是"论是以众人之所是所非作为仲裁国政的是非标准,表达了以民众舆论制约君主专断独行的政治理想。后来的黄宗羲《明夷待访录·学校》提出公天子之是非于学校而议之,一般认为其含有近代议会制度雏形的意义。这实际上是受到了东林党以讲学与议政合一而定"国是"的启示,《明儒学案》特录上述顾宪成与王锡爵关于"是非"的对话,就是对此的一个证明。康有为将其在清末组织的"强学会"看作中国近代政党的起始,[④]而"强学会"也是讲学(学会)与议政(议会)合一的。这仿佛是东林讲学会的再现。由黄宗羲构画议国政是非于学校的蓝图,到康有为组织的近代政党先驱"强学会",可以认为东林讲学会对设计近代政治制度和组织近代政治团体起着思想暗示的历史作用。尽管只是暗示作用,却也具有了不同于传统政治的异质新芽的意义。但是,这样的意义必须通过后面历史的曲折发展才能显示出来。

---

① 顾允成:《小辨斋偶存》卷五,《上座师许相国》。

② 缪昌期:《从野堂存稿》卷一,《国体国法国是无轻重解》。

③ 刘宗周:《刘子全书》卷一七,《恋阙瞻天恭申辞悃疏》。

④ 康有为:《民政部准帝国统一党注册论》,《康有为与保皇会》,上海,上海人民出版社,1982年,第314页。

对此徐光启在当时自然是不可能认识的，然而投身于催生这异质新芽的行列，则是完全可能的。因为徐光启和兴起讲学会的王学儒者有师生之谊，也与东林学派的人士有友好交往。但晚明轰轰烈烈的讲学会似乎没有在他的思想里翻卷起什么波澜，甚至也没有荡漾起些涟漪。

徐光启的业师黄体仁“私淑王守仁，致力心性之学”①，其终身服膺的座师焦竑正是在王学泰州学派的讲学盛会中，先后拜这个学派的耿定向(1524—1596)、王襞(1510—1587)和罗汝芳(1515—1588)为师，还与李贽互相勉励，感情深厚，曾在南京清凉山崇正书院主掌讲席。徐光启无疑是受到王学熏陶的。然而，在现有的文献资料中，找不到徐光启出入于讲学会的踪迹。徐光启与东林派的一些人颇有交谊，在此略举几位重要人士。如邹元标在泰昌、天启年间与徐光启同朝，对他的“建议诸策，多赞同”，其建在北京宣武门的首善书院，被劾“以讲学为门户”遭禁毁，并罢官回籍，留存的院舍后来被徐光启改为历局，所寄寓的情意尽在不言中。如冯应京(1555—1606)因抗拒矿使税监而入狱，万历三十二年(1604年)10月17日出狱后，刚成为翰林院庶吉士不久的徐光启前往慰问，“晤之，未及劳苦”，冯应京便殷殷以国家“调治之方，则无如重农”等语为言，并向徐光启“索江南农师，以治江北之田”，徐光启由衷地赞叹：“仁人之言哉！”两个多月后，当冯应京将在狱中润色好的《二十五言》(利玛窦撰)付刻时，徐光启为之撰跋。② 后来在《农政全书》里，特选取冯应京在狱中编辑完成

① 梁家勉：《徐光启年谱》，第42页。
② 梁家勉：《徐光启年谱》，第147、72—73页。

的《经世实用编》中《国朝重农考》弁之卷首，怀念之情跃然纸上。如叶向高(1559—1627)是徐光启居翰林院时期“所与质疑辩难者”之一，并“相与从利玛窦游”，讨教西学。[①] 利玛窦去世后，争论是否赐其葬地，叶向高说：“仅其所译《几何原本》一书，即宜钦赐葬地矣。”[②]这无疑包含着对此书笔译者徐光启的推许。东林派人士曹于汴(1558—1634)也是徐光启居翰林院时期“所与质疑辩难者”之一，他为徐光启译成中文的《泰西水法》写序，盛赞此书有功于国计民生。致力于西方科学的东林派人士熊明遇(1579—1649)，据其儿子所说，曾经与徐光启有交游，学习西学。[③] 徐光启与杨廷筠(1557—1627)、李之藻(1565—1630)是晚明倡导西学的三大柱石，他们不仅在传扬西学上互相唱和，而且有相当密切的私人关系。如万历四十年(1612 年)徐光启闻家乡倭警，在家书中密嘱家属相机避地杭州，与杨廷筠、李之藻等妥商处置办法；再如泰昌元年(1620 年)徐光启写信给杨廷筠、李之藻，商觅西铳备练兵，杨、李合议后，捐资并派遣李之藻门人赴澳门采购。[④] 然而，杨、李二人均可视为东林同党。杨廷筠在东林书院创立时，曾捐有银两，还向他人募集捐献，并主持过东林的聚会；任京官期间，在弹劾魏忠贤的奏疏上签名，参加邹元标首善书院的活动。李之藻曾刊刻宋人秦观的《淮海集》，借赞扬其身罹党祸惨遭迫害而守正不阿，以表达对腐败时局的愤懑以及正人君

---

① 梁家勉：《徐光启年谱》，第 82 页。

② 方豪：《中国天主教史人物传》上册，北京，中华书局。1988 年，第 79 页。

③ 参见沈定平：《明清之际中西文化交流史》，北京，商务印书馆，2001 年，第 568 页。

④ 参见梁家勉：《徐光启年谱》，第 101、132 页。

子的敬意。于是，东林党祸起，李之藻列名于《东林党人碑传集》。[①] 可以说，出于对西学的共同兴趣、致力于经世致用实学的共同志向，是徐光启与这些东林派交往的纽带。然而，徐光启在政治上和他们是保持距离的。天启年间，东林党人与魏忠贤阉党的斗争轰轰烈烈，不少人被罢官、逮捕、杀害，英勇悲壮，如《明儒学案·东林学案》所言：“一堂师友，冷风热血，洗涤乾坤。”翻检徐光启在这一时期即天启四年至天启七年仅存的六封信札，看不到对此有任何表示，通篇累牍除了“澄江冷月”式的旁观，就是怨诉自己的疾病和对政治的牢骚、叹息。一些论著往往将这归于其不卷入党争的中立性和不敢斗争的软弱性。其实前者确是原因之一，他多次表示不屑于结党，认为结党于国计民生不利；而后者则未必有道理。因为在此前的八九年，徐光启在南京教案的争论中，挺身而出为西方传教士辩护，写下了《辨学章疏》，丝毫没有软弱。之所以能如此，是因为在他看来，采纳天主教，中国“则兴化教理，必出唐虞三代上矣”，“国家致盛治、保太平之策，无以过此！”[②]由此我们可以明白徐光启没有坚决地站到东林派一边的重要原因，是因为他将东林党争完全看作传统的政治恶斗，而不能觉察上述东林讲学会所蕴含的异质新芽。这使得徐光启在政治上缺少了本来可能具有的新鲜进取的锐气。

虽然徐光启对明代中晚期讲学会有些冷眼旁观，但讲学会所造成的多元思想并存的局面，实际上给他提供了选择的空间。据《明儒学案·河东学案二》记载：当时有人问吕柟

① 参见沈定平：《明清之际中西文化交流史》，第677—678页、683—684页。

② 徐光启：《辨学章疏》，《徐光启集》，第433页、第436页。

(1479—1542)："今之讲学，多有不同者，如何？"吕柟答曰："不同乃所以讲学，既同矣，又安用讲邪？"讲学者为标榜与他者之不同，就各立宗旨。这和宋元儒学颇为不同，宋元诸儒所习，"多务阐明经子，不专提倡数字，以为讲学宗旨。明儒则一家有一家之宗旨，各标数字以为的"①。明初永乐年间，《五经大全》、《四书大全》、《性理大全》的修成，标志着程朱理学作为官方正统意识形态的确立。八股取士，必须以三部《大全》为依据，对程朱理学之外要有所探讨、涉猎，会被斥为"杂览"而非"正学"。于是如《明史·儒林传》所说："明初诸儒皆朱子门人之支流余裔，师承有自，矩矱秩然。"明代中晚期由讲学会之风行而宗旨纷然的学派呈现于世，显然突破了原先被程朱理学禁锢的头脑。这也是晚明社会的又一异质新芽。徐光启正是在相对较为自由的思想环境里，才有可能不仅对本土的众多思潮作出取舍，而且接受来自域外的西洋宗教和科学技术，从而在"会通"的基础上确立自己的思想宗旨，即援西学以"补儒易佛"。

总之，晚明社会的异质新芽或多或少地折射于徐光启的一生。然而，其时的异质新芽还是星星点点的，因为这主要局限于江南一隅，而且没有形成扶植它们的社会力量。星星点点的异质新芽自然不能顶破厚重的传统土壤，由此徐光启留下的历史脚印里，既有朝前进步的指向，也有滞留传统的泥浆。

重重叠叠的弊端危机与星星点点的异质新芽互相交织，构成了如嵇文甫描述的晚明时代："是一个动荡时代，是一个

---

① 盛朗西：《中国书院制度》，上海，中华书局上海编辑所，1934 年，第 125 页。

斑驳陆离的时代。照耀着这时代的，不是一轮赫然当空的太阳，而是许多道光彩纷披的明霞。你尽可以说它‘杂’，却决不能说它‘庸’，尽可以说它‘嚣张’，却决不能说它‘死板’；尽可以说它是‘乱世之音’，却决不能说它是‘衰世之音’。”[①]这样的时代，就思想史而言，斑驳杂乱而不平庸，嚣张激荡而不死板，意味着在多元纷呈中蕴含着近代胚胎。[②] 这样一幕思想史剧的徐徐展开，也如嵇文甫所说：“晚明这短短数十年，一方面是从宋明道学转向清代朴学的枢纽，另一方面又是中西文化接触的开端。其内容则先之以王门诸子的道学革新运动，继之以东林派的反狂禅运动，而佛学、西学、古学，错综交织于其间。”[③]简而言之，就是除正统程朱理学之外，晚明主要活跃着三大思潮：走出程朱格套的王学后学、讲究经世致用和考据求证的实学（东林学派和古学可归于此）、西方传教士输入的西学，同时伴有云栖等人的再振佛学的努力。徐光启的思想是映照晚明这幕思想史剧的一面镜子。

① 嵇文甫：《晚明思想史论》，北京，东方出版社，1996 年，第 1 页。
② 所谓胚胎的含义是：晚明在对传统思想批判总结中，提出了某些具有近代因素的思想，但在传统的重压下被窒息；不过，它们仍是近代思想的潜在养料。
③ 嵇文甫：《晚明思想史论·序》。

# 第二章　学优则仕与《诗经》的解读

人间四月，春光无限。迎着江南和煦湿润的阵阵春风，嘉靖四十一年（1562 年）四月二十二日，徐光启（字子先，号玄扈）出生于南直隶松江府上海县城南太卿坊。[①] 松江府位于长江口南岸的冲积平原上，东濒东海，南临杭州湾，因境内有吴松江而得名，辖有华亭、上海、青浦三县；其枕江通海的浪涨潮落似乎预示着徐光启今后人生的跌宕起伏。

## 一、"家世清白"的农家少年

在嘉靖四十一年（1562 年），使松江府人们振奋的，不是徐光启呱呱坠地的声响，而是华亭人徐阶（1503—1583）成了内阁首辅大学士。明人范濂《云间据目抄》卷三记载："松江虽

① 当时松江府直接隶属南都（南京），称"南直隶"，简称"南直"。

潮汐往来之地，自古未有通泖者。嘉靖庚戌，泖始潮，而民谣曰：'潮通泖，出阁老。'越壬子，徐文贞公讳阶果入相。拜命之日，相传潮头突至城内元铺旧第前，涌起丈余，人咸诧异。后果为太平宰辅几二十年。国初以来，郡中代不乏巍职，而相自文贞公始。"民谣得到应验，家乡出了第一个内阁首辅，并伴有潮水涨涌的奇异现象，自然是松江府十分轰动的事情了。

自明代中叶始，逐渐形成了"非进士不入翰林，非翰林不入内阁"的朝政格局。中进士、入翰林、进内阁，成为科举中式的理想前程，入阁拜大学士，被视作科第仕途的最高峰。因此，"潮通泖，出阁老"的民谣流传于松江府，实际上反映了这一地区的科第勃兴之势。徐光启出生地上海县处于松江府东北部，"上海壮县也，东连大海，北绕吴松，西南环歇浦，洪涛巨浸，所在多有。其潮汐往来，足以毓灵异而助文澜，则于士为秀地；其波流浩瀚，足以资灌溉而利耕桑，则于农为沃壤；其海舶帆樯，足以达闽广沈辽而百货集焉，则于商为通津。"①其实，整个松江府也是这样的"壮府"。其于农为沃壤，于商为通津，粮棉丰产，市镇繁荣，商贸兴旺，成为全国最富庶的地区之一，其于士为秀地，意味着明代特别是其中叶之后，金榜题名的荣光越来越多地降临在这一方士人的头上。据嘉庆《松江府志》的记载统计，明代松江府共出进士 461 名，其中洪武元年至成化四年为 99 名，成化五年至隆庆三年为 204 名，隆庆四年至崇祯十六年为 158 名。显然，明代中后期松江府进士数大幅增加。松江府在明代还流传着另一与士人"秀地"有关的谶语："日月河通出状元。"成化年间，此谶语流传甚盛，但松

① 嘉庆《上海县志》卢焌序。

江知府不晓得日月河在哪里，便下令疏浚全城河流。弘治三年(1490年)松江府出了第一位状元钱福。此后万历十四年(1586年)和万历二十九年(1601年)，松江府又出了两位状元唐文献和张以诚。据说，此前日月河都曾被疏通，因而此谶语被人们视为神异。《竹枝词》唱道："日月河通出状元，科名与夺仗波澜。"[①]此类民谣、谶语的出现、传播，表明该区域的人们对科举功名怀有相当强烈的企盼和追求。在这样的士人"秀地"环境里，徐光启人生第一步自然走的是学优则仕的老路。事实上，松江府后两位状元高中时，已是25岁和40岁的徐光启，正在博取科举功名的道路上屡败屡战。乡人"魁星高照"的荣耀和家乡文运的民谣、谶语也许是鼓舞他在这条路上走下去的重要因素。最后，他终于由进士而翰林而内阁大学士，达到了这条道路光荣的顶端。

在徐光启之前，徐家已四代定居上海了。但他的前辈先祖并没能仰仗这方士人"秀地"的风水而获得科举功名。[②] 以下对徐光启家世的叙述，主要依据他为其祖父、祖母、父亲、母亲写的四篇《事略》。[③] 徐氏迁徙沪上始自徐光启高祖，"高祖广文公，家世清白"，其名不详，号竹轩，是个担任儒学教官的秀才("广文"即儒学教官的别称)，并可能有些田产。徐光启

---

① 参见熊月之主编：《上海通史》第2卷，上海，上海人民出版社，1999年，第268页。

② 关于徐光启的前代和后代家世，王重民《徐光启》第2—4页、梁家勉《徐光启年谱》第285—286页均列有简表，可参见。

③ 四篇《事略》即《先祖事略》、《先祖妣事略》、《先考事略》、《先妣事略》，见《徐光启集》第523—528页，本章关于徐光启家世的引文，凡不注明出处的，均出自此四篇《事略》。

曾把他此前的家境变迁概括为“起家者三，中踬者三”。这三落三起大致如下：

曾祖徐珣“以役累中落，力耕于野”，因何种差役而败落，不得而知，很可能是“粮长”。粮长的职责主要是催征、经收和解运本粮区（交纳 10000 石田粮的范围）的田赋，起初政府对其待遇较为优厚，是个美差，后来由于土地兼并日趋激烈，优免人户不断增加，于是田赋逋负越来越大，但政府却一味责令粮长赔纳，“江南赋役必责粮长，粮长承役必至破家”，粮长变为倾财破家的苦役。[1] 凡有科举身份的各种缙绅富户地主，往往享有优免徭役的各种特权，因而没有科举身份的富户地主则被迫充当粮长之类的苦役。徐珣很可能是被迫承当粮长之役而濒于破产，不得不耕作田野，自食其力。这大概是徐家非常希望后人获得科举功名的一个历史原因。祖父徐绪（号西溪）改变了家道中落的局面，他“尽费其业”，“弃农为贾，家渐裕”，可能是把剩下的土地卖了以作经商的本钱，由经商而走出经济困境，成为比较富足的人家。徐绪虽然“生平和厚，与物无竞”，但颇有经商头脑，“逐什一之利，绝无市心。廉贾伍之，竟以是获饶”，即不追求暴利，而是薄利多销，竟也赚到了不少钱。在徐绪经商起家的过程中，其妻尹氏颇起作用，她“及笄，归先祖西溪府君，于时方食贫，勤身操作，昕夕不懈”。徐绪大约未到 40 岁就去世了，其时儿子徐思诚（号怀西，1534—1607）即徐光启之父才 6 岁。尹氏主持家业，用了两个得力的亲戚，即请其内家兄弟尹某“操出纳”，负责商业；又为长女择婿俞某招赘入门，“使当户”，主持家政。结果徐家的经

① 参见汤纲、朱寅元：《二十五史新编·明史》，第 386 页。

济经营状况蒸蒸日上,“拓产十倍府君时”,这就使得徐思诚不愁衣食而“肆力于学”,有充足的时间读书。徐思诚约在十七八岁时与“儒家女”钱氏成婚,不久生了个女孩。此时徐家在当地已成了大户人家。这是一落一起。

嘉靖三十二年(1553年)上海城接连5次遭到倭寇的侵扰,而且一次比一次惨烈。这使徐家又一次中落。当时的上海还没有修筑城墙,城里的居民不得不四乡逃散。徐思诚被“推择大户,给军兴,时出入公府”,留在了城里,参与组建抵御倭寇的地方武装。尹氏则率全家“流移避难者四年”,钱氏左掖婆母,右持幼女,“草行露宿,每休止丛薄,则抱女坐水深流急处,拟贼至,便自溺也”。倭乱使上海城镇“室庐资产,焚废殆尽”,徐家的买卖不能做了,又承担了“给军兴”的费用,财产损失应该是很大的。“寇平,收拾余烬,复数年,稍稍还旧业。”这时,父徐思诚已有二十五六岁,亲戚尹、俞两家的子女也已婚娶,尹氏把恢复后的家产分作三份,徐氏和尹、俞两家各得一份。这又是一落一起。

分家后,遭到了第三次“中踬”。“既析产,复被胠箧之盗,家更中落。”徐思诚“博览强记,于阴阳、医术、星相、占候、二氏(佛、老)之书,多所通综,每为人陈说讲解,亦娓娓终日。”这个“大户”的独传子醉心于阴阳、医术、星相、占候、二氏之书,显然是对科举功名没有兴趣。对经商他也不太喜欢,“尝业贾”,由于“不肯屑瑟计会”而“谢去”,要像农民那样从事生产劳动当然是不能胜任的,因而只是“间课农学圃自给”。同时,他“好施予,先世稍有遗资,亲故或称贷,负去辄不问。产渐挫,甚至鬻田宅”;“族党亲戚有贫者、老者、寡者,辄收养衣食之。中年食贫,既疏粝与共飧,终不以贫谢去”,这样,被盗后所剩的家产就更快地流失掉了。在此情形下，尹氏和钱氏“早暮纺绩，寒暑不辍”，以维持生计。她们的这种精神“启佑后人，使先业未坠”。这大概就是第三次起家。

徐光启的四篇《事略》写于天启四年（1624 年）[①]。当时他已 63 岁，因此这些《事略》在缅怀前辈先祖中，也透露出三落三起的家世变故对其一生思想影响的某些信息。

因不堪赋役重负而弃农经商，在明代中叶已很普遍。如当时华亭的何良俊（1506—1573）说：“四五十年来，赋税日重，徭役日重，民命不堪，遂皆迁业”；“昔日逐末之人尚少，今去农而改业为工商者，三倍于前矣”。[②] 徐光启在《事略》里陈述其祖先有过类似经历，意味着他对此有着更多的关注和考察，而关注和考察的思路，必定是把农业问题与政治问题联系起来。他致力于研究农业问题的著作《农政全书》，分为农政措施和农业技术两大部分并以前者为纲，就反映了这一点。他以“玄扈”为号也反映了这一点。“扈”本作“雇”，鸟名。《说文·隹部》：“九雇，农桑候鸟”，“玄扈”原指一种与农时季节有关的灰色雀类。相传少皞氏以鸟名官，古时曾将管理农业生产的官称为“九扈”，《左传·昭公十七年》载有“九扈为九农正”。因此，以“玄扈”为号，显然意在将“农”与“政”并轨思考。

倭寇侵犯而造成的流离失所的艰辛生活，是尹氏和钱氏常为少年徐光启讲述的故事，少年徐光启还曾聆听过同乡华锦详细讲述嘉靖三十五年（1556 年）受抗倭将领胡宗宪派遣，前往倭寇徐海处侦探军情及说服其归降的故事，直到他进入

---

① 此据梁家勉推断，见其《徐光启年谱》，第 151 页。

② 何良俊：《四友斋丛说》卷一三。

翰林院时，还对此记忆犹新。[1] 同时，徐思诚因参与武装御倭事宜而“喜言兵”，“所识诸名将奇士，所习闻诸战守方略甚备。与人语旧事，慷慨陈说，终日不倦。间用己意指摘前事得失，出人意表”；钱氏亦“每语丧乱事，极详委。当日吏将所措置，以何故成败，应当若何，多中机要”。徐光启回顾这些往事，意味着他学习军事知识的兴趣和解决倭寇问题的思考，源于那些少年时代印象最深刻的见闻。徐光启“幼读书，间及兵传”，就是由于“少尝感愤倭奴蹂践梓里丘墟，因而诵读之暇，稍习兵家言”；[2]“臣生长海滨，习闻倭警，中怀愤激，时览兵传”。[3] 这为他以后形成“强兵”、“正兵”的思想和谋略打下了基础。导致徐家第二次“中踬”的倭寇侵扰，正是以华亭柘林川沙洼为巢穴的，因此抵御倭寇是松江府特别需要正视的。松江知府在倭寇侵扰的当年筑成了上海城墙。徐光启在少年时代，肯定会听说修筑城墙的缘由。这可能促使他进一步思考：筑起一道城墙就能一劳永逸地解决倭寇侵扰这类问题吗？思考的结果就是他后来在《海防迂说》中得出的结论，即惟有开放海禁才能从根本上平息倭患。联系其家庭深受倭寇祸害的遭遇，这一结论显得尤为宝贵，因为它不只是出于愤激之情感，更是基于理性之分析。

徐思诚不屑于科举，与士人“秀地”热切追求科甲的乡土氛围格格不入，因而尹氏只能将以科举功名光宗耀祖的希望寄托于徐光启身上，此即所谓“启事淑人二十三年，每以亢宗

---

① 参见梁家勉：《徐光启年谱》，第 39 页。

② 徐光启：《复太史焦座师》，《徐光启集》，第 454 页。

③ 徐光启：《敷陈末议以殄凶酋疏》，《徐光启集》，第 97 页。

期许”。钱氏尽管对当年御倭战事对评价“多中机要”，但“甚恶儿习兵书，检得册中有兵刃图像者，弃藏之”，恐怕也是出自于同样的期许。如此的殷切期许，一方面无疑是徐光启在科举道路上锲而不舍地坚持二十多年的重大动力，另一方面无疑也给在科举道路上连连落败的徐光启带来了沉重的心理压力，这大概是他日后指斥科举为“烂路”的一个重要原因。钱氏虽期许儿子高位显达，但又深恐险恶的宦海将其卷没，“闻邑中先达有以建言任事被斥者，辙嗟吁为人言：我儿若显遂，必为彼所为。今虽贫，不得志公车，吾不恨也”；徐思诚则在临终前的几个月，对刚刚踏上仕途三年的儿子留言：“开花时思结果，急流中宜勇退。”徐光启的《事略》写下这些文字之际，正值东林党与魏忠贤阉党的斗争趋于激烈，因而这隐约表露了其置身于党争漩涡而最终安然无恙的政治智慧，是与铭记父母的上述告诫和担忧不无关系。徐光启虽以科举为目标而与其父亲不同，但父亲广泛的阅读爱好对其颇有影响，徐光启座师全天叙为其父 70 寿辰写有《寿怀西徐翁序》，说徐光启“禀有异质，自六籍百氏，靡不综览其菁华”，就包含了此意。

徐思诚“课农学圃”之时，“所往还，喜乡里耆德或老农圃”，徐光启在回首这些往事的时候，正在为自己“栽莳花药，亦靡膂力”而深感遗憾。[①] 因而此时他大概会想到自己投身农学研究、喜作田园苗圃的农耕、常以农民为师（《农政全书》里载有“闻老农言”、“闻老农云”等），是由父亲“课农学圃”之耳濡目染而生发出来的。徐光启赞扬祖父、祖母、表伯、姑父

---

① 徐光启：《与王无近端尹书》，《徐光启集》，第 476 页。此信写于天启五年（1625 年）。

起家拓产的才干，表明后来他在万历年间经营农田水利于天津，“三年大获其利”，①是继承了家庭前辈颇具经营才干的传统，并予以发扬光大。徐光启对祖母和母亲在第三次“中蹶”后辛苦劳作、勤俭持家以图重振先业的追忆，一方面是揭示了其一生即使做了高官，仍然刻苦俭朴的家风渊源，一方面是希冀其后辈继承这样的家风。关于前者，徐光启写《事略》时，已位居礼部右侍郎，此后9年里，经礼部尚书而在内阁大学士任上去世，史载“盖棺之日，囊无余资”，“宦邸萧然，敝衣数袭外，止著述手草尘束而已”。② 关于后者，徐光启写《事略》时，大概会想起其教育独子徐骥的故事：徐骥17岁那年，偶尔经过一富民家，见其“居常屑麦为粥，声如轰雷”，“归述之，因拊掌为笑”，讥嘲其寒陋。徐光启“正色”批评其“徒以口腹诮人，岂知缙绅子弟肠胃中，每饫珍疱，便非门户佳事。吾愧不德，无以董率，夫何复言”，由此而辍食。后来徐骥通过亲戚来“请罪，久之得释”。③ 当时江南的社会风尚是崇奢黜俭，松江府亦不例外。崇祯《松江府志》称：“吾松正德以来，日新月异，自俭入奢”；正德《松江府志》指出，地处松江府“东北五乡”的上海县，由于滨海通商的缘故，更显奢侈，“诸州外县多朴质，附郭多繁华，吾松则反是”，即上海县城之奢华超过府城。范濂在《云间据目抄》卷二抨击泛滥松江府的奢华之风：“吾松素称奢淫黠傲之俗，已无还淳挽朴之机，兼以嘉隆以来，豪门贵室导奢导淫。博带儒冠，长好长傲。”还特别叙述了万历后的服

① 陈子龙：《农政全书·凡例》。

② 梁家勉：《徐光启年谱》，第203页。

③ 李彦贞：《南吴旧话录》，转引自梁家勉：《徐光启年谱》，第61页。

饰变化:“布袍乃儒家常服,迩年鄙为寒酸。贫者必用绸绢色衣,谓之薄华丽。而恶少且从典肆中觅旧段旧服,翻改新制,与豪华公子列坐。亦一奇也。春元必穿大红履。儒童年少者,必穿浅红道袍。上海生员,冬必服绒道袍,暑必用综巾绿伞,虽贫如思丹,亦不能免。更多收十斗斛麦,则绒衣巾盖,益加盛矣。余最贫,最尚俭朴,年来亦强服色衣,乃知习俗移人,贤者不免。”由此可见,徐光启的《事略》褒扬刻苦俭朴家风的用心,在于勉励自己和家人不为奢侈之风俗所移易。

当然,徐光启写《事略》时,一定记得他是春天降生于这个家庭的,但此时的家境并非是春天,而是处于第三次“中踬”后的冰点。梁家勉《徐光启年谱》记载,当时这个家庭的成员有:祖母尹氏,58 岁,父思诚,29 岁,母钱氏,约 26 岁,姊一,约 10 岁。那一年正值松江大饥,饥民被迫掠食,因而本来已经颇为贫困的家庭,就陷入了更为窘迫的境地。① 至此,可以明白所谓“家世清白”,主要有两方面涵义:一是徐光启先辈从未有过科举中式而身居高官的荣耀,虽曾经商致富,但到徐光启出生时,已衰败为清贫的小农家庭。二是徐光启家风的主流价值取向为勤劳俭朴。

如上所述,徐光启的降生在当时并不会引起松江府人们的关注,但给其困顿中的家庭却带来了某种希望。徐光启生而“岐嶷挺秀”,祖母尹氏喜曰“是大亢吾宗者”。② 此前已经指出,所谓“亢宗”的主要内涵,就是博取科举功名以光宗耀祖。这自然以读书为第一要务。徐光启 7 岁时,进入龙华

① 梁家勉:《徐光启年谱》,第 33 页。
② 梁珉:《徐太母尹太夫人传》,转引自梁家勉:《徐光启年谱》,第 33 页。

寺私塾学馆读书。现存的一些有关记录，将徐光启童年读书时代的形象勾勒为神童才子。在《徐氏家谱》和查继佐《罪惟录·徐光启传》里，都记录了这么几件事："尝雪中蹑城雉，疾驰，纵远眺"，是说一次下雪，徐光启在纷飞大雪中登上城雉，在上面来回奔跑，远眺雪景，显得"矫挚，饶英分"。龙华寺旁边有龙华塔，高40余米，塔顶有许多鸟窝，"尝缘塔捕鸽为乐，偶失足下坠，见者惊呼。公持鸽自若，顾之曰：汝犹能盘旋塔顶，烦我数日思耶？"是说徐光启爬上龙华寺塔顶捕鸽取乐，偶有失足坠地状，观者惊呼，他却镇定自若。又尝"飞陟塔顶，趺坐顶盘中，与鹳争处"，颇有"顾盼物表，神运千仞之上"的气概。[1] 身手矫健和英姿勃发，并非神童才子形象的全部。童年时代的徐光启就立志高远。柏应理（Philippus Couplet，1624—1692，比利时人，1659年入华传教）的《徐光启行略》称："公少时，奇特出众，高尚其志。才就傅。一日，馆师他出，公与同学诸子，戏各言己志。一曰：我欲为富翁。多人敬仰，终身可无衣食虑也。一曰：我欲为道士。役鬼驱绅，放游方外，亦无衣食虑也。公曰：是皆不足为也。论为人，当立身行道，学圣学贤。我欲做一高官，治国治民，崇正辟邪，勿枉为人一世。"[2]孩子们的戏言，倒也反映了当时社会的多元价值取向。如前所述，江南富庶之地崇富求奢风气特别浓厚，儿童受此感染，欲为富翁；明代尤其嘉靖年间，宫廷迷信道士，玄修青词，风靡一时，儿童受其影响，欲为道士；学得圣贤气象，入

① 参见梁家勉：《徐光启年谱》，第37—38页。

② Philippus Couplet：《徐光启行略》，张星曜译，《圣教杂志》1934年，23卷6期。

仕经世济民，这是儒家正统的人生理想。徐光启不为当时风气所左右，难能可贵，尽管他以后接受西学，成为洋教徒，但始终坚持了如此的人生理想，这意味着他的思想有开放的一面，也有坚守传统的一面。思维敏捷、学识出众是神童才子不可或缺的要素。有一次，徐光启到邻近私塾学馆去玩，该馆塾师命题考他，他"随口成章，不假思索"，塾师大为惊奇。[①] 李杕的《徐文定公行实》对徐光启童年读书生活有简要概括："比束发，出就外傅，敏而好学，章句、帖括、声律、书法，均臻佳妙。"[②]古代男孩成童时束发为髻。《礼记・内则》："成童，舞象，学射御。"郑玄注："成童，十五以上。"就是说，徐光启到15岁时，已经以神童才子的形象出现在人们的面前，"亢宗"之望初露端倪。

其实，神童才子的成长，离不开良好的学校教育，也离不开良好的家庭教育。在家庭教育方面，徐光启的父亲生性旷达，如前所述其本身喜好广泛，这给了徐光启比较自由的阅读空间，徐光启在《事略》中提到父亲放任他涉猎兵书，"弗禁"；而母亲则训诲有方，对此徐光启的《事略》回忆道："生平未尝楚辱骂言。有所欲勅戒，则不言笑者数日，待儿辈侍立垂涕，度悔改乃已。"前述徐光启教育儿子的方法，与此如出一辙，可见他觉得当年母亲的教育方法使其受益匪浅。

徐光启16岁时师事黄体仁，这是第一位对他思想有重大影响的老师。黄体仁（字长卿，号瀫城），上海人。他以阳明心学为宗，同治《上海县志》称其"讲性学，多所发明"，赞誉徐光

---

① 《徐氏家谱・先世列传》。转引自梁家勉：《徐光启年谱》，第40页。

② 转引自梁家勉：《徐光启年谱》，第42页。

启“才优”,颇为器重。① 天启四年(1624年),徐光启向华亭举人何三畏详述黄体仁生平事迹,嘱其写成《黄副宪縠城传》,何三畏说:“宗伯徐公光启尤敬信其师。”②这一感受是真实的。因为在这同时徐光启在撰写前辈祖先《事略》,可见黄体仁在其心目中,具有与列祖列宗差不多重要的地位。应当说,从黄体仁那里接受的王学,对徐光启日后的思想历程产生了深远影响。如前所述,其座师焦竑是晚明王学泰州学派的名士。万历三十九年(1611年)徐光启为他的《澹园续集》撰序,指出文章有“朝家之文”、“大儒之文”、“大臣之文”三种,对人的影响也有三种,即“当物者使人油然以思,若润于膏泽;入心者使人惕然以动,若中于肌骨;切用者使人俯拾仰取,若程材于邓林而征宝于舂山”,能够融三种文章和三种影响于一身,“兼长备美,读其文而有益于德,利于行,济于事”的,“近世见阳明氏焉,于今见先生”。③ 从中可见王学影响之深刻。但是,他写于万历三十三年(1605年)的《刻〈紫阳朱子全集〉序》,则批评晚明王学之流弊,非常称赞朱熹,“近世学士横生途辙,谬欲祧而椟之,曰吾独契圣宗,以上接洙泗为嫡传也,而实则阴用二氏之精者”,这“使后进之士波荡而从之,即紫阳一脉几欲敝帚相视”;认为朱熹之学是“继孔氏而称儒术者”,“其实行实功,有体有用”,能“俾天下国家实受真儒之益”。④ 从中可以推断在其少年读书时期也接受了正统意识形态程朱理学的灌输。

---

① 转引自梁家勉:《徐光启年谱》,第42页。

② 何三畏:《云间志略·黄副宪縠城传》,参见梁家勉:《徐光启年谱》。第151—152页。

③ 徐光启:《〈焦氏澹园续集〉序》,《徐光启集》,第89页。

④ 徐光启:《刻〈紫阳朱子全集〉序》,《徐光启集》,第95页。

值得注意的是，徐光启在写下上述两文之前的万历三十一年(1603年)，已经由传教士洗礼而成为天主教徒，同时这两篇文章里“利于行、济于事”、“实行实功”等语，又明显表示出对晚明实学思潮的应和。至此可以描画出徐光启思想地图的大致轮廓：排斥二氏(佛教、道教)，兼取四学(心学、理学、实学、西学)。从这幅色彩颇为杂陈斑斓的地图来看，似乎徐光启在晚明多元思潮错综并存的局面前有点不知所措，实际上却是对多元思潮的某种重新整合，整合的方式就是引入西学以“补儒易佛”①。师事黄体仁是徐光启进行这一思想整合的出发点。

当然，徐光启拜师读书的第一个现实目标是进入秀才行列。在迈向这个目标的道路上，徐光启走得还算顺畅，但步履迟缓。万历九年(1581年)徐光启来到离上海县城100多里的杭州湾畔金山卫，考中了秀才。这一年他已20岁了。中秀才后，可以从县学里得到一些经济上的资助，生活有点改善。就在这一年，徐光启娶妻成婚，夫人是“处士吴小溪之女”。所谓“处士”即没有功名，这与徐光启家世“清白”可谓门当户对。跻身秀才，距离“大亢吾宗”还很远。张岱(1597—1684)谈到江南当时的情形是：“后生小子无不读书，及二十无成，然后习为手艺。”②这里说的“无成”，就是没有考取秀才。徐光启假使这一年没有获得秀才身份，从其后来对科举的执著来看，大概也不会就此去操习手艺。但从中可以想见，以当时一般的情形而论，徐光启考取秀才的年龄是偏大的。这似乎预示着

---

① 徐光启：《〈泰西水法〉序》，《徐光启集》，第66页。

② 张岱：《琅嬛文集》卷一，《〈夜航船〉序》。

他将会在科举之路上蹉跎岁月。

## 二、泥泞坎坷的科举“烂路”

万历三十二年(1604年)三月的北京城,冬天的寒气还未退去,而在此参加会试(春闱)的徐光启,心里却荡漾着春天般的暖意。因为当会试试榜公布时,他看到了在被录取的311名进士中,自己位居第88名。这一年徐光启已是43岁了,由秀才而进士,整整用了23年。如从师事黄体仁算起,则用了漫长的27年,对此徐光启在看榜时就一定会有感触,因为他在这个榜上也看到了黄体仁的大名,师生成为同科进士。所以,对徐光启来说,中了进士固然有获得成功的喜悦和如释重负的轻松,但更多的可能是身不由己的无奈和被功名所累的叹息。这种无奈和叹息表现在他日后把自己的科举生涯自嘲为“我辈爬了一生的烂路,甚可笑也”①。

所谓“秀才”是民间的俗称,正式的名称是“生员”或“庠生”,意谓通过考试即“童试”取得了在官办学校读书并参加科举考试资格者。家境不富裕的生员,往往一面应付县学的课业以领取官方的生活补贴,一面到村学或家馆去教书以获得经济报酬。徐光启当时就是这般半工半读的“穷秀才”,但内心充满着经世治国的抱负。徐骥在《文定公行实》中说他父亲“弱冠补诸生高等,食饩学宫,便以天下为己任。以家贫,故教授里中弟子”②。教书之余,徐光启也参加一些生产劳动。他

① 徐光启:《家书》(十五),《徐光启集》,第496页。
② 徐骥:《文定公行实》,《徐光启集》,第552页。

的门生张溥(1602—1641)的《农政全书·序》说,徐光启“为诸生时,有田数弓,茀不治,植柳其地,岁获薪烧,利反倍于租人”,即利用墙边地角的闲地种植柳树,竟得到很多柴薪,获利不少;他还“因悟世无弃土,人病坐食,李悝之法,至今可行”。这说明徐光启此时不仅秉承了其先辈善于经营的才干,而且将思想投射于经济生产活动,试图总结其中的一些规律。当然,徐光启的主要精力还是用于准备科举考试所需的科目。之所以能如此,很大程度上得益于徐光启妻子吴氏的勤劳、能干和贤惠。《徐氏家谱·先世列传》说吴氏“善纺绩,三倍他人,文定公因是无内顾忧”。柏应理《徐光启行略》称其“操家有法,节俭自持,非赡礼不衣绸绮”,“平居布素,澹如也”。尽管祖母、母亲、妻子都是纺织能手,而且勤俭持家,但生活状况依然贫困。据《徐氏家谱·先世列传》记载,徐光启妹妹出嫁时,其嫁妆是靠吴氏取出自己的嫁资得以解决的。[①] 因此,所谓“无内顾忧”主要是指吴氏被徐光启视为贤内助,并非是说贫困的家境得到了根本扭转。

徐光启深知全家把扭转贫困的希望,寄托在他早日登上举人这个科举的新台阶。然而,希望一次一次地落空了。徐光启在中秀才的第二年,就参加乡试(秋闱)赶考举人,但未第;而曾与他同时师事黄体仁的王偈春则榜上有名。[②] 不过,徐光启并未气馁。梁家勉《徐光启年谱》认为,此后在万历十三年(1585 年)、万历十六年(1588 年)和万历十九年(1591 年)的三次乡试中,第一次徐光启因居祖母丧,可能未应考,后

① 转引自梁家勉:《徐光启年谱》,第 45 页。

② 梁家勉:《徐光启年谱》,第 45—46 页。

两次都曾参与，均以失利告终。[①] 就是说，十年里徐光启曾经三次应考，仍未能登上举人的台阶。其中第二次即万历十六年(1588 年)的乡试，可能是令徐光启最为刻骨铭心的。那年九月，徐光启与若干同乡到太平府(今安徽当涂)应乡试。这年从春到秋，徐光启的家乡旱灾、疫灾、水灾、风灾相继而来，饥荒遍地。因此徐光启家的生活境况进一步恶化，"母拮据以供俯仰。一日自旦至夜舂，粒米不入于口。偶从篱落间觅一瓠瓤，以充饥"[②]。徐光启在这样的情形下，踏上了赶赴乡试的路途。徐光启四孙徐尔默所撰《先训》、《卵径》记述了这次乡试的经过。徐光启和同伴所走路程，是由南运河转入长江再西上，当时"愁霖匝月"，徐光启到了句容，弃舟"陆行而前，行囊羞涩，蹑蹻担簦，踯躅于潢汙行潦之中。沿江行百余里，左荡、右江，羊肠一径，径皆石卵，水流奔汩，咫尺莫辨，一失足必颠仆无生理"，备尝苦况。"尔时，遂有淡然功名之志"，只以"家贫亲老"聊为"逐队往从"。榜发"又摈落"。同去应试的董其昌、张鼐则被取为举人。[③] 此时的徐光启，回想起应试途中，淋着瓢泼秋雨，身担沉重行李，在泥烂滑溜的小道上，冒着失足坠入湖荡江河的危险，蹒跚而行，路在何方，雨帘中模糊不清；如今落榜而归，失落里前途渺茫。以后他将科举比作"烂路"，恐怕与这次艰难行程留下的深刻印象有关。

这里值得分析的是其萌生淡泊功名的念想。它虽然偶尔闪现在长途跋涉的险恶环境中，但却是某种社会心理的折射。

---

① 梁家勉：《徐光启家谱》，第 53 页。
② 徐尔默：《先训》，转引自梁家勉：《徐光启年谱》，第 51 页。
③ 参见梁家勉：《徐光启年谱》，第 51 页；王重民：《徐光启》，第 14—15 页。

余英时在《中国近世宗教伦理与商人精神》和《士商互动与儒学转向》等文中，论证了明代中叶以后“弃儒就贾”作为普遍性社会运动，与科举名额并未随人口增加而相应增加有关。据大略估计在万历二十八年（1600 年）人口约为 1 亿 5 千万左右，比 14 世纪末的明初增长了一倍多，而举人和进士的名额没有相应增加，因而考中的机会越来越少。16 世纪时已流行“士而成功也十之一，贾而成功也十之九”的说法。“这当然不是精确的数据，但它在社会心理上所产生的冲击力很大，足以激动不少士人放弃举业，献身商业”；“从有关文献出现的时代推断，我们大致可以说，‘弃儒就贾’在 16、17 世纪表现得最为活跃”。[①] 联系到徐光启祖辈曾弃农就贾，经商致富，因而在“弃儒就贾”风气的诱惑下，处于贫困而又举业不成境遇中的徐光启，淡然功名之志油然而生是难免的。

但是，徐光启并没有在这次乡试失败后放弃科举。这一方面表现了他不随波逐流的品格，另一方面也再次反映了他思想深处对正统儒学人生理想的坚守。如果将徐光启与同时代的著名科学家相比较，这后一方面就显得更为突出了。李时珍（1518—1593）14 岁时中秀才，至 23 岁时第三次乡试失利，此后脱离科举道路，专心于医药学。徐霞客（1587—1641）无意于科举应试，20 岁以后游历山川，多次遇盗绝粮，锲而不舍，成为地理学家。宋应星（1587—1666）29 岁中举人，其后直至 45 岁，“五上公车不第”，即 5 次会试考进士均失败，于是绝科举之念，在其科学名著《天工开物》的序中直言：“此书与功名进取毫不相干也。”徐光启对正统儒学科举功名的人生理

① 参见余英时：《士与中国文化》，第 536 页；《现代儒学论》，第 61—63 页。

想的坚守,并不随其获得了进士而弃置。他自嘲科举为“烂路”的话出自万历四十七年(1619 年)的一封家信,其时离他会试中式已有 15 年了;但就在这封信里,他还不忘指导孙儿如何习作八股时文。以后徐光启在回答崇祯皇帝关于如何培养、选拔人才问题时说:“若今之时文,直是无用。”[①]所谓时文,即是以诠释四书为中心的八股文,“明代儒生以时文为重,时文以四书为重”[②]。就是说,他看到了科举取士制度的历史合理性正在失去,但他又在坚守着这样的制度。这从一个侧面反映了徐光启思想中既试图走出传统又囿于传统的复杂性。

在第三次乡试落第后,徐光启继续跋涉在科举“烂路”上。就在这次乡试的第二年即万历二十年(1592 年),徐光启的母亲去世,徐光启因此而暂辍教书。据梁家勉《徐光启年谱》,万历二十一年(1593 年)“子弟知公者。相延入粤”,徐光启南下广东韶州(今韶关)教书,可能是在韶州府学或曲江县学(该府治与该县治同在一地)任训导,约有两年光景。传教士利玛窦在万历十八年(1590 年)来到韶州,并在城外西市南安桥附近建有天主教堂。利玛窦在万历二十三年(1595 年)北上传教,教堂由传教士郭居静主持。徐光启在那年的教书之余,信步来到天主教堂,与郭居静相晤,交谈甚为惬洽,[③]知晓了天主教和西方科学的一些情况。这无疑给为科举而浸润儒学近 20 年的徐光启,开启了一扇中国本土文化之外的思想窗户。

① 徐光启:《面对三则》,《徐光启集》,第 441 页。
② 永瑢、纪昀主编:《四库全书总目提要》卷三七,《经部·四书类存目》。
③ 参见梁家勉:《徐光启年谱》,第 55—57 页。

在这两年里，万历二十二年（1594 年）的乡试可能是因为丁母忧而没有参加。[①] 但他渴望早日中举的心情不仅没有因此而淡化，反而更为强烈了。徐光启在万历二十四年（1596 年）同意去广西浔州知府的同乡赵凤宇处教家馆，就表现了这一点（徐光启会晤郭居静以及去广西的时间，史传不明。研究者有不同说法，此据梁家勉《徐光启年谱》）。在明代，北京顺天府的乡试名额比其他地区要多，而且不论籍贯，只要是国子监的学生都可以应试，所以一般往往比在原籍尤其是经济文化发达、科举竞争激烈的江南地区容易考中。明末通行卖官鬻爵，有钱人常常为子弟捐个监生，以取得在京城参加考试的资格。赵凤宇就为他的儿子赵公益捐了监生。徐光启显然无钱“捐监”，于是以赵家出资为其“捐监”作为远赴广西的前提条件。[②] 就是说，徐光启以到浔州教家馆换得了到北京做“移民考生”的资格，由此来提高中举的概率。这反映了他对下一年的乡试势在必得的心理，也反映了他性格中精明灵活、长于计算的一面。徐光启随同赵家上路了，他们由韶州西行向浔州府（今广西桂平）进发，翻山越岭，历经艰险。李杕的《徐文定公行实》说：“万历丙申（二十四年），移馆浔州，经行八千里，所著犊鼻〔裈〕，直同鹑结，短檠之下，自觅针黹，聊为缝紩。”徐光启身着破旧衣衫，白天穿行在深山密林里，晚上在微弱的油灯光下，一针一针地缝补着被刮破的衣服。这比起往日虽清苦但安稳的教书生活来，当然是一种磨炼。徐光启确实从中汲

① 参见王重民：《徐光启》，第 18 页。

② 参见王重民：《徐光启》，第 18—19 页。

取了思想养料，他俯仰“崇山峻岭间，为文益奇益富”[①]。

万历二十五年(1597 年)春天，徐光启陪同赵公益动身北上，参加 9 月举行的顺天府乡试。这次考试的主考官是全天叙、焦竑，分考官是张五典等。尽管徐光启对这次考试抱着极大的希望，但最初阅卷时依然名落孙山，如果不是后来发生了颇具戏剧性的变化，真不知徐光启是否还能经受得住这次失败的打击。梁家勉《徐光启年谱》依据有关文献，简洁地展现了这个戏剧性的一幕：张氏从落卷中“物色”得公卷，荐送主考官。时，距“放榜前二日”，焦氏“犹以不得第一人为恨”。既得公卷，“击节赏叹，阅至三场，复拍案曰：‘此名士大儒无疑也！’拔置第一。”[②]徐光启中了顺天府第一名举人(通称解元)，名声大振。然而，焦竑就在这次乡试后，被人以所取举子的某些试卷“文多险诞语”等罪名，遭到弹劾，贬为福宁州同知，第二年辞官回乡。徐光启 36 岁中举，从秀才到举人，花费了 16 年的时间。这就难怪徐光启日后用“爬”字来形容自己在科举道路上的行进速度。

“爬”不仅是指速度缓慢，也道出了其中的艰辛，因而当爬行在这条道上者得到帮助和扶植，自然是终身难忘的。后来徐光启登上了科举的最高台阶进士，首先想到的是给焦竑报喜，这就是我们今天看到的《与焦老师书》。[③] 信中有“冀空野马之群，甄陶不倦；燕市有三人之虎，神色皓如。萧然独鹤还

① 徐尔默：《先训》，转引自梁家勉：《徐光启年谱》，第 58 页。

② 梁家勉：《徐光启年谱》，第 59 页。

③ 关于此信的缘由，王重民以为是 1597 年中举后的谢启；梁家勉以为是对焦竑 1599 年辞官后的慰问。此采李剑雄的说法，详见其著作《焦竑评传》(南京，南京大学出版社，1998 年)。

山，宛尔孤舟之横水。苍赤卜出处，岂回腊屐在东山？社稷赖以安危，终是《金縢》开洛社”等句；三人之虎、独鹤还山，当指焦竑科场冤案；东山、洛社，则指焦竑归隐林下的悠游生活。这里表达了对老师受冤的安慰和日常起居的问候。信中的“任伊周之重任，传孔孟之真传，策对天人，词林第一，身依日月，史笔无比”，是表彰焦竑以往的光辉业绩。信中还以“光启夙叨收贮，久荷生成。愧羽翼之未丰，致云霞之晚遇。璞怀三献，始得列于圭璋；哲愧十人，咸滥竽乎冠绶”等语，自诉愧对师门，中举之后，未能及时会试中魁，许久之后，才得以出任仕宦。信中更充满了对焦竑的感恩和尊敬：“百川时至，敢忘溟渤渊源；桃李成蹊，全是乾坤覆育。吾斯未信，有怀立雪之心；求为可知，宁负面墙之训。”①

当然，徐光启对焦竑不只是心存感激和尊敬，更是以他为楷模。这在他为焦竑《澹园续集》所写的序中可见一斑。该序说：“吾师澹园先生粤自早岁，则以道德经术标表海内，钜儒宿学，北面人宗；余言绪论，流传人间，亡不视为冠冕舟航矣。”②意谓视其道德为标杆，视其文章为领航。这在徐光启身上确有体现。就道德品行而言，梁家勉《徐光启年谱》记载：万历四十一年(1613 年)徐光启担任会试“春秋房”分考事。“时，〔应考举人〕吕维祺、张宗衡、鹿继善皆为〔与公〕同房〔阅卷〕者所〔摈〕斥。公独曰：‘三卷于制义中未见绝群之姿，喜其真朴处未散，为人固落落中可倚仗者。’后三人行事，卒如其人。”③

---

① 徐光启：《与焦老师书》，《徐光启集》，第 502 页。

② 徐光启：《焦氏〈澹园续集〉序》，《徐光启集》，第 88 页。

③ 梁家勉：《徐光启年谱》，第 103—104 页。

这几乎是焦竑当年提携徐光启的戏剧性一幕的重演。可见徐光启是以焦竑惟才是举的高风亮节为榜样的。就经术文章而言，徐光启继承了焦竑实学的品格。起于明代中期而在晚明趋向高涨的实学思潮，主要有两个方面：一是主张学问以经世致用为宗旨，二是提倡治学以言必证实为方法。关于前者，焦竑指出："学不知经世，非学也。"[①]关于后者，焦竑开明末清初考据学之先声。[②] 徐光启在《澹园续集》序里，对焦竑经术文章的实学品格给予高度评价，称其文的价值在于摆脱了"文不必为世用"世俗见解，体现了"文要有益于世"的精神，称其考据学的代表作之一《国史经籍志》："若诸藏史，何渠非我明一代文献足征？"徐光启继承发扬了焦竑的实学品格，将经世致用与言必证实贯注于自己的学术活动，如徐骥《文定公行实》所记："于物无所好，惟好学，惟好经济，考古证今，广咨博讯。遇人辄问，至一地辄问，问则随闻随笔，一事一物，必讲究精研，不穷其极不已。故学问皆有根本，议论皆有实见，卓识沉机，通达大体。如历法、算法、火攻、水法之类，皆探两仪之奥，资兵农之用，为永世利。"[③]从中还可以看到徐光启的言必证实有比焦竑更进一步的地方，即不局限于文献考证，而且拓展为实地验证。这显然蕴含了近代实证科学方法的意义。

以老师为道德经术之楷模，并不意味着徐光启在思想上和焦竑没有分歧。徐光启中举的试题之一是《舜之居深山之中》。"舜之居深山之中"是《孟子·尽心上》之一章，其意是舜

---

① 焦竑：《澹园集》卷一四，《荆川先生右编序》。

② 详见李剑雄：《焦竑评传》第四章《焦竑考据学的内容与成就》。

③ 徐骥：《文定公行实》，《徐光启集》，第560页。

居深山，与木石、鹿豕相处，但其不同于深山野人之处，在于持有至善的本性，因而“闻一善言，见一善行，若决江河，沛然莫之能御也”。由于至善之性是与生俱来的，所以孟子也称其为“赤子之心”，《孟子·离娄下》说舜与文王虽有时空的阻隔，但都有至善之性，即“大人者，不失其赤子之心”。于是后来的儒生在解读《孟子》时，常把舜居深山与其不失赤子之心联系起来。因此，可以将徐光启在万历三十三年(1605年)写于翰林院的《赤子之心与圣人之心若何解》，看作是其中举试题之文的续篇。[①] 这两篇文章较为集中地反映了徐光启在对待王学的态度上与焦竑的同异。

泰州学派创始人王艮(1483—1541)初谒王阳明，论及“尧舜君民之心”，王阳明答曰：“舜居深山与鹿豕木石游居，终身忻然，乐而忘天下。”[②]以此说明圣人之心(良知)乃是无尔我之分、形骸之分的无滞无碍的自在境界，他还借《论语·子罕》里孔子说自己“空空如也”，把圣人之心的境界诠释为“心只空空而已”。[③] 由此王学后学尤其泰州学派称“圣人之心”为“圣人无心”，罗汝芳以“赤子之心”来凸显“圣心”乃本然之“真心”，而“心体之无”是其本质状态。[④] 这实际上是把“圣人之心”、“赤子之心”和“圣人无心”链接在一起。焦竑十分推崇王

① 这两篇文章见《徐光启集》，第522—523页、第509—510页。本节凡出自该两文的，不再注明。

② 王艮：《心斋王先生全集》卷一，《年谱正德十五年条》。

③ 王守仁：《王阳明全集》卷三，《传习录下》，上海，上海古籍出版社，1992年，第12页。

④ 参见吴震：《罗汝芳评传》，南京，南京大学出版社，2005年，第223—244页、第279—283页。

阳明、王艮、罗汝芳，并将他们看作是一脉相承的："国朝之学，至阳明先生深切著明，为一时之盛。是时法席大行，海内莫逾于心斋先生。传心斋之学者，几与其师中分鲁国。而惟德罗先生衍其余绪，则可谓横发直指，无复余蕴。"①他关于"赤子之心"与"圣人之心"的观点，继承发挥了王学及其泰州学派的思想。他说："吾未见失其赤子之心而可为大人者也。"而要不失赤子之心，则须懂得"无"、"空"是大人（圣人）赤子之心的本真状态。有学生问："先儒言尧舜之心至今在，尧舜去今数千年，心在何处？"焦竑答曰："心若不在，若此一问从何处来？"然而，"盖此心空空洞洞，即名为道，名为极。"②徐光启在中举的试卷上写道："圣帝之心，惟虚而能通也。夫深山之居，舜之心无心也，无心斯心无所不通也。"这是"不蔽于我"、"不滞于人"、"我与人相感"，"发于无端之内"、"虽一隅而已融为全体"的圣心之境。这些说法与上述从王阳明到焦竑以"圣人之心"为"圣人无心"的观点显然是一致的，焦竑大概正是因此而拍案赞叹的。在《赤子之心与圣人之心若何解》里，徐光启以"圣人无心"为中介，把"赤子之心"与"圣人之心"相贯通："一念之间，澄然无事，便觉天地万物，廓尔流通，此赤子之心露其倪，而圣人之心开其端也"；如此的"赤子之心"或"圣人之心"源于王阳明对孟子的引申："孟子言赤子之心也，他日有申之曰良知良能。"这里与上述焦竑对王学"圣人之心"的阐释，依然是相吻合的。

---

① 焦竑：《澹园集》卷二〇，《罗杨二先生祠堂记》。

② 焦竑：《澹园续集》卷一，《小学衍义序》；《澹园集》卷四八，《古城问答》；《澹园集》卷四七，《崇正堂答问》。

但是，在如何“葆赤子之心”的问题上，徐光启与焦竑有所不同。王学近禅，泰州学派更甚之，重顿悟轻修习是其表现之一。王阳明龙场悟道，就是强调其学最初的下手处得于突然顿悟，以后在“天泉证道”里，指出顿悟乃为“上根人”说法，而渐修乃为“下根人”说法，有调和两者之意，但在价值取向上无疑是前重后轻的。罗汝芳主张不学不虑的“当下自反”，实际就是顿悟。焦竑虽有“理须顿悟，事则渐修”①之说，但比之王学他人更明确地提出，顿悟是孔子的正宗法门。他将《论语·述而》的“仁远乎哉？我欲仁，斯仁至”解释为：“此孔氏顿门也。欲即是仁，非欲外更有仁，欲即是至，非欲外更有至，当体而空，触事成觉，非顿门而何？”②因此，他坦言“余说右解悟”③。徐光启的《赤子之心与圣人之心若何解》则认为以顿悟“葆赤子之心”是与孔孟相背离的。他指出“葆赤子之心”自去欲始，“水习于浊必澄以求清，人习于欲必修以入圣，自然之势也。是以不务而希求顿悟，侈口见宗曰当下即是，作意成妄，如是以求赤子之心，去孔孟远矣”。这显然是对王学尤其是罗汝芳、焦竑的批评。

在这批评背后，是他与焦竑对佛道二氏态度的大相径庭。晚明儒释道三教合一论甚为流行，其源头是王阳明。湛若水(1466—1560)在王阳明死后，写有《奠王阳明先生文》，记载了王阳明三次与其讨论儒释道关系，第一次以为佛老是儒学之枝叶，“言圣枝叶，老聃释氏”；第二次以为佛老境界高远，与儒

① 焦竑：《澹园集》卷四七，《崇正堂答问》。
② 焦竑：《焦氏笔乘》续集卷一。
③ 焦竑：《澹园集》卷四九，《明德堂答问》。

学拟无区别,“言迦聃,道德高博,焉与圣异”;第三次以为佛老的“空”是学问的究极境界。① 王畿(1498—1583)在《三山丽泽录》中记录了王阳明著名的以“一厅三间”来比喻三教合一。晚明王学后学由此而出现不少三教合一的鼓吹者如王畿、李贽等,其中鼓吹最力者是管志道(1536—1608)。焦竑推崇王畿,和李贽堪称至交,与管志道则有同门之谊。受到他们影响,焦竑赞同三教合一论。他为管志道撰写墓志铭,赞扬其“意将囊括三教,熔铸九流,以自成一家之言,欲集儒释之大成,所括者广,其志伟矣”②。实际上,这也是他自己旨趣的写照。他指出:“盖学者知器而不知道,故《易》明器即道;见色而不见空,故释明色即空;得有而不得无,故老言有即无。”③认为《易》、释、老在关于本体与现象的问题上见解一致,意在论证三教合一。不过,他偏爱于佛教,把释氏放在比孔子高明的地位,所谓“释氏之典一通,孔子之言立悟,无二理也”④,就表现了这一点。徐光启在与《赤子之心与圣人之心若何解》写于同时的《刻〈紫阳朱子全集〉序》里,斥责泛滥于王学的三教合一论阴用佛老二氏,试图把它们凌驾于儒学之上:“今世之名为崇孔氏,黜绝异学,而定于一尊,乃二氏之说实深入人心,而浸淫焉欲窃据其上。此其是非邪正,深言之即更仆未罄,然而窃衷之以两言曰,有用与无用矣。夫学之精者,以为身心性命,其施及于国家天下,其道五,其德三,使居四民之业者人人

① 参见陈来:《有无之境——王阳明哲学的精神》,北京,人民出版社,1991年,第218—221页。

② 焦竑:《澹园续集》卷一四,《广东按察司佥事东溟管公墓志铭》。

③ 焦竑:《澹园集》卷一四,《老子翼序》。

④ 焦竑:《焦氏笔乘》续集卷二,《支谈》上。

得以从事，而天下已平已治，则儒效已。二氏之精者，能使贤智之士弱丧忘归，然综其实，试令横目之民尽趋其途，能使人人仙佛乎？即人人仙佛，可为世道乎？吾有以知其必不能，则二氏者果无所用于世。而自今以往，虽百世终不能浸淫焉窃据于孔氏之上也。”以有无治平天下国家之用作标准，意味着心性修养须致力于经世致用。该序称自己“平心以求诸六经，终觉紫阳氏为顺守，而彼（阳明氏）为逆取”，[①]则表现出将顺守之理学与逆取之心学相会通的倾向。同时，他把批判二氏的主要矛头指向佛教，其《辨学章疏》、《辟释氏诸妄》和《利先生复莲池大和尚竹窗天说四端》[②]等，所贯穿的是“易佛”即更易、排斥、推倒佛教。这和焦竑的三教合一，尤其是对佛教的青睐有加有着明显的不同。

这种不同表明徐光启与东林学派在思想上的呼应。东林学派如《明儒学案·东林学案》所说：“东林之学，泾阳导其源，景逸始入细。”他们对王学的逃禅佞佛予以猛烈的批评。顾宪成的《还经录》驳斥了三教合一论的始作俑者，即王阳明的“一厅三间”之喻：“一厅，言同也，俨然以范围三教为己任。曰三间，言异也，又以自托于吾圣人。同而异，天下又孰能议其混异而同？……仙家说到虚，圣人异能虚上加得一毫实。释家说到无，圣人岂能无上加得一毫有。是以吾之性命与二氏混也，不可言也！”高攀龙（1562—1626）写有多篇文章专门驳斥

① 徐光启：《徐光启集》，第94—95页。

② 此文收入利玛窦撰《辨学遗牍》，据孙尚扬考证，此信作者应为徐光启，详见其著作《基督教与明末儒学》（北京，东方出版社，1994年）所附《〈辨学遗牍〉作者考》。

管志道的三教合一论,《与管东溟》之二指出他的实质是以佛代儒,一统三教:“窃谓先生(指管志道)大旨,要在统一三教。……而窥先生之意,实以一切圣贤皆是逆流,菩萨本无三教,惟是一乘耳。故攀龙谓先生之学,全体大用,总归佛门。”[①]在顾宪成、高攀龙看来,王学逃禅佞佛的重要方面,是沉溺禅宗的豁然顿悟而舍弃了儒学的修习功夫,高攀龙门人周彦文说:“自顿悟之教炽,而实修之学衰。”[②]因而他们强调修习功夫的重要。顾宪成说:“重修所以重悟也。夫悟未有不由修而入者也。”对《论语》的“下学而上达”作了这样的解释:“下学,修也;上达,悟也。舍下学而言上达,无有是处。”[③]高攀龙提倡修悟并重,但是更注意修,因为“了悟在片时,修持在毕世”[④]。他们所看重的“实修”,不仅仅指研习儒学经典和个人道德践履,更是指致力于经世致用。顾宪成《小心斋札记》卷一一有言:“水间林下,三三两两,相与讲求性命,切磨德义。念头不在世道上,即使有他美,君子不齿。”高攀龙鄙视“不通事务”、“不谙事务”的“尽性之学”,称热衷于此者为“腐儒”,“所以《大学》之道。先致知格物,后必归结于治国平天下,然后始为有用之学”。[⑤] 他们在抨击王学逃禅佞佛的同时,并不完全否定王学,而是认为阳明和朱子各有千秋。顾宪成《小心斋札记》评论朱子、阳明之短长,以为两者可以兼容并取:“朱

① 参见侯外庐等主编:《宋明理学史》(下),北京,人民出版社,1997年,第571、591页。

② 高廷珍等编:《东林书院志》卷一六,《论学语序》。

③ 顾宪成:《泾皋藏稿》卷一一。

④ 高攀龙:《高子遗书》卷三。

⑤ 高廷珍等编:《东林书院志》卷五,《东林论学语》上。

子揭格物”而“阳明揭良知”，由此“朱子平，阳明高；朱子精实，阳明开大；朱子即修即悟，阳明即悟即修”，可以说两者“委有不同处，要其至于道则均焉”，因此，“以之相发明则可，以之相弁髦则不可；以之相补救则可，以之相排摈则不可”；高攀龙细致地贯彻了顾宪成折衷朱子阳明的用意，既讲明心见性，也讲渐修见性，在本体上宗阳明，在功夫上宗程朱。[①] 显然，徐光启上述排斥二氏尤其是佛教、强调心性修养须有治平天下之“儒效”以及会通朱子阳明等思想，与东林学派相当一致。如前所述，徐光启中进士那年，正值东林书院建立之际。他充分表达上述思想的《赤子之心与圣人之心若何解》和《刻〈紫阳朱子全集〉序》，恰是考上进士，进入翰林院后写的。因此，徐光启在这里无疑体现了与东林学派的同声相应，同气相求。

不过，徐光启写这两篇文章时，离他受洗成为天主教徒刚两年。徐光启在万历三十一年（1603年）秋天，到南京天主教堂，传教士罗如望（Joannnes de Rocha，字怀中，1568—1623）予以接待。他“访论天学之道，至暮不忍离去，乃求《实义》诸书于邸中读之，达旦不寐，立志受教焉”[②]。因此，这两篇文章所表达的上述思想也是对利玛窦等传教士著述的《天主实义》诸书的呼应。利玛窦与焦竑结交，知晓其三教合一论，他说：“当时，在南京城里住着一位显贵的公民，他原来得过学位中的最高级别。中国人认为这本身就是很高的荣誉，后来，他被

---

① 参见张学智：《明代哲学史》，北京，北京大学出版社，2000年，第401—402页、420页。

② 艾儒略：《大西利先生行迹》，北平，上智编译馆，1947年。

罢官免职，闲居在家，养尊处优，但人们还是非常尊敬他。这个人素有我们已经提到过的中国三教的领袖的声誉，他在教中威信很高。"[①]据《续焚书·与友人书》，利玛窦也和李贽三次相会。不过，利玛窦并不赞同他们的三教合一论。他在《天主实义》第七篇中专列"辩三教归一之说"一节，予以批判："夫前世贵帮，三教各撰其一。近世不知从何出一妖怪，一身三首，名曰三函教。庶氓所宜骇，高士所宜疾击之，而拜倒师之，岂不愈伤人心乎？"利玛窦传教采取了联合儒家，反对佛、道的路线。[②] 他由此为出发点，批判三教合一论，一方面指出儒学与二氏之区分，并且强调这种二氏也是为天主教所不容的，另一方面委婉地说明真正的正道还不是儒学而是天主教："三教者，一尚无，一尚空，一尚诚、有焉，天下相离之事，莫远乎虚实有无也。二氏虚无，儒学诚、有，界限分明，二氏之谓，曰无曰空，于天主理大相刺谬。其不可崇，尚明矣。夫儒之谓，曰有曰诚，虽未尽闻其释，固庶几乎？"二氏讲空无，与天主教义完全不符，但儒学是否真正崇有贵诚呢？由此温和的质疑，导出天主教才是三教之外的唯一正路，"于以从三教，宁无一教可从。无教可从，必别寻正路，其从三者，自意教为有余，而实无一得焉。不学上帝正德，而殉人梦中说道乎。"[③]利玛窦明确表示对三教合一论不能拜倒师之，而三教合一论者焦竑正是徐光启座师，想必他在读到《天主实义》上述文字时，思想上一

---

① 利玛窦、金尼阁：《利玛窦中国札记》，何高济等译，北京，中华书局，1983年，第358页。下引此书只注书名及页码。

② 详见侯外庐：《中国思想通史》第4卷下册，第1207页。

③ 利玛窦：《天主实义》第七篇、第二篇。

定受到了震撼。因而徐光启上述两文也是作为天主教徒表明，在排拒二氏方面，他是站在利玛窦一边而不是焦竑一边。但是，他的宗旨是“补儒易佛”。以天主教来“补”儒之不足，意味着前者是后者的补充，而不是代替后者的正路。因此，徐光启在这里也表明了他对儒学和天主教关系的看法与利玛窦不尽相同。同时，他也在这里表明其眼中的儒学正路是朱子（顺守）和阳明（逆取）的会通。当然，我们将在后面的论述中，看到在这种会通又是与会通西学（天主教义和科学技术）相联系的。如此视野则是东林学派对朱子和阳明的融会所不具有的。

由此我们可以再次认识到，徐光启身上聚焦了晚明几乎所有的思想潮流，从而实现了“补儒易佛”即上述的排斥二氏，兼采理学、心学、实学、西学的思想整合。如果说，徐光启师事黄体仁是其思想整合的起点，那么考中举人和进士的期间，则是其思想整合的过程。正因为这样，他才没有在漫长的科举“烂路”上，陷入埋首八股而思想麻木的泥沼。

徐光启用了16年的时间，从秀才“爬”到举人。然而，科举之路还未到尽头，徐光启仍要继续爬行。他在中举之后，留在北京等候第二年春天的会试。乘夺解神京之东风，徐光启对于这次会试应当是满怀期待的。如果中式，就是举人、进士一气呵成，其家乡大概又会冒出新的士人“秀地”的谶语流言。然而，徐光启没有如愿。三年后的万历二十九年（1601年），会试来临，徐光启不知什么原因没有应试赴考。由此又过了三年，徐光启终于荣登进士榜。从考上举人到跻身进士，在这7年里，徐光启依然主要是在家乡教书、读书。不过，无论是生活上还是思想上，都是有相当的变化。

首先，由于获取了举人科名，徐光启的经济状况和社会地位都有了很大的提高。对此王重民的《徐光启》主要以两个事例予以证明：一是能够经常对父亲孝敬一些“杖头钱”，并在1603年4月，江南春暖花开的季节，为其父70诞辰，开筵庆寿，宴请了不少宾客，还有师友撰文祝寿，撰文者之一全天叙是徐光启乡试中举的主考官之一，官至詹事府的左春坊左中允。为父祝寿之事，一方面表明徐光启在经济上已脱离了贫苦境地，另一方面也标志着他在社会上已有较大的名气。二是万历二十九年(1601年)儿子徐骥与上海顾昌祚女儿结婚，顾氏是上海的望家大族，颇有地产，徐光启死后，地方上曾称“顾半城，徐一角”，在婚姻讲究门当户对的时代，这也表示了徐光启已有相当的社会声望，并有一定的经济实力。[①] 这种经济状况和社会地位的改变，大约就是徐光启自述家世所说的第三次“中蹶”之后，“使先业未坠”的第三次起家。不过，徐光启依然保持着清廉朴素的作风。中举后，“名噪南北，犹布衣徒步，陋巷不改。惟闭门读书，仍以教授为业。”[②]程嘉燧(1565—1644)在祝徐光启父亲七十寿辰的序文中，谈到1598年至1602年他和徐光启共同设馆教书的情形：“与门人读书山中，一室之内，几榻之外，旁置瓦甂，惟一苍头瀹蔬菽，具饘粥，以给日夕。豢豢之膳，醪醴之味，或终日不御。日与其徒咀嚼诗书之精华，斟酌文章之醇醲，咏歌弹琴，惟日不足”，“以

① 王重民：《徐光启》，第25—26页。徐骥完婚时间，此据梁家勉《徐光启年谱》。

② 徐骥：《文定公行实》，《徐光启集》，第552页。

求志力学于山谷之间”。[①] 对于“豢羞之膳，醪醴之味，或终日不御”，有两种不同解释：一是以为“豢羞”和“醪醴”终日吃不到口；一是经常有酒喝、有肉吃，偶尔一天吃喝不到，也不在意。[②] 前述徐光启因儿子讥诮他人寒陋而予以严厉教育的故事，就发生在其中举之后，与此相联系，我们在这里采纳了前一种解释。

其次，在思想上徐光启为求得国家富强之术进行了更深入更开阔的探索。如前所述，徐光启在成为秀才之时，“便以天下为己任”；中举后，则“尤锐意当世，不专事经生言，遍阅古今政治得失之林”。[③] 就是说，他关注着当时张居正新政失败后，国势日渐贫弱的局面。他关注的起点是身边的家乡父母官。两任上海县尹许汝魁，在前后 7 年任内，“每微行郊野，与细民相劳苦”，“又减省斗级柜首诸役，远近尤德之”。于是民众为其树立“许侯省役便民”碑石，此碑文由黄体仁所撰，徐光启书写。[④] 徐光启虽然“性喜属意字学，笔笔正锋，〔而〕亦不欲以艺显”。[⑤] 就是说，他喜好书法，而且很见功力，但是不愿向外显示。这意味着如果不是另有涵义，他是不会去书写碑文的。我们联系与此同时期的顾宪成、高攀龙的主张，也许能够理解其中的涵义。顾、高二氏以救世为已任：“士之号为有

① 程嘉燧：《寿怀西徐翁序》，转引自梁家勉：《徐光启年谱》，第 63 页。

② 参见席泽宗、吴德铎主编：《徐光启研究论文集》，上海，学林出版社，1986 年，第 17 页。

③ 徐骥：《文定公行实》，《徐光启集》，第 562 页。

④ 参见梁家勉：《徐光启年谱》，第 61 页。

⑤ 徐骥：《文定公行实》，《徐光启集》，第 551 页。

志者，未有不亟亟于救世者也。”[1]救世根本之举在于重整道德，“圣帝明王必务表彰正学，使天下晓然知所趋，截然有所守，而后上无异教，下无异习，道德可一，风俗可同，贤才出而治化昌矣。”[2]由此，可以领悟到徐光启书写表彰许汝魁碑文的思想内涵，就是和顾、高二氏一样，试图整顿道德尤其是官德来达到贤才出而治化昌。然而在以何种思想来进行道德教化的问题上，徐光启的思考与顾、高二氏有所不同。后者依然寄情于儒家正学，而徐光启则试图跳出儒学的视域，此即“不专事经生言”的含义之一。他曾深研佛教，后皈依天主教，就表现了这一点。张赓在为杨廷筠《天释明辩》所作的序中说：“吾天会中玄扈徐相公及杨京兆，初时者等夙慧，博及群书，误入释门，久且深，因穷思反得天学。而亟归之恨晚。”[3]徐光启出佛门而信天主，重要原因就是在道德教化上前者不能使人为善去恶，而后者有望令人为善必真、去恶必尽，实现国家的郅治。他的《辨学章疏》对此讲得十分明白。此疏虽是后来写的，但这其中的道理应是在这个时期的思考所得。因为在这期间他二次到南京：第一次在万历二十八年（1600 年），结识了利玛窦，据李杕《徐文定公行实》，徐光启聆听利氏言论，“为低徊久之”，意即沉思回味再三；第二次在万历三十一年（1603 年），如前所述，他通宵达旦、如饥似渴地阅读《天主实义》等书籍，并很快决定入教。这两次南京之行，一

---

① 顾宪成：《泾皋藏稿》卷八。

② 高攀龙：《高子遗书》卷七，《崇正学辟异说疏》。

③ 引自徐宗泽：《明清间耶稣会士译著提要》，北京，中华书局，1989 年，第 113 页。

方面展现了他试图在儒学之外寻找进行道德教化途径的愿望，另一方面也使他在儒学之外找到了拯救晚明道德的思想信仰，这就是天主教。

思谋富强之术，除了道德重整之外，还需关注发展经济、提高军队战斗力的具体措施。他写于万历四十七年（1619年）的《复太史焦座师》讲：“每为人言富强之术：富国必以本业，强国必以正兵。二十年来逢人开说。”此前的20年正是他由举人爬向进士的时期，因而可以断定他在这一时期已把富强之术具体落实于如何发展本业即农业和如何正兵。这也是他不同于顾、高二氏救世主张的地方，也是其“不专事经生言”的又一含义。正是出于对具体富强之术的关注，他在爬向进士的“烂路”上，还把知识的目光投射于科学技术领域。他在万历三十一年（1603年）写了《测算河工及测验地势法》，将此篇水利工程计划书送往上海县官。这标志着他把对国家富强之术的求索伸展到科学技术方面。这可能与他万历二十八年（1600年）的南京之行有关。那时，利玛窦在当地的住宅，“遂为南京士大夫聚谈之处，士大夫视与利玛窦订交为荣，所谈者天文、历算、地理等学，凡百问题悉加讨论”[①]。徐光启显然聆听了有关的讨论，而利玛窦的科技知识和科学仪器给其留下了十分深刻的印象，因而他对利氏首次会面交谈后的评价是：“海内博物通达君子。”[②]由于当时西方科技书籍尚未进行翻译，徐光启不能得到很多具体的西方科技知识，所以在《量算河工及测量地势法》一点也没有谈到“泰西水利法”。不过，从

① 费赖之：《来华耶稣会士列传》，上海，商务印书馆，1938年，第46页。
② 徐光启：《跋〈二十五言〉》，《徐光启集》，第86页。

那时开始他已经在思考学习西方科技以求得国家富强，则是可以肯定的。因为他在这不久以后，即考上进士入了翰林院后，就专注于学习西方科技知识了。

综上所述，徐光启在科举“烂路”上爬行的漫长时期，同时也是其对晚明多元思想选择整合的时期。因此，他留在这条“烂路”上不只是有学优则仕的传统泥浆，也有不少同时代人所未及的思想光亮。

按照明代科举制度，中了进士以后，还要参加殿试（廷试）。这是对已录取的进士们进行重新排名的考试。根据规定，它须由皇帝亲自策问。试卷第一甲即前三名的次第亦由皇帝御笔钦定，这就是状元、榜眼、探花。徐光启殿试的成绩是三甲第52名，看来他不很擅长这类庙堂文字。在殿试结束后，第二甲、第三甲的进士中，还有一种考选庶吉士的制度。入选者称为馆选，入翰林院学习三年。徐光启业师黄体仁与徐光启同年成为进士，黄体仁当时已经63岁了。他曾在时任礼部左侍郎的李廷机那里教家馆，“李氏使就试翰林院，黄氏自认老矣，不足以辱馆选”，推荐徐光启代替自己。[①] 自永乐二年（1404年）考选翰林院庶吉士成为常制后，这就成为明代最高级别的考试了。所谓庶吉士，就是一种尚未正式评级授官的预备官员。万历三十二年（1604年）七月十二日，徐光启考选为翰林院庶吉士。这意味着徐光启终于爬到了科举“烂路”的尽头，而步入了仕宦行列。如果说求取科名是泥泞不堪的“烂路”，那么官宦生涯则好比是在风浪汹涌的大海上航行的船只，起伏不定，随时有着翻船身亡的危险。

---

① 参见梁家勉：《徐光启年谱》，第72页。

## 三、经学与文学之间的《诗经》研究

我们在考察分析徐光启如何沉浮于官宦生涯之前，还要来解读其对《诗经》的研究。因为这作为他爬行在科举“烂路”上的产品，也表现了在学而优则仕传统道路上对晚明多元思想的选择整合。

程嘉燧在《寿怀西徐翁序》回忆他与徐光启设馆教学于山中的情形时，说徐光启“孜孜求学，必将酝酿于诗书，而发挥于事业”。可见，徐光启当时对于包括《诗经》在内的儒家经典是下了功夫去研究的。这即是他自己科举的需要，也是他教学生如何应对科举的需要。在现存的文献中，徐光启对儒家经典的研究，要数《诗经》研究比较完整。这可能是他以为如要在八股科举中取胜，一方面必须理会经义，另一方面又须注重写作艺术，而研究《诗经》较之其他儒家经典更能两者兼顾，因而不仅自身很看重《诗经》，并且也将其放在学生教学中的重要地位。他关于《诗经》的著作有《诗经传稿》、《〈葩经嫡证〉序》、《毛诗六帖讲意》。《诗经传稿》4 卷，收集了他有关《诗经》经义的制义之文 93 篇，《〈葩经嫡证〉序》300 余字，是他为松江同乡朱辂人辑著的《葩经嫡证》写的序。真正能代表他《诗经》研究成就的是《毛诗六帖讲意》。万历四十五年(1617年)刻本的全称为《新刻徐玄扈先生纂辑毛诗六帖讲意四卷》。从其“六帖”之名，可见是应试科举之讲义。因为所谓“六帖”乃是唐代科举考试留下来的名目。唐代科举，明经科以“帖经”取士。《通典·选举三》说：“帖经者，以所习经，掩其两端，中间开惟一行，裁纸为帖。凡帖三字，随时增损，可否不一，或得四、得五、得六者为通。”这是唐玄宗开元间的事。后来举人积多,不得不增加难度。一经问十义,得六者为通。以“六帖”称谓,无疑含有取中之意。万历年间的唐国士为该书作的序说,这是徐光启当初教授生徒时所辑,因其意在考试吉利,故取名“六帖”。恐怕这也表露了徐光启自己希望早日高中的心态。

《诗经》本来是《诗》,即古时先民日常生活中抒情言志的诗集。但由于相传《诗》是经孔子整理而成定本的,并且孔子以《诗》为教材教授弟子,因而随着孔子被人们视作圣人,《诗》在战国时期就被看作是圣人的传道之书了,如《荀子·儒效》说:“圣人也者,道之管也。天下之道管是矣,百王之道一是矣。故《诗》、《书》、《礼》、《乐》之归是矣。”这已有了一点“经”的味道。到了汉代,儒学定于一尊,《诗》作为儒家经典就正式成为“经”了。从此,对《诗》的解读,笼罩在经学之下,其文学的品格被遮蔽湮没。直至明代中后期,被经学所统治的《诗经》研究,主要有两个方面:一是显示《诗经》的教化伦理意义;一是对《诗经》文本进行考证,如文字、制度、礼俗、名物、地理、音韵等等的考证。前者在两汉以《毛诗笺》为代表,强调《诗经》之“政教”蕴涵,即皮锡瑞《经学历史》所谓“以《三百五篇》当谏书”。在宋明以朱熹《诗集传》为代表,突出《诗经》心性修养的功能。经学内部有今文、古文之别和汉学、宋学之争,不同派别为了证明自己意见的正确,都需要作一定的考证,《诗经》研究自然也不例外。这样一种经学化研究《诗经》的状况,在明代中后期有了变化:“大批文人学士从文学的角度研究《诗经》的审美意义,确立了《诗经》文学研究的传统,使这部诗歌宝典初次放射出了文学的光芒。”这一传统是"五四"剥落《诗经》之"经"的神圣外衣而还原其诗歌文学本性的先导。①

徐光启的《毛诗六帖讲意》分为4卷，《国风》、《小雅》、《大雅》、《三颂》各一卷；在内容上分为翼传、存古、广义、揽藻、博物、正叶六目。翼传者，"依附紫阳研寻经旨"，即以朱熹《诗集传》为准则来探索《诗经》的主题；存古者，"《毛传》、《郑笺》存其雅正"，即对西汉毛亨的《毛诗故训传》和东汉郑玄的《毛诗笺》等注释中可取的部分予以辑录；广义者，"传笺以外创立新意"，即阐发自己不同于前贤的独特见解；揽藻者，"诗赋杂文宪章六义"，即从作文方法、文学评论、文学历史的角度诠释《诗经》；博物者，"鸟兽草木搜集异同"，即对《诗经》中的名物加以训诂；正叶者，"考求音韵审详讹舛"，即以自己对诗韵的理解，列出各首诗的韵谱。② 从上述内容来看，《毛诗六帖讲意》对《诗经》的研究既有经学的角度，也有文学的品评，是介于经学和文学之间的。

就遵循经学传统来讲，《毛诗六帖讲意》也如汉儒、宋儒一样，从政教人伦方面解读《诗经》。如其关于《邶风·柏舟》"仁人不遇"的分析："嗟夫家之有弃妇，国之有逐臣，事异而情同者也。读《柏舟》之诗，盖有馀悲焉。夫臣有忠而见黜，妇有贞而见弃，切悼沉忧，古今一体。甚哉，诚心之难明，而流俗之难悟也！然贞妇不以无罪见弃而变其从夫之心，谓夫之不可贰

① 刘毓庆：《从经学到文学》，北京，商务印书馆，2001年，第230页。

② 徐光启：《毛诗六帖讲意》，见于《徐光启著译集》（十二册～十七册）（上海市文物保管委员会编，上海，上海古籍出版社，1983年），此文集为影印，无页码，故本书凡引自该文集的，均不注页码。

也,故庄姜咏匪石以自誓;忠臣不以无罪见逐而移其从君之志,谓君之不可二也,故屈原赋《怀沙》以自沉。呜呼不幸而处君臣夫妇之变,此亦足以观矣……”再如其引张叔翘《邶风·谷风》云:“余读《谷风》,未尝不掩卷太息,盖其比物连类,如泣如诉,有足悲者。且词意宛至详委,熟复即后世能文之士,或未之及也。乃独见弃于夫,何哉?然迹所自伤悼,虽以鸣不平之感,而略无怨怼过甚之辞,又庶几乎可以怨矣。嗟乎君臣之际,何独不然?彼逐臣迁客,读此宁无揽涕哉!”这些都是从君臣夫妇的纲常伦理方面来理解诗义。他对于《诗经》中很多诗篇,都从政教人伦方面予以解读:于《十月之交》,叹“人臣之患莫大于自圣”,“援富人以为党植,厚利以自私,上则不忠于君,下则不惠于友,而其祸有不可胜言者矣”;于《雨无正》而云:“凡谋出于正,则同心以济国事,必有画一之说。惟曰邪谋,则众言渐乱,是非蜂起,人人各逞其胸臆,而不顾国家之利害,故迄无成功。此必然之理也”;于《巧言》篇曰:“乱生于谗……忠谗不分,是以邪正混淆,是非易位,而乱天下也”;于《小雅·谷风》曰:“时有安危,友则有厚于危而薄于安;事有得失,友则有忘其得失而计其失。呜呼!此翟公所以书门、朱穆所以绝交也”。这些也从一个侧面反映了徐光启在山中教书期间,虽科场困顿但锐意当世,思考古今政治得失的情感。

不过,徐光启虽然“依附紫阳研寻经旨”,但是对于朱熹《诗集传》并不是一味崇拜的。明代《诗经》研究,在朱熹《诗集传》具大权威的阴影覆盖下,僵硬和狭窄,如唐国士在《毛诗六帖讲意》序中所说:“盖昭代尊崇紫阳,传注外一切抹杀,即《毛传》、《郑笺》确有正见,亦不敢窜入一二,仅袭纸上陈言互相影射,沉痼日久,千古风人性灵都不及探索,又安望其漱芳而资博耶!”徐光启的《毛诗六帖讲意》在以朱熹之说为主的同时,不仅辅翼《毛传》、《郑笺》,还广泛收集了《易经》、《左传》、《尚书》、《周礼》、《礼记》、《国语》、《风俗通》、《史记》、《尔雅》、《埤雅》乃至《本草纲目》等典籍和许多人论及《诗经》的内容,表现了宽阔的视野。同时,徐光启在《毛诗六帖讲意》自序中说:“但求其所以然之故,求其故而不得,虽先儒所因仍,名流所论述援引辩证,如云如雨,必不敢轻信质疑,妄书一字。”比如《大雅·烝民》云:“天生烝民,有物有则,民之秉彝,好是懿德。”朱熹注曰:“有物必有法,如有耳目,则有聪明之德;有父子则有慈孝之心,是民所秉执之常性也,故人情无不好贵懿德者。以此观之,则人性之善可见。”徐光启对此提出不同意见:“如此章,孟子因见本文有‘物’、‘则’字、‘好’字、‘懿德’字,遂引之为性善之证,此正是断章取义之法,若论吉甫当日作诗之意,何尝是说性善。后来不晓,说此四句,亦用性善之意,便属谬误可笑。”这里对孟子、朱熹的解释都予以了否定。

就从考据研究《诗经》方面来说,《毛诗六帖讲意》也颇有功力。如他运用自己广博的自然科学知识,将《诗经》中的一些草木虫鱼及器物都作了新诂,对西晋陆机的《毛诗草木鸟兽虫鱼疏》作了很多补充,还纠正了一些前人的错误训诂。徐光启说:“圣门学《诗》,称多识于鸟兽草木之名,其在当时必有此种传授,如《尔雅》之类,当非一家。直为秦火失传,而汉儒毛郑之徒极力钻研,止得十之七八。宋儒则长于义理,略于名物,并毛郑之说芟削无遗。从此,今世说经于比兴之义,大段卤莽耳。愚故于传笺比兴悉为拈出其二家所未备,更愿同志之士相互讲求。”值得一提的是《豳风·七月》中有一句“春日迟迟，采蘩祁祁”，毛诗注释有误，朱熹随之再误，而徐光启以他对养蚕技术的了解予以纠正。[①]《毛诗六帖讲意》对《诗经》的音韵也作了研究。徐光启座师焦竑在《古诗无叶音》中认为“诗有古韵今韵”，以历史的眼光研究语音的变化，批评了杨慎的以今音释古音说，也批评了朱熹为代表的“叶音说”。所谓“叶音”，是以主观改变字的读音，强使由于古今语音的变化而在同一作品中押韵变得不押韵的韵脚显得押韵起来，这个叶音不一定符合本来的古音，有很大的任意性、主观性，因而出现一个字可以与任何字通押的现象。以后陈第(1541—1617)在焦竑的参与、支持下，撰写著作《毛诗古音考》，进一步详实地证明了古音古韵与今音今韵相异，古诗无叶音的观点。[②]徐光启的《毛诗六帖讲意》和他们一样，否定了叶音说，其论证当然不如陈第详尽，但表明他的有关研究是具有前沿性的，因为陈第《毛诗古音考》的成书在《毛诗六帖讲意》之后。

不过，《毛诗六帖讲意》最具有前沿性的，是对《诗经》的文学研究。在万历以后的几十年间，《诗经》的文学研究走向了繁盛，“诞生了足以代表这个时代最高水平并对后世产生了深远影响的一批‘名家’。其中最为后世所瞩目的是孙鑛、徐光启、戴君恩与锺惺四家”[③]。

徐光启较早地以清醒的文学意识面对《诗经》，于汉儒“美刺”、“比兴”说及宋儒“纲常”、“义理”之外，提出了“《诗》在言

① 参见徐小蛮：《徐光启的〈毛诗六帖讲意〉及其研究价值》，席泽宗、吴德铎主编：《徐光启研究论文集》，第190页。

② 参见李剑雄：《焦竑评传》，第74—75页、第219—220页。

③ 刘毓庆：《从经学到文学》，第297页。本节关于徐光启《诗经》的文学研究，较多参考了该著作的有关章节。

外说”的理论，极大地推进了《诗经》研究由经学向文学的转变。徐光启在《召南·小星》篇说：“此诗只说勤劳而安于命，而夫人之不妒，众妾之感恩，因此可见。若诗中要讲如何不妒，如何感恩，殊难措词，语亦不雅，断非诗人之意。昔人称《易》在画中，《诗》在言外。言外之旨，此类可见。若将言外之意，强入言内，其去温柔敦厚之义，奚啻千里！”所谓“《诗》在言外”，是指诗的真正意思不应该在文字之内去寻求，而是要体味它的言外之意。至于徐光启对具体诗篇，如《小星》意蕴的把握是否准确，还在其次，他对于诗之性质的理解，则代表了中国古典美学的主流倾向。我们在唐宋以降的诗歌理论著作中，可以看到大量“但见性情，不睹文字”、“不着一字，尽得风流”、“不尽之意，见于言外”、“笔有尽而意无穷”、“羚羊挂角，无迹可寻”之类关于诗歌艺术的审美追求。中国历代治诗者，谈论最多的问题之一就是《诗》之“比兴”。历代的诗歌理论家们都认为，比兴是创造诗歌“言外之意”，亦即回味无穷的艺术效果的一种手法。钟嵘《诗品序》云：“文已尽而意有余，兴也；因物谕志，比也。”李东阳《麓堂诗话》云：“所谓比与兴者，皆托物寓情而为之者也。盖正言直述，则易于穷尽，而难于感发。惟有所寓托，形容摹写，反复讽咏，以俟人之自得，言有尽而意无穷，则神爽飞动，手舞足蹈而不觉。”①徐光启的“《诗》在言外说”，显然是承继这一解诗传统而提出的。所不同的是“比兴说”还多少残存着经学的气息，而“《诗》在言外说”，则完全是文学的思考了。徐光启于《曹风·下泉》篇云：“此篇本是比体，而因以为兴，与他诗不同。说者多于首二句讲，未

① 丁福保：《历代诗话续编》，北京，中华书局，1986 年，第 1374 页。

掺入正意。又作兴语以起下意,是一语重出,既非诗体。或将正意先说在前,却将首二句贴正意说明,而因咏叹其词,以兴末二句。此则先正后比,尤非托物之旨,要知首二句中即具比兴二意,今只顺文本说去,而比兴之意自在,不必尽画蛇足,亦不必心上安头也。说诗到此等处,只宜领取意旨,更勿向语言文字委曲周旋。"这里说得很明白,所谓"领取意旨,更勿向语言文字委曲周旋",就是要求领取文字以外的意义,不必泥于文字解说。否则只能是"愈巧愈拙,愈近愈远"。关于这一观点,徐氏在《毛诗六帖讲意》中曾反复说明。他认为最美妙的诗篇,其意义不在诗的文字本身,而在其言外。所谓"说处不是诗,诗在不说处",就是指诗的文字"说"的地方,即经学家们反复解释、阐发的地方。要真正理解诗,就必须领悟它"不言之旨",如果"滞其语言","粘皮带肉",那么所得到的就只是"言",而不是"旨"。徐氏的这一理论,可以说是对《诗经》艺术的高度概括,是对《诗经》文学本质的认识和把握。这无疑是中国《诗经》学史上,由经学研究向文学研究转变时期的重大突破。

徐光启以"《诗》在言外说"为指导,对《诗经》作品展开了具体的文学审美的分析。这主要有以下几方面:

首先,从诗篇的总体构思,分析"《诗》在言外"的意义。他认定"含蓄"、"意在言外",即所谓"温柔敦厚之旨",是《诗经》最基本的艺术特征。而这个特征又与诗篇的整体构思相联系着。关于这个问题,其所涉及到的有"意外之想"、"题外生意"、"意外生意"、"委曲婉转"、"微词隐讽"等数种情况。

所谓"意外之想",主要指在诗的主"意"之外出现的幻境——"想",即在诗中人物的幻想中构成之景,《卷耳》、《载驰》、《出车》等即是如此。《小雅·出车》的第五章写家室之思,却言及了“薄伐西戎”的战场,徐氏认为这就是“意外之想”。他说:“‘薄伐西戎’是拟议之辞,盖家室思念无所不至,故作此意外之想。此等处正是诗家三昧。若作实说,却以千里。”“薄伐西戎”表面上看好像是写实,其实是“幻境”,这是诗人表达感情的一种方式,诗的无穷之味,便蕴藏在这“幻境”中。若将此认作“实境”,则胶着于事物,一篇活泼泼的诗,便会失去生气,故云“去以千里”。与此相同,《卷耳》本意是写妇人怀念君子的,但篇中写到了采卷耳、登高山、饮酒自醉、马疲难行等,徐氏认为,“皆是托言,皆是幻想,非实事也。采物,幻想也;登高饮酒,亦幻想也。思而不遂,辗转想象,辗转起灭,遂有几许境界,几许事件耳!”《载驰》写许穆夫人悯宗国灭亡,但篇中写到了登高采药等,其实这都非实景,故云曰:“此诗因制于义而不得归,故作此以写其抑郁无聊之意耳。”

所谓“题外生意”,主要指诗意本已完足,而在主题之外,又生出一种意思。这一意思是其“题”意的发展,又足以开阔诗的意义世界。这种情况发生在带有叙事性的诗歌中。如《葛覃》篇,首章写葛藤叶方盛,第二章写治葛。从治葛一意来看,这两章已经完足,可是末章却写到了归宁父母之事,写到了洗衣。在徐氏看来,如前二章结束,则此诗便索然无味,正是第三章使此诗意味陡增,因为到此才真正体现出了妇人的“勤俭孝敬”来。上二章写葛,也是为言妇人的“勤俭孝敬”而设的。徐光启说:“此诗本为治葛而作,首二章已竟其事,若无末章,则意义浅短,气象寂寥矣。他却从治葛上说到归宁,归宁内仍带衣服。合而复高,远而复近;立意冠冕,气脉悠长。后人作体物诗敷,大都题外生意,本于此。诗中如此等处,不独人伦之准则，盖亦辞家之鼻祖也。”《豳风·七月》第二章与此同，诗前数句写春日采桑、采蘩，即治蚕之事，于末尾则着“女心伤悲，殆及公子同归”二句。徐光启说：“此章重治蚕不重末二句，末二句不过因治蚕而模拟一时情事如此，后来作者于体物叙事之诗，到结局处，往往题外生意，以为警策，盖祖述于此。即此二句，非远非近，欲离欲合，如鹤唳高堂，遗音不绝，如曼声长歌，余弄求尽。读者领略此旨，便想见古人才情风韵，飘飘有凌云之气。至如公子娶乎国中，贵家力于蚕业，此是言外之意，了与诗旨无干。皆用此意入讲，粘皮带骨，便将古人深情远调，埋没堙沉，殊可叹也。”其于《小雅·无羊》篇亦云：“咏物之诗，题面本狭，只就本事发挥，则淡无义味，故于结尾处必推广言之，然亦要与本题不远，如《葛覃》咏治葛也，末章则言治服以归宁；《七月》次章咏治蚕也，末二句则言女心伤悲；此诗咏考牧也，次章则言丰年之祥，室家之盛。皆随题生意，而与本题不远，此古人作文之法。后世文人多有此样，然与本事十分无涉，亦不足尚也。”

所谓“意外生意”，与“题外生意”意思略相近。不同的是“题外生意”，是指带有叙事性的诗而言，主要特点是由客观描写转向内心世界的展示，而“意外生意”则指抒情诗而言，故又叫“情外生情”。主要特点是在情感与诗意上“节外生枝”。他认为这最典型的例子是《小雅·小弁》。《小弁》旧说是幽王太子宜臼作的。幽王惑于褒姒，听信谗言，废去了太子宜臼，宜臼作诗以明怨。徐光启分析说：“此诗到此（四、五、六章），求哀乞怜之意，不复可加，图回感悟之方更无余术，是尽情语、尽头略也。下二章“君子信谗”，却是推原见发之本；“本易由言”，又是推信谗之本，意外生意，情外生情。说到末段，知其无可奈何而安之若命。其冀望感悟愈深愈微，绸缪缱绻甚于痛哭。正如画家以从官为伍伯，车中人为从官。其车中乃是天人，非复意想所及。文章之妙，一至于此，可谓笔下有神，章法神品。”“说到‘秉心’之忍，语意已尽，后二章亦是馀文，如辞家扰乱之体，然却节外生枝，不似后人关门闭户也。”此诗前六章是一意贯之的，七、八章则是另一意。前六章是自伤，是诗之“意”、“情”所在，而后二章推原谗言，则是由原来的“意”所生出的“意”。所谓“意外生意，情外生情”，就是指在原意之外，增进了一层意思。

所谓“委曲婉转”，主要指内容曲折变化的诗作而言的。《谷风》、《泉水》等即是如此：“此诗立言甚婉曲而有余味。夫妇之慰，有难显言，章内凡七比喻，而甚怨之意，蔼然可掬，可谓善怨矣。”（《邶风·谷风》）“此诗善情事，极其委曲，极其宛转，即如‘出宿’二章，中间许多周折，反复吟咏，情致宛然，于此领悟，可得诗理诗趣。今人仅得拾汉魏唐人唾汗，那能此处理会得！”（《邶风·泉水》）而诗的浓郁之味便蕴藏在婉曲无尽之中。

所谓“微词隐讽”。主要指不明言其失，而于言外见意的讽谏艺术，如《匏有苦叶》、《鼓钟》等：“通诗皆微词隐讽，而未尝明指其失。三章特存古义，而亦未尝不及今事。讥刺之意，隐然见于言外。盖男女之事，有难显言者，此风人温厚之旨也。”（《邶风·匏有苦叶》）“此诗之辞委曲微婉，而讥刺之意，隐然见于言外，亦善于立言者也。”“末章之辞愈隐，其意愈微，苏氏注是言外意。”（《小雅·鼓钟》）《匏有苦叶》内容是写男女之情的。旧以为刺卫宣公与夫人并为淫乱。首章写渡水深浅以选择渡水方法，旧以为是喻量度礼义而行的；二章以雎稚求偶喻女子求爱，旧以为喻淫乱。第三章说："雍雍雁鸣，旭日始旦。士如归妻，待冰未泮。"旧以为是指婚礼"奠雁"之礼。徐氏认为婚礼纳采用雁，并不独取其和，更在于雁是"从一而终"的动物。写"旭日"，不只是责其明，亦贵其始，"所谓男女正始之义"。这是言古礼以讽刺"今"不用古礼的。不显言其失，而却以微言相讥，所以说是"微词隐讽"，"讥刺之意，隐然见于言外"。《鼓钟》旧以为是刺幽王的。幽王鼓钟淮上，流连忘返，"闻者忧伤，思古之君子不能忘也"。前三章都写到"忧"，而末章则说："以雅之南，以籥不僭。"注者认为这是写幽王乐用古而德非古，故而言含微讽。

"微词隐讽"，徐氏有时也称作"言在诗外"①，如《硕人》、《猗嗟》等。《卫风·硕人》旧说是悯庄姜的。诗中没有一语言及悯庄姜，却盛言庄姜出身高贵，容貌出众。《齐风·猗嗟》旧以为是讽刺鲁桓公的。桓公的父亲为齐人所杀，其母亲文姜与其舅氏齐襄公长期私通，而鲁桓公却无动于衷。故诗人刺其不能防闲其母。但诗中也无一语及此，只是盛称鲁桓公威仪射技之美。徐氏认为这就是诗人讽刺的高妙之处。其于《硕人》篇云："刺宣姜，刺鲁桓，但言服饰容貌，威仪技艺之美，而不言其阙。若曰惜乎其独少此耳。悯庄姜亦但言其族类容貌，有可贵重，而不言其德，若曰此尚足取，况且他乎？皆所谓'言在诗外'者也。"以上这种情况，据徐氏所说，在《诗经》中非

① "言在诗外"与"《诗》在言外"，看起来是矛盾的，其实二者是一致的。"言在诗外"之"言"，是指的"不言"之"言"，"诗"则指凝定为文字的语言本体。"《诗》在言外"之"诗"，则是指诗之滋味与意蕴，"言"则指诗之语言本体。"《诗》在言外"是就整部《诗经》的文学意义而言的，"言在诗外"则有具体所指。

常多。当然徐氏对于诗旨的把握,都是以旧说为基础的,有些可能与诗的真正意思相去甚远。如《硕人》未必是悯庄姜,《猗嗟》也未必是刺鲁桓。但就旧说所给予他的视域与历史知识而言,其对于诗歌"言在诗外"艺术的理解,则是有独到之处的。

其次,徐光启通过对《诗经》中人物形象的分析,体现"《诗》在言外"的真正意义。他一般不作大段的专门分析,而是数语破的。如分析《卷耳》情怀缭乱之壮云:"采卷耳而未满倾筐,正宜采也,而心忽念君子,便尔都无意绪。模写人情得其神理,虽顾长康、陆采薇之画,何以加此! 若说手为情夺,不满倾筐,便是呆话头也。"分析《氓》篇女主人公前后情态变化云:"看他前半截,以色带人,以计笼人,是何等骄倨佻巧! 看他后半截,乞哀不获,追悔不及,是何等萧索凄凉,真可谓曲尽人情矣。"显然,他注重的不是诗在形象表现上的艺术手段,而是注目于形象中所蕴有的在文字本身无法体现的情味与意义。故而于《卷耳》,他所重的是形象表现里面的"无限意味";于《柏舟》,他则劝"读者尚当求之文字之外";于《氓》篇,他则认为,若依朱子为淫妇自述,则不免"情事过于发露",若从序"刺时之说",则"情理具惬,尤可叹咏"了。于《常棣》篇,他也说:"此诗描画人情,备极巧妙,可悲可涕,可舞可歌。圣人之言正如化工肖物,非复人力所能庶几也。"而同时又引张所望之言说:"此诗从容委曲,深入人心,有悠然不尽之思。"在他看来,形象本身远不及其具有的意义更近于诗。

再次,徐光启通过对诗篇内容及句法、字法的分析,把握诗篇在语言文字中所无法表达的文学意味。徐光启比以前的治《诗》者大大前进了一步:第一,前人对于句法、字法的分析，多属三言两语式的评说，而徐氏则对关键处展开分析。第二，对于章法的分析，前此多作简单的内容归纳，或用"一节深一节"之类的语言概括而徐氏则从结构、从整体上分析其意义，并考虑到了文章起伏顿挫的艺术效果。第三，前此对于内容作文学分析者甚少，并多侧重于义理寻绎，而徐氏在分析中则加入了人情的揣摸与情感体验，并把艺术的感受贯于其中。但这些分析并不是无根之言，随意发挥，相反他还特别反对随意发挥诗义的作用。如在《绿衣》篇说："忧之不已，只是忧夫妇之变。谢氏说为君忧，为国之后日忧。不可用。凡说诗强大话者最害事，可以为戒。"这反映了他解诗的严肃态度。

徐光启在《毛诗韵谱说》中明确指出："诗本体格不同，至其疾徐轻重，缓急抑扬，如天籁之鸣，咸归自然，不由造作。自魏武以还，声律尽亡，仅此纸上之言，惟循其音韵，尚可得其脉络节奏于万分之一耳。"这是说，《诗经》的音韵体现出的是一种自然而成的"天籁之鸣"。诗之"脉络节奏"在此中获得表现。他认为："大抵说诗固要析肌分理，但其条理脉络，颇与他书不同。他书记述古人议论事迹，其对待照应，言下粲然。诗则记古人声音，其对待分析，只论其音律，不宜论其事理。风雅之体大率二句为一切，惟《三颂》稍有变体，然如常为多。要其大部，全要认取韵脚。审其用韵，便可得其节奏。"但对于诗韵，只可审而不能"一味强牵"，否则便会使"音调乖舛"，影响到诗义的理解。这种自然而成的韵律，既非一律，自各有趣。如《小雅·采芑》便是天成奇韵的例子："凡诗体率以二句为节，其隔句韵，亦只两两相应。此篇都三句为节，或止第三句一韵，或第二、第三句连韵，其二三章隔句韵，则一与一叶，二与二叶，三与三叶，尤韵之奇者也。"不过，诗韵只是徐光启考虑诗歌艺术的一条思路，对诗韵与诗歌艺术之间的关系，他并没有作大量的具体分析。

从以上的论述中不难看出，徐光启对于《诗经》具体诗篇的研究，无论是观点，还是方法、角度，都洋溢着文学的情味。这与汉宋诸儒大讲政教、义理的《诗》学著作相比，犹如山林水溪之与都市庙堂，它带着清新与情趣，走进了士子书斋，在晚明《诗》学界产生了很大的影响。书刊刻之前，士子们争相传抄十余年之久。张以诚《毛诗微言例》就曾说，他生平最喜欢玄扈徐公《六帖》，“以其综辑前人而超然独解，绝无秽杂”。凌蒙初《言诗翼》采六家之说于一编，而徐氏居首。他如陈组绶《诗经副墨》、范王孙《诗志》、何大伦《诗经默雷》、杨廷麟《诗经主意鞭影》、陈鸿谟《诗经治乱始末注疏合抄》等，也都屡引其说。可以说他的观点被征引的频率超过了他同时代的任何人。

尽管徐光启对《诗经》研究下了很大功夫，但他志不在此。因而当他告别了科举“烂路”之后，也就不再进行这一领域的研究了。因为他希望在经世治国的舞台上展示才华。

# 第三章 宦海沉浮与经国济世的方略

徐光启终于爬到了科举“烂路”尽头，走上了为官从政的仕途，这似乎为他实现自己的经国济世的抱负提供了舞台，然而这些抱负大多在宦海沉浮中都化作了泡沫。

## 一、五进四退中的无奈

崇祯六年(1633 年)十一月初，北京已是萧瑟凄冷的深秋。官至文渊阁大学士的徐光启，久病不起，在床榻上写信给儿子，告以“病势危迫”①。他在这一年里，多次上疏，请求致仕回乡。在书写这些奏章时，他已意识到应当给自己从政治国的仕途画上句号了。如果将徐光启 30 年的宦海沉浮作个简略概括的话，那就是“五进四退”。

① 参见梁家勉：《徐光启年谱》，第 202 页。

大约在万历三十三年(1605年)暮春,徐光启在进入翰林院学习后不到两年,把父亲等家人接到北京,只留儿子徐骥一人在上海料理家务。万历三十五年(1607年)四月翰林院学习期满,授检讨。翰林院的检讨是从七品,即最低级别的政府官员,但能够留在翰林院,说明徐光启被视为可培养之才。过了不到一个月,父亲去世,徐光启扶柩南下,守制三年。这是他的第一次进退。

在翰林院学习期间,徐光启已不需要再做教书先生来维持生活,于是更加留心经世致用之学,史书记载:"尝学声律、工楷隶,及是,悉弃去,专志习天文、兵法、农事、屯、盐、水利诸策,旁及工艺、数学,务于施用于世者。"①在他的馆课文章中,对这些经世之学多有涉及。同时,他与此时也在北京的利玛窦有了更多的接触,由此对西方的宗教,尤其是数学、天文、水利等有了较为系统的了解。

由于考选庶吉士在当时已成了最高级别的考试,因而庶吉士所作馆课便为士子们注目。万历十九年(1591年)开始有书商把庶吉士的馆课刻印。徐光启入馆那年万历三十二年(1604年)是甲辰年,所以这一科被称"甲辰科"。万历三十四年(1606年),当时甲辰科还没有散馆,南京大业堂主人周时泰就刻成了《新刻甲辰科翰林馆课》12卷,收徐光启文13篇、诗14首。另外在《徐氏庖言》和《明经世文编》中,也收录了徐光启的某些馆课文章。徐光启的馆课,虽然有一些是不得不作的应景文字,但其中已显露了他初登仕途时的经世思想,如《海防迂说》、《漕河议》、《处置宗禄查核边饷议》、《拟上安边御

① 邹漪:《启祯野乘·徐文定传》。

虏疏》、《拟缓举三殿及朝门工程疏》等，涉及到了当时社会发展中的一些突出问题，提出了相关的改革措施；再如《赤子之心与圣人之心若何解》、《刻〈紫阳朱子全集〉序》，如前所述，表达了将修养心性与治平天下相联系的观点。此外，他和利玛窦一起翻译了《几何原本》前6卷；撰写了一些著述，有的与科学和工程技术相关，如《山海舆地图解》、《考工记解》、《记里鼓本图解》；有的是阐释天主教理的，如《跋〈二十五言〉》，《克罪七德箴赞》等；有的是关于加强边防的，如《选练论》。综合上述这些著述，可以看到徐光启胸中的经世方略是：以科学技术作为富国强兵的主要手段，以耶儒会通作为重建信仰价值体系的主要方向。

庶吉士毕竟还是预备官员，正当徐光启被正式授予官职，试图贯彻自己经世方略时，由于丁忧守制，不得不暂别政坛。这固然有些无奈。但在这无奈中没有沮丧之情。他在三年丁忧期间，一方面更致力于科学研究，整理了旧译稿《测量法义》，撰写了《测量异同》、《勾股义》，还在家乡进行农学试验，写出了《甘薯疏》、《芜菁疏》和《吉贝疏》等；另一方面进一步思考"补儒易佛"的问题，请传教士郭居静由南京来上海传教，此间出版的利玛窦著作《畸人十篇》中，第三、第四两篇是徐光启与利玛窦的问答，体现了徐光启会通耶儒的努力。所以这一次的退，尽管是出于无奈，但徐光启把它作为再次进入政坛，实施经世理想的准备时期。就是说，无奈是与期待相联系的。

万历三十八年(1610年)，丁忧期满，徐光启恢复了翰林院检讨的职务，第二次进入仕途。检讨为文官，不涉及行政工作，有时被派一些临时性的工作。万历三十九年(1611年)六月任内府司礼监书堂的教习，教宦官识字，万历四十一年

(1613年)春充任礼部会试的同考官。在会考中与魏广微共同负责《春秋》经的阅卷工作。前已叙述,徐光启从被摈落的试卷中,录取了吕维祺等三人,这自然使得摈落这些试卷的魏广微很是不满。魏广微是权阉魏忠贤的同乡,是士大夫中最早投靠魏忠贤的人。因而徐光启与其"不协,亦致谤";同时,由于徐光启向传教士熊三拔学习水利科学,编译《泰西水法》、《简平仪说》等,"朝臣"之守旧者,对其"责有烦言"。在此情况下,徐光启恰又生病,"顿萌去志"①;便于当年秋,告假往天津屯田。这是他的第二次进退。

万历四十四年(1616年)七月徐光启销假复职,后被派为太子讲书。第二年二月初,升任左春坊左参赞,仍兼翰林院检讨之职,约在七月至十月间被派赴宁夏册封庆王。当时南京教案已发生,徐光启上疏为天主教及其教士辩护,招致一些士大夫的反对。宁夏出差回来后,朝廷中反对天主教的气氛依然很浓厚,徐光启在此环境中往往被人目为异端。同时,由于长途跋涉受风寒而病倒,于是再次到天津屯田(约在1617年)。这是他的第三次进退。

万历四十六年(1618年)五月,后金的军队大举侵犯,攻下抚顺,朝野震动。在礼部左侍郎何宗彦的举荐下,徐光启在此年六月回任左春坊左赞善兼翰林院检讨。万历四十七年(1619年)九月下旨:"徐光启晓畅兵事,就着训练新兵,防御都城",并批准"徐光启升詹事府少詹事兼河南道监察御史,管理练兵事务"。②

---

① 参见梁家勉:《徐光启年谱》,第105页。

② 徐光启:《恭承新命谨陈急切事宜疏》,《徐光启集》,第117—118页。

泰昌元年(1620年)四月,徐光启赴通州、昌平,开始了新兵选练的工作,但由于练兵工作由几个部门共同领导,如军械由工部负责,军饷由户部负责,而士兵的选派又由兵部负责。徐光启手中没有实权,各部又不肯配合,结果是"兵非臣之所谓兵也,饷非臣之所谓饷也,器甲非臣之所谓器甲也",他也只能"瞻前顾后,展转回惶",这与他"选士厚饷,坚甲利器,政教服习"的愿望相去甚远。[①] 在这种兵事百不相应的过程中,徐光启万般无奈,先后上过三道请辞奏疏。泰昌元年(1620年)十二月的第三道请辞奏疏,自称"智短才庸,衰迟多病,亦自知不胜其任也",而且"前疾复发,头目昏眩,时欲倾仆,一指麻木,渐次蔓延,左畔二肢,殆成偏废,即欲勉强毕事,其势不能矣",因而"恳乞休致,以全余生事"。[②] 第二年(即天启元年)二月,皇帝同意他辞去练兵之职,回詹事府以少詹事协理府事;三月皇帝准其病假回原籍调理。徐光启并没有直接回原籍,而是回到天津,打算做些准备再启程南下。这时北方兵事又急,朝中又有人想起用徐光启。徐光启在天津致信友人:"颇闻诸公有欲弟复还者,但弟无他方略,方略在初时三疏中,设议致行之便可耳,当此事即弟在江湖亦可。若不用弟言,虽百事来无益也。诸公今日不宜遽言用弟,只宜将弟之三疏反复讲究,果可用否?可用用之,不可用则无当之谭,徒乱人意。"[③]在舆论的期待下,徐光启"虽病体未痊,而义无反顾",

---

① 徐光启:《剖析事理仍祈罢斥疏》,《徐光启集》,第143页、第140页。

② 徐光启:《简兵将竣遘疾乞休疏》,《徐光启集》,第162—163页。

③ 徐光启:《致某同年书》,《徐光启集》,第478页。

遂于六月上旬自天津"与疾就道"[①]回到北京。回京后，他把原来关于练兵的三道奏疏重抄，和《申明初意录呈原疏疏》一同进呈，继续声张自己的练兵之策，并提出铸造西洋火炮建造台铳的计划。但朝野之内有种种诘难甚至攻讦。徐光启意识到此次又将无所作为。二个多月后，便请求告退，在八、九月间，以病辞职，回到天津，尔后归还上海老家。[②] 这是他的第四次进退。[③]

从二进二退到四进四退，每一次离任对于徐光启都是自觉的行为却未必是自愿的行为，换言之，每一次离任中都有着程度不同的无奈。然而这几次的无奈与第一次的无奈有着很大的不同。第一次的无奈中包含着将来有更大作为的期待，而后几次的无奈中包含的是不能有所作为的苦闷和对朝廷日益加深的失望。

第二次退的无奈主要在于对魏广微这样品行卑劣的小人无可奈何。本来徐光启和魏广微的矛盾，是非是很清楚的。但由于后者有魏忠贤作靠山，徐光启不仅无法来辩明是非，而且不得不退避让步。俗话说"惹不起，躲得起"，在这次退让中显然有着"躲得起"的无奈。当然，在徐光启拍板录取为魏广微摈弃的考生时，肯定意识到这会得罪魏广微的。但他并未因此而放弃原则和职责。所以在这一次的退中，既有"躲得起"的无奈，又有"惹得起"的勇气。徐光启在这退的无奈中，

---

① 徐光启：《谨申一得以保万全疏》，《徐光启集》，第 174 页。

② 据王重民在《徐光启》中的考证，返回上海老市的时间在 1625 年，见该书第 100 页的注①。

③ 徐光启天启元年三月病假归津，同年六月又回京任职，中间只相隔了几个月，因而我们没有将其算又一次进退。

还抱有再次出山发挥才干的希望。他之所以开始准备归返上海农耕，但后来到天津屯田，就是因为一是可以就近指导李之藻在京的修历准备工作，二是可以试探北方发展农业之路。

在第三次进退中，徐光启有着比前次进退中更多的无奈。如果说前次进退中的无奈完全表现在退中，那么这一次在进之中就已经有了无奈的成分。徐光启此次复出与南京教案有直接关系。万历四十四年(1616 年)六月，南京礼部侍郎沈漼上疏请查办西洋传教士；八月北京礼部给事中余懋慈请禁止天主教。徐光启在七月回京销假；一个月后便上了驳斥这些所谓"辟异教"言论的《辨学章疏》。在此疏中，徐光启指出，沈漼所讲的信从天主教和堕入传教士天文历法妄言的"士君子"、"士人"，虽然没有指名道姓，但自己就是天主教的"信向之者"和与传教士"言星方者"。[1] 可见，徐光启的返京包含着知道自己脱不了干系的无奈。不过，这样的无奈既体现了他坚守自己经世理想的原则性，因为如前所述他认为以天主教"补儒易佛"才能振兴国家、教化民众，又体现了他敢于为正人君子的安危担干系的正义感，因为他认为这些传教士都是学问渊博、品行高尚的人。

然而，徐光启设法转圜的种种努力最终并没能取得什么结果。在沈漼等的一再催请下，皇帝于万历四十五年(1617年)二月下令，将传教士驱逐出境。这意味着沈漼等加予他们的"细作"即间谍的罪名是成立的，而徐光启则成了与这些外国间谍相勾结的嫌疑者。因此，在传教士驱逐完之后，派徐光启出差宁夏，其用意很可能是切断他与尚留在中国而藏匿起

---

① 徐光启：《辨学章疏》，《徐光启集》，第 432 页。

来的传教士的联系。这样,徐光启一方面在政治上被防范,另一方面由于庞迪我、熊三拔等传教士被逐,与修订历法相关的研究西洋科学的工作无法继续进行。在如此境遇下的辞官,当然是无奈之举。与前次辞官相比,这次在精神上给予徐光启的打击更大,思想上也更为苦闷。因为他在政治上不被信任,而在事业上又无法施展。

如果说徐光启的第三次进退,是进也无奈,退也无奈;那么他的第四次进退就更是如此了。他此次受命返京练兵御敌,虽然是抱着义无反顾的精神而去,但心里明白此去是不会有什么成效的。他说:"两年来熟观人情事势,大概只以重担委人,使安受其败而已。"[1]明知必定受挫,但不能不去承担,这就道出了他第四次服官的无奈一面。这和第三次服官的无奈有相同点,就是出于道义的责任感;所不同的是,这样的责任感已笼罩在失望感之中了。他第四次的无奈之退,就完全浸透了这样的失望感。他负责练兵,而实际上有职无权,也得不到同僚的理解和支持,多方掣肘。面对这一切,徐光启除了发出无可奈何的感叹并于无奈之中退居家乡之外,别无选择。徐光启在第四次无奈辞官之后不久,闻讯李之藻也不能继续在京做官了,写有一封短札给他,其中说到:"迨辽阳既陷,当事者方一意借重,翁丈亦出身任事,而弟不敢泪;弟之既去,亦知翁丈之必有今日,前书中略及之而不敢尽,盖亦图万一之幸,犹前志也。孰料其又如所料耶?虽然,使后来者果能了此,吾辈又何求焉。吾辈所志,所言,所事,要可俟请天下后世

① 徐光启:《与某同年书》,《徐光启集》,第478页。

而已，他勿论点。”[①]这里表白了他第四次辞官之后深深的失望感。不过，在这失望感中也显示出他相信自己经世理想的正确性以及最终会被后人实施的坚定性。

明朝最后一个皇帝思宗即位三天，清除了以魏忠贤为首的阉党。崇祯元年(1628 年)春，思宗下旨徐光启起补原职礼部右侍郎兼翰林院侍读学士协理詹事府事，至八月二十二日徐光启到北京，三十一日被派补日讲官，九月晋经筵讲官，第二年一月二十一日加太子宾客兼撰修《熹宗实录》副总裁。不久(大约在五月)又升礼部左侍郎，这是徐光启的第五次进京服官，直至 5 年后在文渊阁大学士任上去世。徐光启明白这次进朝为官，是他实现经世抱负，为国效力，展示才干的最后一次机会了。这是因为他当时已是 67 岁的老人了，而在前四次进退近 25 年的宦海沉浮中，真正服官任职的时间只有 7 年左右(去掉 3 年翰林院学习的时间)，并且断断续续，无法切实有效地工作。应当说，在这次为官的 5 年里，徐光启施展了一部分的才干，这主要表现在他领导修历和参与守卫京师两件事上。

崇祯二年(1629 年)九月，思宗正式下令修历，并着徐光启督领。徐光启上《条议历法修正岁差疏》，提出修历的步骤、方法、所需仪器及人员，得到崇祯的支持。十一月六日开历局，徐光启与传教士龙华民、邓玉函着手翻译西洋历法书籍，后来，征调李之藻以及传教士罗雅谷、汤若望进入历局。在修历中尽管对于采用西法始终是反对声音不断，由于得到皇帝的支持，整个修历工作进行得还算顺利。崇祯六年(1633 年)

① 徐光启：《与李我存太仆》第三书，《徐光启集》，第 482 页。

已重病在身的徐光启极力推荐李天经，称其为修历的得力之才，徐光启在这一年去世后便是由李天经主持历局工作完成了《崇祯历书》。

正当徐光启筹划修历工作之时，后金(满清)军队于崇祯二年(1629 年)十二月十一日入大安口，十五日京师戒严，半个月后后金兵攻至北京德胜门。思宗召开了两次军事会议，接纳了徐光启的建议决定守城，命徐光启协同料理守城事宜，徐光启便将主要精力用于制造火器和保卫京师。徐光启列出详细的守城计划，在城墙上布置士兵和火器，在城内广泛收罗人才，发动市民献计献策。守城中，徐光启发现后金军队惧怕火器，便提出了车营的组织训练方案。敌军无机可乘便撤走，此后近两年时间没有再来。

徐光启在第五次官宦生涯中，不仅在上述两件事上获得些成就感，而且进到了入阁拜相的最高官位层级。但在这一进的背后，是他被无奈地拖进了党争纠纷之中。事情的起因是这样的：崇祯四年(1631 年)十一月，徐光启上疏请求调用孙元化等人。孙元化是徐光启的学生，也是其长子的儿女亲家，时任登莱巡抚，以善长使用西洋火炮著称。但不到两个月，孙元化便在部下的兵变中成了俘虏，西洋大炮落入叛军之手。孙元化逃离叛军回到北京，被思宗下狱。为营救孙元化，首辅周延儒(孙元化的后台)“谋脱其死，不得也，则授其师徐光启入阁图之”[①]。崇祯五年(1632 年)六月二十日，徐光启以礼部尚书兼了东阁大学士。一年后，温体仁在党派之争中击败周延儒，成为首辅，指使刑部都给事中陈赞化参了徐光启一

① 《明史》卷二四八。

本,意谓他由周延儒拉拢入阁,现在又继任了周党的领袖之位。为此,徐光启上《衰病实深恳赐罢斥疏》为自己作申辩。徐光启的申辩收到了效果,八月二十八日晋升为太子太保礼部尚书兼文渊阁大学士,不久又升为光禄大夫左柱国太子太保文渊阁大学士。

为救自己的学生、亲戚的性命而登台阁,无奈中卷入党争。这使得徐光启在身居阁相高位后,仍不能有大的作为。《明史·徐光启传》说:"光启雅负经济才,有志用世;及柄用,年已老,值周延儒、温体仁专政,不能有所建白。"这是徐光启的又一无奈。

如果说徐光启的第五次为官也有"退"的话,那是以退出人生的生命舞台来终结自己的仕途。从生老病死的自然规律而言,这样的退也是一种无奈。崇祯六年(1633 年)十一月八日,徐光启病逝,享年 72 岁。思宗停朝一日以作哀悼,下旨赐衔少保,谥号文定,并遣专使护丧回乡。

## 二、党争漩涡里的周旋

我们在前面已经指出,愈演愈烈的党争是晚明政治的突出景象。它是宦海中的漩涡,很多人借助它跃上浪峰,但很快又被它卷入海底。徐光启如前所述,虽然五进四退,坎坷颇多,但最终还是进到了仕途的最高台阶。他在与党争漩涡的周旋中安然无恙,这其中包含着政治智慧,也体现出人品性格。

徐光启不参与党派之争,始终保持中立。对此,查继佐《徐光启传》曾有记载:"时廷臣酷水火,光启中立,不逢党。"徐光启本人也以标榜非党派之中立而自赏。他在万历四十七年(1619年)的一封信中说:"谓不佞中立,不敢当。第夙昔不能趋炎,亦无心逢世,或每矫时为涣群之心,虽不见用,顾为时人所谅则有之矣。"[①]万历三十六年(1608年),徐光启的座师全天叙因朝臣党同伐异,"瓦缶乱鸣"被牵及。他写信给徐光启告知此事,徐光启回函予以安慰,其中说道:"朝端议论,直如沸羹,但以事理度之,宁有震风凌雨乎?启尝譬之:如舟行大水,左右之人各宜安坐以济,而无故自相倾侧,即一左一右,有往必无安舟矣。数往数覆,渐以加重,重极而反无完舟矣。""愿老师暂安东山以立矣之。"值得注意的是,徐光启写此信时,正值就任翰林院检讨不久,就因丁父忧而在籍守制。这意味着刚刚走上仕途的他,就已打定主意决不卷入党争,认识到卷入党争,最终必定是舟翻沉水。因而即使被党争殃及,也以退避等待为好。看来他当时已把不久前其父"急流中宜勇退"的临终嘱咐铭记于心了。更值得注意的是,在《徐氏庖言》中,这封信附在写于万历四十七年即1619年的《复王孝廉》之后,而《徐氏庖言》是徐光启生前手订的文集。王重民"疑为光启手订《庖言》时所附,为表明自己在政府中的'中立'作注脚"[②]。如此说来,徐光启不仅坚守不与党争的立场,而且将这一立场公之于众,为世人所知晓。这显然是在公开声明:我不会与任何人结党。这无疑起到了阻挡卷入党争的作用。

---

① 徐光启:《复王孝廉》,《徐光启集》,第468页。

② 徐光启:《复宫端全座师书》,《徐光启集》第460—461页。方豪《徐光启》也引用了徐光启的这段话,但归于1618年,疑方豪有误。因为,无论是在收入《徐光启著译集》的《徐氏庖言》中,还是收入《徐光启集》的此文中,文题后都题有"戊申",戊申当为万历三十六年,即1608年。

众所周知，在晚明党争中，东林党是重要的一方。如前所述，徐光启走上仕途之时，恰是东林党形成之际。徐光启在倡导西学、主张实学等方面，与东林党有共同点，并与东林党的不少人物颇有交谊。这里就此再略作补充。徐光启在翰林院任职多年，与同僚中的东林党人在朝政上也有不少见解是一致的。如他与孙承宗“彼此意气颇相受”[1]。孙承宗以知兵称，这里的意气相投，主要是指在军事上的政见相一致。再比如张鼐在其《辽筹》中极力称赞徐光启的军事主张，可见两人在此是政见相同的。还有熊延弼经略辽东，曾向徐光启求教抵抗后金的计谋，徐光启两次回函，为其出谋划策，足见彼此心心相印。但是，徐光启没有结党于东林，他对东林党的重要人物“多勖以仓荒焕群之义，虽不能用，亦未尝不见谅也”[2]。就是说，他多次规劝东林党不要结党争斗，虽然未被接受，但也获得他们的谅解。可见，徐光启与东林党保持着有距离的同情、友好关系。这表现在东林党祸发生时，徐光启一方面能够躲过劫难，另一方面又为东林党人惨遭迫害而心灰意冷，“惟有语默，随时听天任运”[3]。

阉党是晚明党争中最能掀风作浪者。徐光启在与阉党周旋时，基本策略是不屈从但不直接对抗。这突出表现在他与魏忠贤阉党的魏广微的两次冲突中。他们的第一次矛盾，如前所述，因万历四十一年(1613 年)同任礼部会试考官但对所录考生有分歧而产生，徐光启对此采取了“躲得起”的办法，辞

① 梁家勉：《徐光启年谱》，第 34 页。
② 徐光启：《疏辩》，《徐光启集》，第 211 页。
③ 徐光启：《复周无逸学宪》，《徐光启集》，第 474 页。

官而去。第二次矛盾发生在天启四年(1624年),依附了魏忠贤的魏广微,已是内阁大学士了,为了裹胁徐光启于阉党,在征得魏忠贤同意的基础上,于那一年的二月,徐光启被任命为礼部右侍郎兼翰林院侍读学士,协理詹事府事,纂修神宗实录副总裁。因徐光启痛恨阉党专权,更不愿意搅入党派之争,没有就职。阉党拉拢不成,便反而对其加以打压。徐光启在接到这个新任命不久,在一封信中写道:"党与二字,耗尽士大夫精神才力,而于国计民生,毫无干涉。且以裕蛊所为,思之痛心,望之却步。"表明了坚守不卷入无益于国计民生之党争的中立性,同时,他又写道,"即有危机,非所宜避也"①,准备承受不屈从阉党的后果。不过,他并没有公开抗拒这一任命,而是拖延了近一年,"以逆焰方张,落落无出山志"②,不去就职。于是,指斥其"练兵一事,孟浪无对",并控以"代庖越俎"、"依墙靠壁"、"骗官盗饷"等罪名③,天启五年(1625年)贵州道御史智铤在阉党集团指使下参了徐光启一本,结果皇帝降旨免去徐光启礼部右侍郎等职,"冠带闲住"。徐光启以消极对抗的办法而不入阉党之"牢笼"。④ 这既表现了他机智策略的一面,又表现了他委曲求全的一面。同时,我们也可以看到,虽然徐光启在东林和阉党之间似乎是中立的,即不入于任何一党,但实际上对两者的感情还是很不相同的。如果说,他对东林党是有距离地同情理解,那么从上述的"逆焰"、"牢笼"等语

① 徐光启:《复周无逸学宪》,《徐光启集》,第474页。

② 徐骥:《公定公行实》,《徐光启集》,第555页。

③ 徐光启:《疏辩》所引智铤奏疏的文句,《徐光启集》,第214页。

④ 徐光启的《再沥血诚辨明冤诬书》曾说:"魏广微……秉政之日,数与人言,促臣赴任,而臣年余不至。谓臣不入牢笼。"见《徐光启集》第223页。

中,可以体会到他对阉党是委拒斥但极为鄙视。这意味着在他坚守不依附党派的理性中,也是渗入了情感的。

尽管徐光启超然于党争,但在党争漩涡连绵相继的晚明,难免还是会被这些漩涡激起的恶浪所打扰。徐光启对此是身正不怕影子歪,依据事实,为自己申辩。如在智铤的弹劾奏疏之后,徐光启立即撰写了《疏辩》予以驳斥。智铤指斥他"依墙靠壁",徐光启在《疏辩》中以逻辑推理予以回应:"从来墙壁,非彼即此。若依靠于彼,则被言被逐不待此时,若依靠于此,则当此之时,不宜被此言矣。"①意谓智铤讲的依墙靠壁,是把我看作是东林党人;如我真是东林党人,在阉党得势时早该被罢黜了;若我是阉党之人,那么现在正是阉党掌权,我不该被参劾。因此,我到底靠的是哪堵墙?靠的是哪个壁呢?值得注意的是,此《疏辩》当时并未上呈皇帝。既然不准备上呈,又为何撰写呢?大概是出于这两方面考虑:一是当时阉党势盛,辩之无益;但又必须录以备忘,因而他将其"与知己者共之"②。二是辩诬不仅要有合乎逻辑的"理直",还要有事实作证据,从而"气壮",于是他在撰《疏辩》的同时,就搜集自己有关练兵的奏疏,编成《徐氏庖言》,以证明智铤关于练兵孟浪、越俎代庖的罪名是毫无根据的。恰巧《徐氏庖言》刻成之时,阉党垮台。于是徐光启在崇祯二年(1629年)上《再沥血诚辨明冤诬疏》,辨明昔年智铤的诬劾,称以往"未尝一言自理。现据实辨析,以雪诬枉"③。这次申辩收到了效果。不久,他升

① 徐光启:《疏辩》,《徐光启集》,第217页。

② 徐光启:《与李君叙柱史》,《徐光启集》,第476页。

③ 徐光启:《再沥血诚辨明冤诬书》,《徐光启集》,第224页。

任礼部左侍郎。崇祯年间，如前所述，徐光启被周延儒和温体仁的党争仍牵扯，不得不上疏申辩。针对陈赞化弹劾奏疏中以"纶扉者"指其是周延儒"同乡密友，授衣钵而思代"，徐光启再次表明不与党争，是其一贯的坚定立场："职生平愚见，第谓植党为非，涣群为是，是以孑然孤踪，东西无著，苟利社稷，矢共图之，有何衣钵？相传何用？"[①]与此同时，他将有关国家大事奏疏稿，即"平章军国之篇"，辑成《纶扉奏草》，实际上是以事实材料来证明自己与周延儒绝无阿私朋比之事。如前所述，这次申辩也收到了效果。

从上述两个事例，可以认识到徐光启能够成功地为自己洗刷掉剥党争的污水，与他的精于逻辑、注重事实的思维方式分不开的。这合乎他科学家的性格，也反映了他在朝为官时谨小慎微，时时提防被人诬陷的心态。

徐光启自己能够不被党争漩涡吞没，还在于他在为人处事上较为周到。万年四十四年(1616 年)，徐光启在其二退三进之际的一封家信中，自述"做官似亦无甚罪过，但拙而且疏，未免有不到处"[②]。就是说，他以为自己在仕途上不会犯重大的罪错，便要在灵活、周全上下功夫，从而达到比较完美的地步。这在徐光启的为人处事上主要反映在以下几方面：

徐光启既志在静退又勇于任事。早在翰林院做庶吉士期间，徐光启虽然馆课文章写得不错，得到馆师的极口称赞，但他为避免同寅嫉妒，往往故意放弃一些做馆课文章的机会，同

---

① 徐光启：《衰病实深恳赐罢斥疏》，《徐光启集》，第 446 页。

② 徐光启：《家书》(十二)，《徐光启集》，第 493 页。

寅因而更敬佩他。[①] 崇祯五年(1632 年),71 岁的徐光启即将走完他的官宦旅程和人生旅程,并已位居相阁,时人评论其谓:“此老迂憨,勇于任事而不顾利害。”[②]这里的不顾利害,就是不计较个人仕途上的进退,能够勇于任事而不顾个人得失,其立足点是忠于国家社稷。对此徐光启在天启五年(1625年)致友人函中有清楚的表白。当时智铤弹劾他主持练兵是“代庖越俎”,徐光启在这封信中说:“仆之生平,志在静退,独言兵一事,去安就危,而且为越俎、为跃冶,不亦僨乎?”既讲志在静退而又踊跃越俎,岂不矛盾?这“实出一时效命之试,不能自禁”[③]。他的既志在静退又勇于任事,还表现在对自己工作的过失,不推诿于人。崇祯三年(1630 年)火药局失火,烧毁未成火药 3000 余斤。尽管徐光启只是临时负责料理火药局,但仍上疏自请处分。[④] 志在静退又勇于任事,显然比较容易得到皇帝的赞赏,也能减少同僚因嫉妒而结怨。

徐光启既不巴结恶势力,又不蓄意与人交恶。这在他对待太监阉党的态度上有所体现。太监阉党是晚明政治舞台上最为腐朽的一股力量,但他们在当时是举足轻重的。如前所述,徐光启曾担任过太监们的教习。在崇奉“天地君亲师”的那个年代,在师生结党为惯例的晚明,徐光启完全并没有以此和太监结为同伙,但他大概也是在这个时期和一些太监建立起友好的关系。从徐光启叙述自己为南京教案多方回旋的家

---

① 参见罗光:《徐光启传》,台北,传记文学社,1970 年,第 19—20 页。

② 《烈皇小识》,转引自梁家勉:《徐光启年谱》,第 192 页。

③ 徐光启:《与李君叙杜史书》,《徐光启集》,第 476 页。

④ 梁家勉:《徐光启年谱》,第 172 页。

信中,可以看到他直接或间接地与“内侍”(太监)有过联系,探听消息,并期待通过“内侍”向皇帝进言。[1] 后来,一些传教士能得到徐光启的庇护而没有被驱逐,恐怕是与太监及时向徐光启通风报信有关。他既拒斥阉党恶势力,又不完全与所有宦官断绝往来,可以说是既有原则又颇为圆通。

在徐光启的仕途上,官做得越大,为人处事越低调,清廉简朴始终不变,对子女及家人的管束从不放松。对此徐骥曾这样叙述:“待人温温笑语,竟日无倦容傲色,然不可干以私。门无杂宾,居家绝迹公府”;“庆弔燕会,不随俗浮靡,力返于朴。服食俭约,不殊寒士。终身不蓄妾媵。教戒子孙,下至臧获皆有法”。[2] 因而在这些方面就没有给予想要攻击他的人提供任何口实。这也是他在党争漩涡中能够周旋始终的重要因素。很多人在党争中倒台就是因为在贪赃舞弊、生活奢华和放纵子女、家人这些问题上为人抓住了把柄。万历三十年(1607 年)徐光启在翰林院学习的最后一年,曾有这样一件轶事:“元旦,早起,失一袜带,公不言,默以布条代之。月余,夫人方知之,笑曰:翰林官穷,奈何力不能具此?外人必以为矫!公曰:凡事无大小,有缺陷处,为造物者所忌。吾于衣服,寒煖毕具,即以此当一缺陷,正自适耳,何矫之有?”[3]这里不只表现了徐光启以简朴为自然而非做样子,更是道出了他为人处事不张扬的哲理,这就是“满招损”之中国古训。崇祯四年(1631 年)四月二十二日是徐光启的 70 寿辰。当时他已

---

① 参见徐光启的《家书十一》,《徐光启集》,第 492 页。

② 徐骥:《文定公行实》,《徐光启集》,第 562 页。

③ 李彦贞:《南吴旧话录》,转引自梁家勉:《徐光启年谱》,第 84 页。

是礼部尚书，而且离入阁拜相仅一步之遥，在这官场得意之时，一般都会大张旗鼓地祝寿。然而，徐光启的 70 寿辰却过得悄然无声："诸亲知"致礼品，"俱令儿辈于家中辞谢，不受。家乡的周明玙从上海带礼品到北京，因其"远来"，"从权祇领"，特函致意。[①] 如此的处事低调，往往是与克己奉公、清廉为官相联系的。万历四十五年(1617 年)七月徐光启被派赴宁夏封庆王。"往例，概有馈，王具二百金并币代等物，追送至潼关"；徐光启"委婉谢辞"，其"谢笺有云：'若仪物之过丰，例无冒受；惟隆情之下逮，即衷切镌衔'等语。生平取予不苟，往往类此"[②]。那时徐光启的官阶还不很高，但他即使成了一、二品大员，入阁拜相依然如此。张溥曾拜见徐光启于京邸，并追随于左右，他所见的情景是："公扫室端坐，下笔不休，室广仅丈，一榻无帷，则公卧起处也。"直至入阁后，家中也是"冬不炉，夏不扇"，且虽只身在外却也只用一老仆，家中"惟一老班役，衣短后衣，应门出入传语"。由此慨叹道："古来执政大臣，廉仁博雅，鲜公之比。"[③]

徐光启经常为公事而自掏腰包，通州练兵时他曾向好友募集钱粮，自己也垫发饷银 400 两。皇帝颁赐给他的赏银，徐光启也都存入库中作为新军的饷钱，至离开练兵之职时没有用完便移交给继任者。[④] 徐光启死前上的最后一道疏为《进缴敕印开报钱粮疏》，把修历工作发生的费用一一交代清楚。

① 参见梁家勉：《徐光启年谱》，第 185 页。

② 徐骥：《文定公行实》，《徐光启集》，第 553 页。

③ 张溥：《农政全书·序》。

④ 参见徐骥：《文定公行实》，《徐光启集》，第 560—561 页。

两袖清风,告别人世。徐光启死后,余资竟不够身后事,幸得皇帝资助,才把丧事办妥。

徐光启不仅自己节俭,为官清廉,生活简朴,而且还以此要求和约束子女及家人。如前所述,徐光启中举不久,就教育儿子不能以富为荣以俭为耻。在他的家书中常有"只是要省俭,为上下养"[1]这类话语。翻阅梁家勉的《徐光启年谱》,所录有关约束家人、子女的叮嘱不在少数。如万历三十四年(1606 年)有家书云:"按院闻在吾邑造册,可约束家人及亲戚不久多事。已前受亏处亦不必称说报复";万历三十九年(1611 年),此顷虽"位跻通显",惟"自奉无异寒畯",常保"俭素家风";万历四十四年(1616 年)有家书告诫子孙"宜恬然自守"。这些告诉我们,徐光启能在险恶无情的党争漩涡中周旋而全身谢世,不只是依靠政治智慧,还在于品德高尚。

## 三、富国强兵的理想

徐光启五进四退,周旋于党争漩涡之中,都是为了实现其富国强兵的理想。针对晚明国贫兵弱的局面,徐光启的富强之术,归结起来是两个方面:一是发展农业以富国,二是加强国防建设以强兵。

徐光启关于发展农业以富国的思想主要体现在《农政全书》中。《农政全书》的内容实际上可以分作两部分:一为徐光启的农政思想,包括重农而不轻商、治水、垦田(开发西部)和救荒等思想;一为徐光启对农业科学的研究。本节中我们

---

① 徐光启:《家书》(四),《徐光启集》,第 483 页。

的讨论只涉及徐光启的农政思想，而关于徐光启对农学的研究则放在第六章中介绍。

《农政全书》基本上囊括了古代农业生产和人民生活的各个方面，其中贯穿着徐光启的治国治民的“农政”思想。

在徐光启的《农政全书》问世以前，我国历代的农学著作都只注重农业技术的研究，我国现存最早的农书——西汉的《氾胜之书》十八篇，所讨论的都是农作物的耕作栽培技术。该书在宋代已经佚失，现在所能见到的都是散见于其他古籍中的零星片段。经后人辑集，尚存 3700 字左右，共分十八节，其中 1～4 节是关于耕作栽培的通论，5～17 节是关于各种作物的分论，第 18 节是杂项。可见《氾胜之书》研究的是种植业，即现在所说的小农业。北魏贾思勰所撰的《齐民要术》是继《氾胜之书》之后的一部大农书，被人称为是中国古代的农业百科全书。全书共 10 卷 92 篇，其中 1～5 卷为总论和大田作物、蔬菜、果树、林木等的分论，第 6 卷为畜禽和鱼类养殖，7～9卷为农副产品加工和储藏，10 卷为热带及亚热带植物。全书已涉及到农、林、牧、副、渔等各方面内容，说明农学研究已经从小农业到大农业。元代司农司的《农桑辑要》、王桢的《农书》、鲁明善的《农桑衣食撮要》，被称为元代的三大农书，这三部书，基本上都以讲农桑为主，兼谈牧业、林业和渔业，而所讲的各业又都是讲技术为主。王桢《农书》农桑通诀集之一中有“孝弟力田篇”，百谷谱集之十一饮食类中附有“备荒论”，前者讲重农政策，后者讲备荒政策，这是我国农书中谈及政策措施之始。不过，这部分内容在王桢《农书》中所占的分量极小。

在《农政全书》中，徐光启将屯田、水利、救荒三项作为全书主要的内容。这三项主要不是农业生产的科学知识和技术措施，而是探讨与农业生产和农民生活相关农业政策问题。注重从政策层面考虑发展农业以富国的问题，是《农政全书》区别以往农书的最大特点，书以《农政全书》名之，正是突出了这一点。

徐光启认为在当时直接影响农业生产和农民生活的，一是漕运，二是灾荒。解决的办法就是屯田开荒、兴修水利和救荒备荒。

自唐以来，历代都向南方大量征集粮食，通过运河运往北方，明代以来，每年从东南漕运几百万石的大米供给京师的吏禄和西北军队的边饷。这样的"南粮北调"，不仅造成的浪费很大，往往要化数石粮，才能将一石粮运到北方；而且致使西北田地荒芜不垦，而东南赋税越来越重。正如《农政全书·凡例》所说："内则关陕、襄、邓、许、雒、齐、鲁，外则朔方济五原、云、代、辽西皆耕地也，弃而荒之，专仰输挽，国安得不重困？"这就是《农政全书》第三目农事，第八、第九卷中专门讨论开荒问题的由来，徐光启试图以开荒来解决北方的粮食问题。

徐光启认为兴修水利，是发展农业的根本大计，在《农政全书·凡例》中把他的思想概括为："水利，农之本也，无水则无田矣"；"水利莫急于西北，以其久废也，西北莫先于京东，以其事易兴而近于郊畿也"。第 12 卷至 20 卷着重于水利问题的研究，原因就在于此。

关于备荒、救荒，《农政全书·凡例》也概括了徐光启的主张，这就是："以愚计之，预弭为上，有备为中，赈济为下。预弭者，竣沙筑堤，宽民力，祛民害也；有备者，尚蓄积，禁奢侈，设常平,通商贾也。赈济者,给米煮糜,计户而救之。"卷四三至卷六〇讨论备荒救荒,便是根据这一思想而来的。

徐光启重视农业政策的研究是以重农思想为基础的。《农政全书》把"农本"放在卷首,引述了古往今来大量重农文献和资料,来说明农业在社会生活中的本业地位。

徐光启认为,农业的本业地位是由粮食在人类生存和在社会政治经济生活中的特殊作用决定的。民以食为天,离开粮食,人就不能生存。百姓如果不得饱暖,无法生存,政权也不能巩固:"君以民为重,民以食为天,食以农为本";"故圣人治天下,必本于农。"①

徐光启的重农思想在理论上是与其财富观密切相联系的。徐光启认为,只有粮食和各种有用物品才是财富。货币不是财富,货币的职能不过是衡量财富的多少,是财富的权衡物,其本身不是财富。他认为中国传统财富概念所包含的"食货"范畴中的"货",是指各种有用物品,而不是指货币:"窃谓欲论财计,先当论何者为财?唐宋之所谓财者,缗钱耳;今世之所谓财者,银耳。是皆财之权也,非财也。古圣王所谓财者,食人之粟,衣人之帛。故曰生财有大道,生之者众也。"②"生之者众,食之者寡,此言食也。为之者疾,用之者舒,此言货也。"③由于徐光启把财富的内容归结为粟帛,所以很自然地就把农业看作生产财富的基本行业,把务农作为富

---

① 《农政全书校注》卷之二,第 44 页。本节以下关于徐光启的重农等内容,参考了张守军《徐光启的经济思想》(载《财经问题研究》1997 年第 8 期)。

② 徐光启:《钦奉明旨条画屯田疏》,《徐光启集》,第 237 页。

③ 《农政全书校注》卷之一,第 2 页。

国富民的根本措施："农者，生财者也。"[①]"富国必以本业"[②]，解决国家财用的根本之计是"务农贵粟"[③]。

为了改变晚明农业衰败的状况，徐光启从"农政"的层面提出了一系列的主张。

徐光启认为，要发展农业生产，一个重要方面，是统治者应从思想上认识农业的重要性，朝廷必须有"司农之官，教农之法，劝农之政，忧农之心"[④]。徐光启认为，统治者轻视农业生产，把讲求耕战、富国强兵视为管、商功利之术，这种错误思潮是导致明朝农业生产难以发展的重要原因。如前所述，早在万历二十六年（1598 年）徐光启就说，二十年来，自己逢人便讲发展农业以富国强兵之术，"而闻之者以谓非迂即狂"，不肯采纳，以致"国势衰弱，十倍宋季"，"若迂狂之言早得见用，岂有今日哉！"[⑤]在徐光启看来，国家实行什么样的农业政策，对农业生产的发展有着重大影响。

徐光启认为，农业生产的发展，要靠二点：一是尽人力，二是尽土力。他说，"农以力为功"[⑥]，大量劳动力不从事农业生产，是影响农业发展的一个重要原因："今世农人不过什三，农之勤者不过什一。然则一人生之，数十人用之，财安得不诎？"[⑦]"物产于地，人得为食，力不致者，资生不茂矣。故世有

① 徐光启：《拟上安边御虏疏》，《徐光启集》，第 8 页。

② 徐光启：《复太史焦座师》，《徐光启集》，第 454 页。

③ 徐光启：《拟上安边御虏疏》，《徐光启集》，第 8 页。

④ 《农政全书校注》卷之二，第 44 页。

⑤ 徐光启：《复太史焦座师》，《徐光启集》，第 454 页。

⑥ 《农政全书校注》卷之二，第 44 页。

⑦ 徐光启：《拟上安边御虏疏》，《徐光启集》，第 8 页。

游食之民，则民穷而财尽。”[①]所以要发展农业生产，首先要使大量游食不农之民归于农，以增加农业劳动力：“今世末业之人至众，而本业至少，宜有法以驱之，使去末而就本。”[②]

徐光启重农，但并不否定商品交换。为了增加粟帛生产，他虽然提出驱末就本的主张，但同时指出：“末富，未害也。”[③]认为“工与贾则农之自出”[④]，即手工业和商业是由农业派生出来的，是直接为农业服务的，不应否定。徐光启还主张国家通过市场调控，平抑米价，以保证农业生产有较为良好的流通环境。他指出，当时江西、湖广地区向国家贡输的漕粮数额较少，百姓手里余粮较多，因此“米价常下”。而江南七郡由于漕粮输送额过多，因此“米价常腾”。如果国家能筹集一定的资本，在丰年或米价较低的江西湖广地区收购粮食，储存于各地的常盈仓内，当荒年或江南七郡百姓无力输纳漕粮时，即可用常盈仓储备粮代输。通过在江西湖广和江南七郡丰年和荒年之间的互相调剂，既可以解决丰年和余粮地区谷贱伤农问题，也可以解决荒年和缺粮地区的“米价常腾”问题。长期坚持这一“丰年收籴，凶岁代发”的政策，国家即可以积储大量粮食，实现足国富民的目标：“诚于常盈仓每存二三岁之积，或更措置金钱，或岁益以免运官军办料所入，充为籴本，使丰年收籴，凶岁代发，一依宋制。如此即江湖二省，江南七郡，彼此之间，酌量赢缩，岁有羡也。丰年饥岁出入之间，酌量赢缩，岁有羡

① 《农政全书校注》卷之二，第44页。

② 徐光启：《拟上安边御虏疏》，《徐光启集》，第9页。

③ 徐光启：《钦奉明旨条画屯田疏》，《徐光启集》，第228页。

④ 徐光启：《处置宗禄查核边饷议》，《徐光启集》，第15页。

也。展转数年,则余一年之蓄,更数十年之通,而足食、足兵、足民,举积此矣。"①

徐光启还充分肯定国际之间的贸易,认为:"有无相易,邦国之常。"主张开放对外贸易,发展中国与日本等国之间的商品交换。他批评了那种认为开放中日贸易会引来倭寇侵扰的观点。认为通市绝不是倭寇入侵的原因。禁止通市不仅不会杜绝倭寇侵扰,反而会驱使一般商人转为海盗:"官市不开,私市不止,自然之势也。又从而严禁之,则商转而为盗,盗而后得为商矣。"徐光启认为,制服倭寇的最有效的办法,不是断绝中日贸易,而是开放中日贸易:"惟市而后可以靖倭,惟市而后可以知倭,惟市而后可以制倭,惟市而后可以谋倭。"他认为必须把倭寇与通市区别开来,并采取不同的对策:"入寇与通市两事也,来市则予之,来寇则歼之。"正确的做法应当是:"除盗而不除商,禁私贩而通官市。"②

要发挥人力和土力二者的生产作用,还要解决人力和土地不相适应的矛盾。这种矛盾首先表现为各地人力分布的不均匀。例如南方人口稠密,耕地不足,大量百姓由于"耕垦无田",纷纷"为末富、奸富",③而北方由于土旷人稀,大量土地得不到充分利用。南方人力浪费严重,北方则地力浪费严重,为了解决这种"南人之众,北人之寡;南土之狭,北土之芜"④的矛盾,在全国范围内充分发挥人力和土力的生财作用,徐光

① 徐光启:《漕河议》,《徐光启集》,第33页。
② 徐光启:《海防迂说》,《徐光启集》,第37—48页。
③ 徐光启:《钦奉明旨条画屯田疏》,《徐光启集》,第228页。
④ 徐光启:《钦奉明旨条画屯田疏》,《徐光启集》,第227页。

启提出“均民”主张，即将南方过剩劳动力移于北方荒旷之地从事耕垦；将浙直、八闽人口稠密地区的百姓迁于江淮齐鲁和两广人口稀少地区以务农。这样人力和土力就可以得到充分结合，粮食产量就会大大增加：“今均民之法行，南人渐北，使末富奸富之民皆为本富之民。民力日纾，民俗日厚，生息日广，采用日宽，唐虞三代复还旧观矣。若均浙直之民于江淮齐鲁，均八闽之民于两广，此于人情为最便，而于事理为最急也。”①

徐光启还主张根据老百姓的生产能力确定百姓占有耕地的数量。百姓有多大生产能力，就应允许其占有多少土地。他既反对超过百姓耕种能力多予之田的做法，也反对限制有能力之人富民的占田数量。他认为，井田制的实质，就在于使民力和土力相适应，夏代授田 50 亩，有因为当时一户百姓生产力只能精耕五十亩。后来由于生产力水平提高，所以殷周时代百姓授田数随之增加为 70 亩和 100 亩。所以百姓的土地占有量并非多多益善：“三代圣王所谓厚于民者，非以多予之田为厚，而以少予之田为厚。譬食小儿者，非以多予之食为爱，而以少予之食为爱”；“古之治田者，尽力尽法而不务多”；“要使人之力足以治田，田之收足以食人，必不至于务广而荒耳”。② 他认为个体小农户如果占田过多，力不能耕，会造成土地资源的严重浪费，因此国家对这种情况应采取措施予以限制：“广虚之地，数口之家，辄田二三百亩，卤莽灭裂，丰年则

① 徐光启：《钦奉明旨条画屯田疏》，《徐光启集》，第 228 页。
② 《农政全书校注》卷之四，第 91。

为薄收，水旱则尽荒矣。此上之无法以教之，无制以限之故也。”[①]另一方面，徐光启又要求国家采取授官予爵等办法，大力鼓励富民垦荒，富民垦田越多，国家所授官爵越高。在他看来，在北方空旷之地，如果朝廷鼓励有方，得百姓“有力者为之，岁垦千百顷甚易”[②]。徐光启主张依靠一年垦田千百顷的有力者，即富民来发展农业，隐约有着期待形成具有大量货币资本的新兴经营地主的思想。

徐光启不主张限田，寄希望于富民，但他不赞成豪强地主强夺和强买民田的问题：“开垦成熟之田，不许地方豪右强夺占，用价勒买。”[③]徐光启这一既要鼓励大土地所有制的发展，又要消除这种发展必然产生的剥削、掠夺现象的主张，多少有些自相矛盾之嫌。

徐光启还提出，授予亲王、郡王以下宗室皇族成员土地以代替宗禄，让他们务农生粟，自食其力，以减轻农民负担，促进农业生产的发展。明代宗室、皇族一代一代不断繁衍，人数越来越多，这个特权贵族集团不耕不织，却享受高官厚禄，养尊处优。宗禄是国家财政和人民头上一项沉重负担。徐光启在研究明代宗藩人数增长情况时发现，宗室人口每三十年即增加一倍：“洪武中亲郡王以下男女五十八位耳，至永乐而为位者百二十七，是三十年余一倍矣。隆庆初丽属籍者四万五千，而见存者二万八千；万历甲午丽属籍者十万三千，而见存者六万二千，即又三十年余一倍也。顷岁甲辰丽属籍者十三万，而

① 《农政全书校注》卷之四，第92页。

② 徐光启：《致鹿善继简》(一)，《徐光启集》，第609页。

③ 徐光启：《钦奉明旨条画屯田疏》，《徐光启集》，第235页。

见存者不下八万，是十年而增三分之一，即又三十年余一倍也。”根据这一情况，徐光启得出了人口每三十年即增加一倍的结论：“夫三十年为一世，一世之中，人各有两男子，此生人之大率也。”①“生人之率，大抵三十年而加一倍，自非有大兵革，则不得减。”②徐光启把宗室人口增长的现象推衍为普遍的人口增长规律，显然是缺乏科学性的，但他以此来说明必须改革宗室食禄制度，才能促进农业，则对当时的政治制度有一定的挑战性。

为了充分发挥土地的作用，徐光启十分重视水利。他认为搞好水利建设，才能防旱防涝，改变土力不尽的问题，增加粮食产量。“其不能多生谷者，土力不尽也；土力不尽者，水利不修也。能用水，不独救旱，亦可弭旱。……不独救潦。……用水而生谷多”。③ 在《农政全书》中，他用了长达9卷的篇幅讲究水利建设技术和经验。他对当时漕运东南之粟以供给京师的做法很不以为然，认为这是对水资源的极大浪费。他说：东南用水生谷，西北用水漕运，这是“费水二而得谷一”。他主张改变这种做法，建议在西北兴修水利，用西北之水灌溉农田，生产粮食，供给京师。这样，既可以发挥西北之水的生谷作用，又可减少漕运，减轻百姓负担。“虞书六府始于水，终于谷，递相克治而成焉，则水者生谷之籍也。如今法运东南之粟，自长淮以北诸山诸泉，涓滴皆为漕用，是东南生之，西北漕

---

① 徐光启：《处置宗禄查核边饷议》，《徐光启集》，第14页。

② 《农政全书校注》卷之四，第90页。

③ 徐光启：《钦奉明旨条画屯田疏》，《徐光启集》，第237—238页。

之，费水二而得谷一也。凡水皆谷也。凡漕则西北之水亦谷也。”[①]兴修水利，不仅可以增加粮食生产，而且是治理大江大河水患的根本措施。农田如果能大量用水、储水，就会减少流入江河的水量，防止江河雨季泛滥：“不独此也，三夏之月，大雨时行，正农田用水之候。若遍地耕垦，沟洫纵横，播水于中，资其灌溉，必减大川之水。先臣周用曰：使天下人人治田，则人人治河也，是可损决溢之患也。”[②]

徐光启非常重视先进生产工具和生产技术对提高人力和地力、对发展农业生产的作用。他说，后稷时的偶耕，商汤时的区田，及至周代的牛耕，这些生产方法和生产工具的改进，都使农业生产力得到提高，使每个劳动者所能耕种的土地面积不断增加：“如后稷之耕，两耜为偶，其孙叔均遂作牛耕是也，便巧既多，人力有余，至于殷周，遂以渐加多，而其田亦治，故由七十而至于百亩。”[③]徐光启写作《农政全书》的重要目的，就是要收集、整理历代创造的各种农业生产技术、经验和方法，从而传播这些技术、经验和方法，以促进农业生产的发展。在《农政全书》里，徐光启大量介绍了农事、树艺、蚕桑、牧养、种植及农产品的加工制作等各个方面的农业生产知识，并专列“农器”四卷，详尽介绍各种生产工具的特点和功效。徐光启还亲自从事科学实验，探索先进的生产方法。在徐光启看来，使用高效率的生产工具，采用科学的生产方法，不断提高农业生产的科学技术水平，对农业的发展和产量的提高有

① 徐光启：《漕河议》，《徐光启集》，第19—20页。

② 徐光启：《钦奉明旨条画屯田疏》，《徐光启集》，第237—238页。

③ 《农政全书校注》卷之四，第91页。

着关键的作用。更重要的是,徐光启将重视生产工具和生产技术提到了“政”的层面,就是对如何从政策上鼓励和促进这些生产工具和生产技术的运用、推广作了思考。

徐光启从“政”的层面思考农业问题,还表现在他很注意主张破除生产上的守旧思想,认为不从旧观念中解放出来,先进的新技术、新方法、新品种就不能推广到农业生产中去。例如,当时用西北之水,漕运东南之谷,之所以会有这种“费水二而得谷一”的做法,重要原因之一,是西北长期不种稻,因此人们就认为在北方种稻不可能。再如,北方产棉却不织布,而把棉卖给南方,再从南方买布,结果造成北方棉贱布贵。北方人之所以不织布,是因为长期以来,总认为北方气候不适于织布。还有外地或外国的一些高产品种,完全可以移植到本地或本国来,但由于长期以来被南方品种不宜于北方、外国作物不适于中国的旧观念所束缚,人们却不肯去试种。徐光启号召人们冲破上述种种保守思想的束缚,认为只要认真试验,就有可能使北方和南方一样种稻、织布,使南方或外国的高产作物在北方、在中国安家落户。他还身体力行,亲自试验。他曾在天津开辟水田,试验在北方种稻;曾详细地考察北方肃宁(今河北肃宁县)人的织布方法,帮助其总结提高和推广,以期彻底改变北方产棉不织布的传统。他听说南方甘薯产量高,品质好,就亲自在北方试种,“能相通者什九,不者什一,人人务相通,即世可无虑不足,民可无道馑。”①“五地十二壤,周官旧法,此可通变用之者也。若谓土地所宜,一定不易,此则必无之理。立论若斯,固后世惰窳之吏,游闲之民,媮不事事者

① 徐光启:《〈甘薯疏〉序》,《徐光启集》,第68页。

之口实耳。古来蔬果，如颇棱、安石榴、海棠、蒜之属，自外国来者多矣。今姜、荸荠之属，移栽北方，其种特盛，亦向时所谓土地不宜者也。凡地方所无，皆是昔无此种，或有之而偶绝。果若尽力树艺，殆无不可宜者。就令不宜，或是天时未合，人力未至耳，试为之，无事空言抵捍也。地其中亦有不宜者，则是寒暖相违，天气所绝，无关于地。若荔枝龙眼不能逾岭，橘柚橙柑不能过淮，他若兰、茉莉之类，亦千百中之一二。"①意识到思想观念的解放与发展农业生产力的关联，是徐光启由"政"的层面考察农业问题的一个亮点。

这个亮点还反映在徐光启强调要有学习西方先进的农业科学技术为我所用的思想。《农政全书》专辟两卷介绍西方水法。徐光启认为西方水利科学在很多方面比中国先进，"悉皆意外奇巧，了非畴昔所及"，"用之无不尽巧极妙"，②中国应该接受、学习。但是，这种学习并不是主张生吞活剥，生搬硬套。比如关于水法，就不是简单地直译西书内容，而是在中国水利技术和方法的基础上，选择那些确实属于先进技术并适合中国的内容加以编译。

如果说徐光启关注农业是为了富国，那么他投身练兵抗金的军事活动，则是为了强兵。徐光启主要基于自身军事活动的军事思想主要包括"正兵"和"器胜"两个方面。③

如前所述，万历四十六年(1618 年)后金举兵南侵，连陷

① 《农政全书校注》卷之二，第 42 页。
② 徐光启：《〈泰西水法〉序》，《徐光启集》第 67、66 页。
③ 本节以下部分内容参考了施宣圆的《徐光启的军事实践与军事思想》一文(载席泽宗、吴德铎主编：《徐光启研究论文集》，第 172—181 页)。

抚顺等三城以及台、堡、寨500余座，正第二次在天津屯田的徐光启入京受命，抱病投入抗金军事斗争。万历四十七年(1619年)辽东经略杨镐率领的40万大军被后金打得落花流水。这一年从三月二十日至六月二十八日，徐光启三个月中上了三道疏，[①]陈述抵御后金军事进攻，加强军队建设的思想和谋略。

在这三疏中，徐光启以为，杨镐遭败并不是因为敌人的兵多，也不是敌人的计策特别高明，而是我方不知用兵。原来双方兵力"众寡相等"，杨镐却兵分四路，力量分散，互不支援，致使敌军集中力量攻我一路，"彼常以四攻一，我常以一敌四"[②]，指挥上犯了战略性的错误。他说："窃见兵家简切肯綮之论，无如管仲之言八无敌，晁错之言四予敌也。"管仲的"八无敌"是在财、工、制器、选士、政教、服习、偏知天下、明于机数等八个方面都"无敌"。晁错的"四予敌"是"器械不利，以其卒予敌也；卒不可用，以其将予敌也；将不知兵，以其主予敌也；君不择将，以其国予敌也。""八无敌"与"四予敌"，"此两言者，虽当世所习闻，实千古不能易也"。他竭力主张："今日之计，必须用管仲、晁错之说，一一细讲而力行之。"[③]徐光启把管仲的"八无敌"与晁错的"四予敌"作为他"正兵"的主要内容。

徐光启在《辽左阽危已甚疏》中提出：一、亟求真才以备急用，二、亟造实用器械以备中外战守，三、亟行选练精兵以保

① 系《敷陈末议以殄凶酋疏》、《兵非选练决难战守疏》、《辽左阽危已甚疏》，《徐光启集》与《徐光启著译集》均有收录。

② 徐光启：《敷陈末议以殄凶酋疏》，《徐光启集》，第98页。

③ 徐光启：《敷陈末议以殄凶酋疏》，《徐光启集》，第97—99页。

全胜，四、亟造都城万年台以为永无虞之计，五、亟遣使臣监护朝鲜以联外势——也就是选才、造器、练兵、建台、联外五个方面。这五个方面切中时弊，具有真知灼见。其中如选才条，他敢于揭露现行制度的弊端，尖锐指出造成“渐贫渐弱”，“纽解纲弛，迄于不振”局面的关键，在于朝廷“拘泥常格，因循积弊”。他说：“于今所急，莫如文武吏将第空资格序用，加以弊窦佞门。即用者未必才，才而用者未必当，两者皆足败事矣。”[①]论资排辈，因循守旧，任人惟亲，所以任用者未必有才，有才者即便见用也未必摆在适合其才能的位置上。这就是国家衰败的症结所在。徐光启敢于揭露问题，又勇于提出“取人用人”之法。他认为：“战者角胜之事，非人力智计绝于人不克也。语曰：‘才过十人谓之英，过百人谓之雄，过千人谓之俊，过万人谓之杰。’”[②]他要造就和选拔这样的“英”、“雄”、“俊”、“杰”。他提出“人才保举法”，这就是“命在京诸臣，各举所知”，不论大小官员，还是老百姓，甚至是“废罪人”（犯罪和残废之人），只要是文武才略之士，或者是高明的能工巧匠，都可以提名，把他们的长处开列出来，说明录用的原因和使用的办法，送到堂官，然后送吏、兵二部，“再行博访，各随相应职事，或推升，或改调，或咨取，一一置之在京衙门及畿辅近地，以凭随时副急，逐便差遣。所举人才建有奇功，举主分别赏擢；若误国偾事，亦随其情罪重轻，连坐举主。在外抚按，下及守令，坐名荐举，类奏咨部，陛调取用，并依前格。”把被举人与保举人的命运紧紧联系起来，保举人对被举人负责，“如此荐有实

① 徐光启：《辽左阽危已甚疏》，《徐光启集》，第107页。

② 徐光启：《兵非选练决难战守疏》，《徐光启集》，第102页。

才，官有实效，绝胜于临事仓皇，而莫知所寄也。”[1]这种人才保举法实质上是任人唯贤，知人善任，它同论资排辈、任人惟亲的用人、取人之法是相对立的。

关于造器和练兵，徐光启同样把选拔军事上的人才放在首位，他指出：“今宜大破常格，于前项荐举人才，择其知兵有识、心计智巧者，专领器局。仍博求海内名工名器，商榷制造。”然而，有人说这样的人才难得，徐光启不以为然：“天下之大，而无一二才士、千百良工，曾不若逆酋（指后金）弹丸之地乎？”“逆酋之地与人不过一县耳，以中国较之，地千倍也，人千倍也。”他一向主张选兵、练兵，兵不在多而在于精，“总以精兵为根本”，“若无精兵，虽多良将无可用，多有奇谋不得用，多造利器莫能用，多结外援弗敢用。”[2]在徐光启看来，器械在战争中是十分重要的，然而器械是由人掌握的，所以人的因素应放在第一位；而在人中，“精兵”与“良将”相比，“精兵”又应放在第一位。

徐光启在三个多月中，于国事感愤益切，接二连三地上疏，不厌其烦地重申了他的选兵、练兵主张。一些有识之士对此给予很高的评价。当时著名的军事家、《武备志》作者茅元仪读到徐光启的奏疏，在《与孙潇湘侍御书》中无限感慨地说：“自用兵以来，尚未见一的确切当之疏……近日公车之疏，无如徐赞善（光启）第三疏（即《辽左阽危已甚疏》）之深切有益也。若能如其疏而行之，国家虽危，犹可复安，何也？以其言皆事事实际，亦条条妥当。泛视之亦平平无奇；实按之，则无

① 徐光启：《辽左阽危已甚疏》，《徐光启集》，第107—108页。

② 徐光启：《辽左阽危已甚疏》，《徐光启集》，第109页。

迂疏之病，亦无空谈之弊。料事度时，定不出此。朝廷养士二百五十年，而无一留心边计之臣。……今幸得此一人（指徐光启），不竭力荐之，使尽破资格，授以本兵，责以成效，则天下事尚可为乎？"[①]吏部尚书赵焕、工科给事中祝耀祖等人对徐光启都非常赏识，纷纷奏请朝廷任命徐光启兼督察御史，专事练兵。[②]

万历四十七年（1619 年）九月，徐光启正式负起训练新兵，防御都城的责任。他走马上任后，开始实施他的"正兵"计划。九月十五日，疏陈十条有关练兵的事宜：关防、驻扎、副贰、将领、选士、选练、军资、召募、征求、助义等。他曾经设想："挑选精壮二万人，就于京营左右陆续建立营房二千间，工部陆续支给器甲、车辆、材料四十余万两，户部每年支给粮饷五十余万两。……一面造器，一面练兵，一年之后，庶几可用。"[③]然而，在实际运作中碰壁了，他受命两月有余，依然"一身四虚无着，候命再旬，延颈垂手，无一事可作"[④]，不得不上疏，祈求"退伏田里"[⑤]。

在他的再三呼吁和争取下，万历四十八年（1620 年）四月，他领到兵部、工部、户部等衙门的一些饷银，风尘仆仆地到北京郊外的通州、昌平选兵、练兵。在那里，他看到"民兵半杂老弱，身无完衣，面有饥色"。器械不仅少得可怜，而且相当落

① 转引自梁家勉：《徐光启年谱》，第 123—124 页。

② 参见梁家勉：《徐光启年谱》，第 124 页。

③ 徐光启：《兵事百不相应疏》，《徐光启集》，第 129 页。

④ 徐光启：《时事极迫极窘疏》，《徐光启集》，第 137 页。

⑤ 徐光启：《剖析事理仍祈罢斥疏》，《徐光启集》，第 144 页。

后。[1] 这些新兵来自各地，未经训练，纪律极差，加上领不到兵饷、器械，衣着杂乱无章，经常闹事。徐光启常常以忠义血诚开导新兵的领导者。在此感召之下，指挥胡楫、中书杨之骅和河南领兵官丁吕试、陶尧臣等相继慷慨解囊，捐出4000多银两，以招选教师演习和供给新兵兵饷。[2] 然而，各地遣送来的新兵络绎不绝，兵饷供不应求。据徐骥的《文定公行实》叙述，新兵"请衣请食者无数"，形成了一个事势岌岌、人情汹汹的局面。四川石柱司土官秦氏率兵3000至京城，向兵部请求兵饷，兵部欺骗他们说"饷俱在通州徐少詹处"。秦氏来谒，"先文定曰：我正苦无饷。川兵忿无所告，适浙兵亦从天津至，求饷，忿激格斗，总兵毕应武使兵捕之，见杀，文定使人谕之，遂解散"。一波刚平，一波又起。"延绥游击盛以彰率兵三千至，粮尽，以彰入京，兵欲哗为乱"，眼看一场兵变一触即发，徐光启"当前立决，绝无惆疑"，倾其所有，"人给二镮而止"。[3] 徐光启在通州、昌平选练新兵，十分艰苦，年近七旬"独身酬对五六千人，逐一辨析，逐一劝勉，发给印照俵散盘费，自朝至暮，手口并作"，以至过度劳累，旧病复发，不得不请求皇帝"准臣罢职谢事，使得归休田里，苟延旦夕"。[4] 值得欣慰的是，他训练的新兵颇有起色。徐骥在《文定公行实》中写道："先文定乃除简汰老弱三千余外，存已练者四千六百，谕以忠义，帅以恩威，驱之出关，勇气百倍。数年后尚有言关门诸事，惟徐詹

---

① 徐光启：《东事警急练习防御疏》，《徐光启集》，第145页。

② 参见梁家勉：《徐光启年谱》，第131页。

③ 徐骥：《文定公行实》，《徐光启集》，第560页。

④ 徐光启：《简兵将竣遘疾乞休疏》，《徐光启集》，第163页。

事练习一队,足当一面,议者谓以先文定当捉襟露肘之余,小试万一,已堪若此,况出其全力,何难复全辽也。"[1]

明军在同后金军队的作战中,屡次败北,"连次丧失中外大小火铳,悉为奴有,我之长技,与贼共之,而多寡之数且不若彼远矣。"所以,徐光启复职后就把制造火器摆到首位,以补充明军中火器之不足,"欲以有捍卫胜之,莫如依臣原疏建立附城敌台,以台护铳,以铳护城,以城护民,万全无害之策,莫过于此。"[2]徐光启早在通州、昌平练兵之时,就对西方火器甚感兴趣,他写信给李之藻,要他到澳门购买西方火器。万历四十八年(泰昌元年,1620 年)十月,李之藻所派的门人张焘在澳门购得四门大炮抵达广州,后来辗转运到前线,在宁远战役中,明军首次获得大捷,其中西方火器发挥了巨大的威力,熹宗追封一门大炮为"安国全军平辽靖虏大将军",这就是徐光启派张焘从澳门所购四门中的一门。然而,徐光启提出制造西方火器的主张,尽管一度得到支持,但最终没能实现。《明史·徐光启传》说:徐光启"力请多铸西洋大炮,以资城守,帝善其言。方议用,而光启与兵部尚书崔景荣议不合,御史邱兆麟劾之";于是,徐光启强兵的计划遭到中止,再次称病辞职。崇祯元年(1628 年)七月,徐光启回京复职。不久,后金军队进迫北京。如前所述,徐光启参与了守卫京师的领导工作。他认为在敌强我弱形势下,坚持守城有重大战略意义;而守城不能不依靠火炮,"古时无火器,故非战不能守城,今火炮既能

① 徐骥:《文定公行实》,《徐光启集》,第 554 页。

② 徐光启:《谨申一得以保万全疏》,《徐光启集》,第 175 页。李之藻在《奏为制胜务须西铳乞东取疏》中也提到这一情况(见《徐光启集》第 179 页)。

杀贼于城外，是坐而胜战也。若城外胜负难期，不如守城为稳”①。受命期间，终日奔波于内外城的十六门大炮之间，一面监制大炮，布置生产与分配火药、火器，“一面教练，昼夜在城，饥渴俱忘，风雨不避，手面瘅瘃，提点军士”②。此时，他制定的“守城条议”十八条，集中反映了他在守城方面的军事策略。为了发动城中民众积极参加防卫京城斗争，他提出：“城中智勇奇士，殊不乏人，皆宜收录为用。或勇力绝伦，或武艺出众，或火器合法，或工巧能造守具，听京官自行报任，于兵部堂上官处试验。”他相信城中民众的聪明才智，鼓励他们共同英勇抗敌。而当他一旦知道城中有“智勇奇士”，不管是何等人，也敢于大破常格，加以信任和重用。“吏部主事杨伸家人，善用石炮，宜速令为教师，演军民造作炮架，临时施用。”即使主事的家人，他也如此重视，可见他确实是不拘一格，知人善任的。“各城各区不拘尊卑，有特出意见者，每日辰未二时，各遣知事官役，到东朝房议定。如可行者，通知知会遵守。”又如对于西方传教士，他说：“西洋大铳并贡目未到，其归化陪臣龙华民、邓玉函，虽不与兵事，极精于度数，可资守御，亦日轮一人，与(钱)象坤同住，以便咨议。”③龙华民、邓玉函原在历局参与修历，由于保卫京城的需要，徐光启充分发挥他们之长技，请他们出来以备咨询。在严密的防御面前，后金军队终于未敢进攻京城。

---

① 徐光启：《记崇祯二年十一月初四日平台召对事》，《徐光启集》，第 270—271 页。

② 徐骥：《文定公行实》，《徐光启集》，第 556 页。

③ 徐光启：《守城条议》，《徐光启集》，第 273—275 页。

与此同时，葡萄牙传教士公沙的西劳和陆若汉从澳门运来西洋大炮，因京城被后金军队包围，他们就入涿州，利用这些大炮，参加涿州城的抗敌斗争。“敌去京师而不攻，环视涿州而不攻，皆畏铳也。”[①]徐光启更加看重大炮的作用：“可以克敌制胜者，独有神威大炮一器而已。”“所以及远命中者，为其物料真，制作巧，药性猛，法度精也。”[②]于是他进一步坚定采用西方火器抗敌的决心。制器需要大量煤铁，为了讲究价廉工省，他建议在煤铁产地山西等省铸造。[③]

崇祯三年(1630年)六月，陆若汉、公沙的西劳向思宗提出：“令(陆若)汉偕通员一员，傔伴二名，董以一二文臣，前往广东镜澳(澳门)，遴选铳师艺士常与红毛对敌者二百名，铳以总营，分以队伍，令彼自带堪用护铳盔甲枪刀牌盾火枪火标诸色器械，星夜前来，往返不过四月，可抵京都。”徐光启对陆若汉、公沙的西劳的建议表示大力支持，并且表示：“臣愿与之星夜遄发，疾驰至彼，以便拣选将卒，试验铳炮，议处钱粮，调停中外，分拨运次，催攒驿递，秋高马肥，兹事已就，数年国耻，一朝可雪也。”[④]思宗没有同意徐光启赴澳门，另遣他人与陆若汉前往。不久，陆若汉组织了一支有三四百人的军队，其中包括葡萄牙人和在澳门受过葡萄牙人训练的中国炮手，他们经广州北上，行经南昌时，因朝廷对此有不同看法，最后陆若汉等少数人押送火器北上，其余的人员返回澳门。

---

① 徐光启：《再陈一得以裨庙胜疏》，《徐光启集》，第280页。
② 徐光启：《西洋神器既见其益宜尽其用疏》，《徐光启集》，第288、289页。
③ 徐光启：《丑虏暂东绸缪宜亟谨述初言以备战守疏》，《徐光启集》，第286页。
④ 徐光启：《闻风愤激直献刍荛疏》，《徐光启集》，第299—301页。

徐光启积极提出采用西方火器和招募葡兵，与他设想建设一支用西方火炮、火枪武装起来的战斗部队——精锐火器营有关。具体规划是15营，60000人。其中每一营4000人，配备120辆双轮车，120辆炮车，60辆粮车，共计300辆。还有“西洋大炮一位，中炮八十位，鹰铳一百门，鸟铳一千二百门”[①]。徐光启决定以登莱巡抚孙元化的部队为精锐火器营的基本力量。所以，他推荐王征、张焘等著名技术人员和谙懂西方火器人员到登莱任职。公沙的西劳、陆若汉也率领在京教演火器的葡人前往登州。他们云集登莱，训练军队，教演火器，试图建设一支使用当时先进武器的野战部队。然而，由于孙元化部下孔有德哗变并投降后金，孙元化被俘，后虽逃脱回京，但被下狱处死。徐光启组织火器营的计划化为乌有。71岁的徐光启知道他强兵的理想破灭了。

徐光启在职任事主要集中在崇祯年间的最后五年，但其富国强兵的理想不仅没有实质性进展，而且越来越没有实现的希望了。所以，此时他“身都富贵”，但“终身若抑郁而谁语”。[②] 徐光启临终前，如前所述，念念不忘的是两件事：一是尽快进呈《农政全书》“以毕吾志”；一是牵挂“疆圉多故”。可以说，他对自己不能看到富国强兵的理想变为现实是死不瞑目的。

---

① 徐光启：《钦奉明旨敷陈愚见疏》，《徐光启集》，第310—311页。

② 徐骥：《文定公行实》，《徐光启集》，第562页。

# 第四章　皈依洋教与“修身事天”的思考

关于徐光启与天主教的关系，以往有关论著大多着墨不多。其实，接受天主教正是徐光启思想中的独特之处，显示了他对中西文化的思考。

## 一、从相识到受洗

在明代之前，基督教曾两次传入中国。中西交通在汉代已局部打破，所以在基督教传入中国之前，对其习俗、仪式等国人已有所了解，真正把基督教教义介绍到中国来的，要算是“景教”，即基督教的聂思脱里派。[①] 据天启五年(1625 年)在西安城外崇仁寺出土的“大秦景教流行中国碑”记载，唐贞

① 聂思脱里(Nestorius)，叙利亚人，公元 428 年任君士坦丁堡宗主教。我国称其创立的教派为景教，据西方传教士阳玛诺说：“景者，光明正大之义。”

观九年(635 年)有位叫阿罗本的传教士进入长安,受到唐太宗特派仪队的隆重欢迎。唐代景教约有 234 年的历史。"景教碑"碑文中已阐述了天主自有、三位一体、先造万物后造原祖、救赎等基督教的重要教义。这是基督教第一次传入中国,虽然据说与中国的本土文化、宗教相处得很融洽,但大概是因为它被中国文化强大的同化力消融,所以除留下一碑文足供考证外,没有对中国文化留下什么痕迹。基督教第二次传入中国,是在元代,称为"也里可温"①,包括景教和天主教。也里可温在元代盛极一时,多处建有也里可温寺,这在《马可·波罗游记》中有较详细的记载。目前尚没有发现汉族人加入也里可温教的,随着元的灭亡,也里可温便绝迹于中国。它对于以汉族文化为主体的中国传统文化是相当隔膜的,《元史》有《儒学传》,有《释老传》,却没有也里可温传。

在明代末期,基督教第三次传入中国,这次来华的传教士均属天主教,开始只有耶稣会,后来又有天主教其他教派。当时天主教在宗教改革中失去了许多信仰的领地,欧洲的教会希望追随商人的足迹向东方开展传教运动。与前两次传入的基督教不同,明末传入的天主教对中国的思想文化产生了重大的影响。

西方传教士自罗明坚、利玛窦开始,都十分注意编译著作,通过书籍来传播天主教及其他西方文化。罗明坚在万历十二年(1584 年)刻印了以汉语撰写的《天主圣教实录》,一年内流布达 1000 余册。利玛窦在中国内陆的第一个定居点肇

① 也里可温,即拜上帝者之意。

庆，就把所带“欧洲远来异物”陈列展览，其中图书占很大比重。万历四十八年(1620 年)，金尼阁返华携带了教皇赠送的 7000 部书，“金尼阁远来修贡，除方物外有装潢图书七千余部……俾一朝得献明廷，当必发仪部及词林，与西来诸儒翻译雠订。”[①]这些书，就其学科门类而言，包括人文、哲学、神学、教义，还包括医学、法学、音乐、数学等。西方传教士一方面编译和撰写著作，另一方面将这些著作大量印刷，如金尼阁在绛州、西安、杭州均设立印书工厂。这对于喜好读书求知的儒生士大夫来说，是较有吸引力的。

徐光启之成为天主教徒，包括他的整个宗教活动、宗教思想，与三个西方传教士有较多的关系，一个是利玛窦，一个是郭居静，还有一个是罗如望。

徐光启与西方传教士的第一次接触从而也是与西方文明的第一次接触，是在万历二十三年(1595 年)。前已提及，当时正跋涉在科举“烂路”上的徐光启，任教于韶州(今韶关)，拜访了在那里立足的郭居静神父。在这里，徐光启第一次听到了天主教基督救世等说教，第一次看到了利玛窦第一版的世界地图，也第一次知道还有一个欧洲。当时利玛窦去了南昌，二人未能谋面。万历二十八年(1600 年)徐光启赴南京看望恩师焦竑，听说利玛窦也在南京，便前去拜访，这是两人第一次见面，也是徐光启第二次聆听基督教义。由于徐光启来去匆忙，利玛窦只给他略讲了一些基督教关于天主的概念。在这里，徐光启看到了利玛窦第二版的地图。有研究者认为，徐

① 杨廷筠：《代疑编》。

光启之成为天主教徒，这幅地图起了很大的作用。①

万历三十一年(1603年)徐光启由京返沪途经南京时，又去拜访利玛窦，但利玛窦却已北上北京。留守南京的是郭居静和罗如望，郭生病，接待徐光启的是罗如望。他从罗如望处拿了《天主教要》一书和《天主实义》的抄本(当时尚未刊行)，连夜阅读并有所感悟，决定皈依天主教。神父要求他接受教诲，每周一天，一天一次，他回答说："不止是一次，我要一天来两次。"在返回上海的前一天，徐光启领受了洗礼，教名"保禄"(Paul的音译，也译作"保罗"、"保乐")。同时受洗的还有两位在徐光启的劝说下入教的士大夫。几个月后，徐光启又回到南京并呆了两周，"他每天参加弥撒祭礼，而且他不断地提出询问，看来仿佛是惟恐错过这一点或那一点基督教义似的。"②

徐光启之入教，被利玛窦视为"真正重要的事"，因为"上天注定"要徐光启"美饰这个初生的教会"；"真难说清这个人对于基督教事业是多么巨大的一笔财富"，他虽然自己忙于其他事务，却"把很多别的人领入教门"。③ 徐光启只有一个儿子，徐家添了两个孙辈男丁、徐光启考中进士，也被利玛窦看作

---

① *Eminent Chinese of the Ch'ing Period (1644—1912)*，由 Arthur W. Hummel 编辑(华盛顿1943年版)，Ⅰ，316—317页。参见[美]邓恩：《从利玛窦到汤若望：晚明的耶稣会传教士》，余三乐、石蓉译，上海，上海古籍出版社，2003年，第53—54页。

② 《利玛窦中国札记》，第469页。《天主实义》是对《天主教要》的"修订、补充和重新编辑"，它"主要是供异教徒使用的"。《天主实义》"批驳了所有中国的宗教教派"(利玛窦语，见《利玛窦中国札记》第485页)，除了儒家学说。

③ 《利玛窦中国札记》，第467、591页。

“信教后交上好运”。[1]

利玛窦的中文著作《二十五言》刊刻时，有两位中国名士写了序，一位是冯应京，另一位就是徐光启。徐光启不仅写了一篇序，还写了一篇跋。利玛窦认为这对他有极大的帮助，“这两个人名字的声望大大提高了这本书的权威。这样杰出的人物的赞扬还有助于提高基督教的声誉。尤以他们的朋友保禄的赞许为然，他在其中乘机颂扬基督教的原则说，他不仅赞同它们而且已经接受它们成为了教徒。”[2]根据利玛窦的记录，徐光启的恩师焦竑经常劝徐脱离基督教，“回到他的偶像教派中去，但他对他师傅的劝告只是嘲笑而已”。[3] 若没有焦竑的慧眼识人，徐光启的科举之途恐怕还要艰难得多，他不会嘲笑恩师，但焦竑的劝说不发生作用当为事实。由此可见，徐光启对于皈依基督，并不是遮遮掩掩，而是愿意并敢于公开承认的，也就是说，他并不认为信仰基督是什么坏事，也不像有些论者所认为的那样只是为了接近西方传教士学习先进的西方科学知识。这是发自内心的信仰。

更进一步，我们应当注意到，在徐光启那里，不是简单地接受天主教意义系统的问题，而是将天主教理论与儒学思想进行了整合，形成了一个新的意义系统。也正是在这个意义上，我们认为既不能简单地说徐光启在骨子里是一个儒士，也不能仅仅强调徐光启是一个虔诚的天主教徒。徐光启的思想，是对耶、儒的会通，是对当时多元思潮的整合。

---

① 《利玛窦中国札记》，第 467 页。

② 《利玛窦中国札记》，第 484 页。

③ 《利玛窦中国札记》，第 591 页。

个体对意义的需求是个体皈依宗教的一个重要因素，因为宗教建造世界的力量在于建造意义的世界，宗教的意义系统能够维持某种实在性。人类社会的活动是一种建造世界的活动，宗教在这项活动中占有一个特殊的位置。人类社会一经建立，就具有其自身存在的意义机制，它为社会成员规定了得到社会全体成员都承认的意义系统。每个人都得接受社会对他的指导、控制以至保护，如果与社会背离，个体就会丧失其社会身份和意义系统，陷入“失范”的状态之中。就人类具有追求意义与秩序的本能而言，无意义与失范对于个体来说乃是一种巨大的恐怖。从社会学的观点看，个体皈依的原因首先是个体的个人生活出现了危机，也就是说，原先的意义系统已经不能解决目前出现的问题，这样个体就会处于“失范”的处境当中，这也就意味着个体已经为接受另一套意义系统准备了可能性，这也就是宗教社会学家所说的“转折点”。出现了“转折点”是可能皈依宗教的第一个因素。从社会变迁的角度来说，大背景的变化首先就表现在社会已经或快要出现转型，传统或现有的意义系统不能适应现存社会的需要。在这样的大背景下，个体会发生积极追求新的意义系统的倾向，信仰会发生巨大的转向。分析徐光启皈依的时代与社会发展趋势就会发现，徐光启皈依天主教与当时晚明社会的状况无疑有着内在的关联。

皈依过程的完成，换言之，意义系统转换的成功，还在于意义系统本身的素质。所谓的“素质”也就是说，它比原先的意义系统更容易让个体脱离“无意义”的状态，它能在某种程度上解决个体目前所出现的种种问题。对于个体而言，这种新的意义系统还意味着一种更新的知识体系，一种更高的价值观，一种更为彻底的对于人生问题的解决方案。如徐光启皈依后的意义系统无疑符合他施行“实学”、“富国强兵”的愿望，也是他实现“有意义”的人生的一种更为有效方式的保障。虽然，他将天学的作用归于“补儒易佛”，但对于他来说，天学无疑比当时正处于失去了范导人们行为作用的儒学更有实际价值，他赋予其信仰和传播天学以一种神圣的含义。徐光启接受“天学”的意义，但并不完全放弃儒家的意义系统，他只不过把儒家自宋元以来的空谈心性之学的意义放弃了，而传统儒家“平治天下”等意义仍然被他保留。

社会思潮的多元化也为个体提供了可供选择的条件。所谓信仰的危机，往往伴随以多元的信仰，但缺乏居于主导地位的某种信仰。晚明多元思潮并存，一方面表明传统信仰如儒家学说丧失了霸权地位，另一方面也为新的信仰比如天主教信仰留下了空间。如前所述，晚明出现了星星点点的异质新芽，表现出不同以往的某种社会转型的趋向。这样的社会转型需要一套全新的意义系统。徐光启自觉接受以天主教（天学）为代表的西学的意义系统，并与传统儒家思想的意义系统结合起来，显明了社会转型对于个体的强大作用。徐光启皈依时，从文化思想的大环境来说，明代末年正值正统儒家信仰已发生危机，多元化思想泛滥之际，前已有所提及，徐光启与这些社会思潮均有或多或少的联系。徐光启的业师黄体仁服膺王学，而王学近禅，因而《四库全书总目提要》对其《四然斋集》评论道：“取中和集身心世事，谓之四缘，委身寂然、委心洞然、委世混然、委事自然之语，故以四然名斋，因以名集。盖明季士大夫耽二氏者十之九也。”徐光启显然曾受到过黄体仁的影响。以顾宪成、高攀龙为首的东林学派，在批判理学末流空疏狂放而流于禅门的偏颇中，倡导直面现实的经世致用的实学。如前所述，徐光启的不少好友都是这个学派的重要人物，通过他们，徐光启对东林学派忧国忧民的实学思想深表同情，他自己也形成了“生平所学，博究天人而皆主于实用”的学风。何心隐、李贽蔑视儒家经典的异端学派是更为激进的社会思潮，由于座师焦竑不仅与李贽交谊甚笃，而且思想主张也有所相近，如前所述，徐光启也受到一定程度的感染。但是，徐光启反对焦竑包容佛道的“三教合一”论，对佛老持批判态度。所以，表面上看，徐光启在几天之间就做出决定加入天主教，但这不是一时心血来潮。徐光启自称“生平善疑”，在对天主教义有了充分的了解和深刻的理解之后，他觉得“若披云焉，了无可疑，时亦能作解，至是若游溟然，了亡可解，乃始服膺请事焉”[①]。从万历二十三年（1595 年）在广东与传教士初次接触，到万历三十一年（1603 年）在南京领洗入教，前后有七八年的时间，不可谓思考时间不长。进而言之，徐光启之入教，有着深刻的思想根源：出自对宋明儒学和佛老思想整饬社会之效果的失望，也出自对如何整合多元思想，为社会走出困境而重建信仰价值体系的思考。

从宗教社会学的角度来看，每个信徒的皈依都有其“世俗”的原因，也就是说，当一个人抛弃原先的意义系统而接受宗教的意义系统时，他无疑开始迈进了信仰的殿堂，但必须有足够的理由和现实的动机使他完成这一过程。从宗教社会学的角度看，每个信徒的皈依都有一个契机，也就是导致信徒信仰转向的“导火索”。

---

① 徐光启：《跋〈二十五言〉》，《徐光启集》，第 87 页。

徐光启第一次接触天主教，正是三次乡试落第之后，为从秀才而成举人，已整整爬了 15 年了。异样的天主教和西方科学，无疑在这时容易吹进其心田。他第二次接触天主教是在万历二十八年（1600 年）春天，而第二年的会试没有去参加，这是否和他听了利玛窦的宣传，而重新审视自己的人生道路有关？徐光启在万历三十一年（1603 年）入教，而在第二年又将面临会试，徐光启此时入教，是否与他考虑如在第二年高中，将以什么样的思想信仰来治平天下有关呢？

对死亡问题的困惑，也在某种程度上促使徐光启努力去寻找新的理论或者说新的意义系统。徐光启“尝欲参究生死大事，惜儒书未道其详，旁参二氏九流之书，亦不得其真解”①。艾儒略也称：“大宗伯徐公玄扈，博学多才，欲参透生死大事，惜儒者未道其详。诸凡玄学、禅学，无不拜求名师，然于生死大事究无着落。”②“未知生焉知死”，在孔子那里，死亡问题被悬置一旁，更为关注的是现世。然而，死亡毕竟是每个人都要面对的问题，这一问题关系到人生的意义，徐光启不可能不思考这个问题。对此，利玛窦也有记载：徐光启“作为士大夫一派中的一员，他特别期望着知道他们特别保持沉默的事，那就是有关来生和灵魂不朽的确切知识。中国人中无论哪个教派都不完全否定这种不朽。他在偶像崇拜者的怪诞幻想中曾听到许多关于天上光荣与幸福的事，但是他的敏捷的思想却只能是找到真理方休”③。不仅儒家对死亡问题没有

① 《圣教史略》，1925 年献县张家庄第四次排印，第 28—29 页。

② 艾儒略：《大西利先生行迹》。

③ 《利玛窦中国札记》，第 467 页。

给出一个令人满意的答案，释、道两家同样也解决不了徐光启的困惑，在他看来，天主教“以升天真福为作善之荣赏，以地狱永殃为作恶之苦报”[①]的教义却恰好能够解决。利玛窦打破儒家不谈来世不谈死亡的传统，主张“知终乃能善始，知死乃能善生”，在《畸人十篇》中常讲到死后的益处，强调善恶之报不在当世而在身后，正视死亡在天主教徒的人生观中乃是一种安贫乐道的良法。对此徐光启感叹道：“此皆忠厚语，果大补于世教也。今而后吾知所为备于死矣。世俗之备于死也，特求坚厚棺椁、卜吉宅兆耳。孰论身后天台下严审乎？”[②]“且看古今善人为善，恶人为恶，世间何曾报得他尽。若非死后天主报他，岂不枉了善人，便宜了恶人。”[③]这对于徐光启来说，是对儒释道的有益补充，更能使他坦然面对“颜回之夭，盗跖之寿”这类不公平的社会现象，即对此有了一个可以接受的解释。信仰意义系统的重要功能，是为个体提供“社会现象为什么会如此发生”的解释。基督教把个体的变故与个体是否信仰上帝以及虔诚与否结合起来，这是比佛教更容易深化信仰的意义机制，无论从什么角度而言，它都会进一步深化信仰，而不是削弱。从正面来说，上帝的拯救是个体信仰生活的核心，个体在世俗社会中受益自然是上帝的眷顾，因而必须进一步信仰上帝；从反面来说，个体在社会中受损，则是上帝的惩罚，因而还必须进一步信仰上帝。徐光启在批评佛教时就说，

---

① 徐光启：《辨学章疏》，《徐光启集》，第432页。

② 利玛窦：《畸人十篇》之四“常念死候备死后审”。此为徐光启与利氏对话中所言。

③ 徐光启：《造物主垂像略说》，转引自王晓朝：《基督教与帝国文化》，北京，东方出版社，1997年，第173页。

佛教不能很好地解决“盗跖寿颜回夭”的问题，而天主教则能很好解决，正表明了他从天主教的信仰意义系统中找到“社会现象为什么会如此发生”的令其满意的回答。在徐光启看来，正因为天主教能对生死问题给出圆满的回答，所以天主教“其法实能使人为善”①，即把道德教化落到实处。

王重民的《徐光启》赞同黄节《徐光启传》的说法，即徐光启“从事西教，思窥其象数之学，以救汉宋以来空言论学之失”②。受到西方科学与技术的吸引，的确也是徐光启受洗入教的原因。这在以往论著中已有较多论证，在此不再赘述。应当说，从徐光启皈依天主教后的文献来分析，天学的道德教化和西方科学技术是吸引他皈依的两个最主要因素。

就分析徐光启接受天主教的动机而言，动机有内在与外在之分，外在动机导致行为的自觉，内在动机导致行为的自愿。带着内在动机入教，表明皈依者毫不保留地接受信仰的全部教条，决心为宗教服务，而不是让宗教为自己服务，更不是为了解决自身的问题而皈依宗教，并且完全按照宗教教条去行为。带着外在动机，则是把皈依宗教当成改变现实生活状态的一种手段，具有比较强烈的功利主义和自我保护主义倾向，认为宗教的价值是工具式的，他们不是完全接受宗教的信仰意义系统，而只是采纳任何有利于他自身的信仰意义系统。

如果说徐光启带着学习、翻译西方科学著作和以天主教“补儒易佛”的目的加入天主教，那么我们可以确定徐光启之

---

① 徐光启：《辨学章疏》，《徐光启传》，第 433 页。

② 参见王重民：《徐光启》，第 25 页。

加入天主教是一种自觉行为。但是,这只是问题的一个方面,另一方面也是不能忽视的,即徐光启之加入天主教也是自愿的。徐光启说:传教士的"事天爱人之说,格物穷理之论,治国平天下之术,下及历算、医药、农田、水利等","无不使其心悦意满,以为得所未有","余向所叹服者是乃糟粕煨烬,又是乃糟粕煨烬中万分之一耳"。① 其"向所叹服者"无疑是指再三咀嚼了然于胸的儒家文化。可见,徐光启是对两种文化进行深入的比较后,接受西方传教士带来的天主教,并感到"心悦意满"。徐光启又说:"其法能令人为善必真,去恶必尽,盖所言上主生育拯救之恩,赏善罚恶之理,明白真切,足以耸动人心,使其爱信畏惧,发于由衷故也。"②徐光启还说:"泰西诸君子,以茂德上才,利宾于国。其始至也,人人共叹异之,及骤与之言,久与之处,无不意消而中悦服者,其实心、实行、实学,诚信于士大夫也。"③所谓"耸动人心"、"发于由衷"、"意消而中悦服",都说明这是出于内在的自愿。也就是说,徐光启之成为天主教徒,从其自身看,是自觉与自愿的统一。

## 二、信教、传教和护教

作为天主教徒,徐光启是虔诚的。内心的虔诚要由外在的行为来表现,毕竟宗教行为是衡量信徒宗教性的一个重要因素,很难想象一个只在思想上接受某种宗教的信仰而不实

① 徐光启:《辨学章疏》、《跋〈二十五言〉》,《徐光启集》,第434、87页。
② 徐光启:《辨学章疏》,《徐光启集》,第432页。
③ 徐光启:《〈泰西水法〉序》,《徐光启集》,第66页。

行的人是一个真正信徒。

对于宗教信仰者的虔诚程度，可以通过他在宗教礼仪的遵守、传教、护教、关心教友和各项宗教事务方面得以反应。当然，这些方面的表现在很多时候是难以截然分开的，比如传教、护教本身也是对宗教事务的关心。只是为了有一个大致条理，我们给它一个大致的安排。

在遵守天主教礼仪方面，徐光启堪称典范。万历三十二年（1604年），徐光启进京赴考，“到达后的第一件要务就是来拜访教堂，行忏悔礼以及领圣餐。有人说，保禄博士是如此虔诚，以致在领圣餐时竟忍不住流下泪来，就连站在圣坛栏杆旁的人们看了也一样流泪不止。”[①]如果说，在科考会试之前的虔诚可能带有祷告天主保佑的功利色彩；那么，他对亲人临终前是否施行天主教仪式的关注，则完全出自真诚的信仰。徐光启在一封家书中提到：“外公一病遂不起，闻之伤悼痛切。……而官冷家寒，无以报之；所幸者已得进教，又不幸先生不在，临终不得与解罪，不知汝曾令吴龙与一讲悔罪否？此事甚急，凡临终者即无先生在，不可不自尽也。只要真悔，无不蒙赦矣。”[②]这里所说的外公是指徐光启的岳父。岳父大人一病不起，当时徐光启官场失意难以报答，这令他伤心不已；所幸岳父也已入教，只要真心忏悔，虽然没有神父在场，不能行临终的敷油礼（一种天主教的礼仪），神仍然能够赦免其罪。方豪曾将此事作为徐光启虔诚信教的重要表现。[③]

① 《利玛窦中国札记》，第489页。

② 徐光启：《家书》（十一），《徐光启集》，第492页。

③ 方豪：《中国天主教史人物传》上册，第104页。

徐光启在北京的家与传教士的住所紧挨着，有一个自用的通道与神父的礼拜堂相通，再繁忙“他也从不忘记每天都要抽出时间做祈祷”。在徐光启生命最后的日子，“他专心地为死亡做准备，过得很平静，长时间地做祈祷……经常与龙华民、汤若望和罗雅谷谈起永久的福祉……他至少做了三次忏悔，接受了临终圣体和临终敷油礼”①。对此，《圣教史略》中也有记载：“至其敬主热心，更非寻常所及。居地之旁，开一便门，与圣堂相通，以便与神父时常往来，且可随意进堂拜圣体。每日早起，必先默想望弥撒，然后回署办公。若得领圣体，辅弥撒，则尤以为乐。平日不断苦工，若守大斋，苦衣苦鞭等事，皆习惯常行。其敬爱神父，尤有足称者。罗如望神父死，光启服孝一年，谓人曰：某受洗于罗神父手，是真吾神灵之父也，礼宜尽孝。某年，金尼阁神父朝见教宗回，带有教宗颁赐之宗徒降福，光启朝服朝冠，跪聆教宗恩命。”在病危之际，再次为汤若望、罗雅谷等参与修历的传教士请功并做出一些安排，推荐同为天主教徒的李天经管理历局，“均蒙谕允”。“光启从此不谈世事，一心预备自己灵魂，默契天主，连次告解领圣体，大显热爱。在京之三神父，轮班守候，延至十月初七，泰然逝世。”②

在传播教义方面，徐光启同样贡献了自己的心力。编选《徐文定公集》的李杕在“序”中曾这样评价徐光启：“用其不世之才，力为推广，撰论说，译经书，陈奏朝廷，阐扬大义，教之所

① [美]邓恩：《从利玛窦到汤若望：晚明的耶稣会传教士》，第205页。

② 《圣教史略》，第58—59页。这里所说的“在京之三神父”即龙华民、汤若望和罗雅谷三人。

以行，文定之功居多。”[①]利玛窦也记载了一些徐光启在传教方面所做的贡献。利玛窦的中文著作《畸人十篇》是对话体，其中第三篇和第四篇为徐光启与利氏对话。此书出版后，影响了一些士人学者访问传教士，有些由此而皈依了天主教。徐光启看到利玛窦所著的和所印的中文书，甚受人的重视，便催促他多写书，因为这是在中国传教和建立教会的有效方法。这一建议被利玛窦采纳，利氏倡导传教士认真研究中国学问、编撰中文书籍，这些成为来华耶稣会士传统的传教策略。据《圣教史略》记载，庞迪我所著《七克》也是由徐光启“为之达词润色”[②]。黄节也说，基督教从唐朝就传入中国，至宋、元更是拥有众多信徒，“然顾其教之不昌何也？予闻之彼教宗之书，多为光启润色。毋亦前此之奉其教者，于其教之来不知润色，而有待于光启与？予谓西教之昌也，始于光启。”[③]著书于传教之重要及徐光启在为传教士润笔方面所做的工作或见一斑。

徐光启七十多岁高龄的父亲，在逝世前入教。徐光启的父亲原“于阴阳医术星相占候二氏之书，多所通综”，“晚年悉弃去，专事修身事天之学，以惠迪清异为宗。迁化之日，夷然处顺，语不及私家事”。[④]当时天主教在中国遭受的责难之一为不敬祖，以中国古礼还是以西方教礼举行父亲的葬礼，是摆在既作为中国士大夫又作为教徒的徐光启面前的一个问题。“光启跟利子详细商议，决定丧仪一切从丰，免外人疑信教者

① 李杕：《〈徐文定公集〉序》，《徐光启集》，第602页。

② 《圣教史略》，第29页。

③ 黄节：《徐光启传》，载《国粹学报》总第十九期，1906年。见《徐光启著译集》（二十）之“附录”。

④ 徐光启：《先考事略》，《徐光启集》，第526页。

轻薄先人，礼仪则遵守教会典规，兼采儒家古礼中不背教规者。"如由教父们行追思礼，灵床上铺黑布，灵床周围点蜡烛，而徐光启则着白色孝服。① 父亲去世，按规矩徐光启要扶柩还乡丁忧三年，走之前他把北京家中的家具交给神父使用。其父在上海的"葬礼是严格按照基督教的礼节办的"，而不是中国传统的仪式举行的，如灵台上盖的是黑绸而不是白布、举行弥撒而不是请和尚或道士做道场。万历三十六年(1608年)，他请利玛窦派一名神父到上海指导，"和他一起照顾他全家和他同胞公民的精神需要"，利玛窦就派了郭居静前往。徐光启原打算亲自到南京去接郭居静，但由于要照料一个生病的亲戚，"教导他归信并准备领洗"而未能成行。徐派了管家带了一封表示歉意的信和一大笔路费去接，由于那个亲戚没能等到郭居静神父的到来就死了，徐就去半路迎接。徐光启在家里"为神父的到来举行了三天的庆祝"，然后先是安排郭居静住在一个朋友家里，后来又"在城里买了一处房子，它对神父的工作更合适一些"。郭居静在"不到两年的时间里"，"已使二百人归信，这是别的传教中心在初创时期又在那么短促的时间内所没有发生的事"。② 这些传教方面的成就，与徐

① 罗光：《徐光启传》，第46页。

② 《利玛窦中国札记》，第491、518、599—600页。有一说：郭居静到上海传教，是徐光启扶柩南下途经南京时邀请的。很可能郭居静既得到徐光启的邀请也得到利玛窦的派遣，或者徐光启此次离京前就与利玛窦商量过派人到上海传教之事，而利玛窦表达了郭居静作为合适人选的意思，徐光启才于途经南京时发出邀请。另外，一些天主教作家如李杕、罗光说徐光启在丁父忧这段时间曾两赴澳门，一方面进行修省，一方面观察和学习西洋火器的制造，但一些非天主教作家如王重民则对此加以否定。此事尚缺乏足够的史料给以断定。

光启在家乡的威望、徐光启的大力相助乃至于徐光启先已入教的表率作用，有十分密切的关系。

关于这些事情，曾对利玛窦书信等原始材料进行过深入研究的邓恩是这样评价的：“1606年，徐光启的父亲徐思诚来到北京，在这里他接受了洗礼。徐光启的独子徐骥也成为一名天主教徒，圣名约伯(Jacob)。1607年……他的父亲去世……徐光启十分小心地避开丧事中与‘天主教教义相违的仪式，任何细节都要向神父们请教’。”1608年，在徐光启的建议下，郭居静被派往上海建立新的传教中心，“所取得的进展，主要归功于徐光启的热情。在两年的时间里，上海的天主教徒已经有二百多人。”①根据徐宗泽的研究，李天经“与徐文定公善，听其劝而入教”。金声(字正希)也“与徐光启善”而“领洗入教”。②

邓恩还告诉我们徐光启在另一些人的皈依中发挥的作用。孙元化的皈依，韩云(教名Stephen)、韩霖(教名Thomas)兄弟的皈依，是“由于徐光启的影响”。徐光启“使多少人皈依了天主教并没有记录，但是仅在1623年一年，据有记录可查，他直接使120人皈依了天主教，这些人大多数是学者和学生”。“在1612年众多的皈依者中，有三位与众不同的人物。其中之一是姓许的学者。……他极有可能是甘地大(教名Candida)未来的公公。”甘地大是徐光启的孙女，后来嫁给

---

① [美]邓恩：《从利玛窦到汤若望：晚明的耶稣会传教士》，第84、97页。
② 徐宗泽：《中国天主教传教史概论》，上海，上海书店，1990年，第190、191页。

了许远度。[①] 徐光启在这位许先生的入教问题上显然发挥了重要作用。

对教友和宗教事务,徐光启给予了高度的关注。万历三十三年(1605 年)负责中国传教工作的范礼安年事已高,想带助手郭居静一起由澳门到内地。范礼安神父的名气很大,而且在日本住过好多年,而中国当时与日本交恶,他到内地不仅自己可能遇到麻烦,还可能给内地的传教工作带来麻烦。已在内地的利玛窦极力主张范礼安的内地之行,为了保证范礼安的安全和有助于他们的传教事业,“便要求好几位大臣写证明信,这些信都是通过徐保禄的及时帮助而得到的”。虽然范礼安于 1606 年 1 月病死于澳门没有用上这些信,但郭居静之进入内地则得益于这些证明信的帮助。“靠着这几封信不但不用花旅费,而且只要拿出信来,连吃饭都有供应,不必花钱。”[②]

利玛窦立足北京后,非常想得到皇帝的圣旨,“作为教士长住的保证。礼部的官员却都不愿代奏,利子有意假借宦官的手。光启劝利子不要交接宦官,宦官既不可靠,而且礼部必因忌宦官而兼忌西士,最好是直接上疏,请求皇上免颁官俸,准予留京。”利玛窦接受了这一建议,不再尝试结交宦官。[③]由于宦官往往与朝廷中的种种纠葛相联系,因此这对于利玛窦避免卷入朝廷内党争或派系之争,从而不利于传教起了很

---

① [美]邓恩:《从利玛窦到汤若望:晚明的耶稣会传教士》,第 132、135、206 页。

② 《利玛窦中国札记》,第 519—520 页。郭居静在到韶州之前,曾居澳门;1604 年(万历三十二年)再次回到澳门。

③ Opere Storiche di Matteo Ricci(Venturi) Lettera al. P. F. Passis. vol. Ⅱ. P. 379. 转引自罗光:《徐光启传》,第 73 页。

大作用。

万历三十九年（1611 年）夏天，利玛窦墓地改建工程完工，十一月举行葬礼，徐光启率领北京的教友参加，并主持丧礼。“所有在场的人都显然十分哀伤，就像是悼念自己的父亲逝世一样。徐保禄博士尤其悲恸。他对神父们和对基督教的态度就好像他是生长在欧洲那样地自然；而他对利玛窦神父尤其诚挚。他是一位高官显宦，但也悲伤地流涕作为他友谊的最后伤感的表示，他禁不住拿起绳索帮助把他的朋友放入他的最后长眠之所。”①“光启亲自举铲抛土，双眼满泪，他哭自己的恩师，哭自己的良友。葬后，他收藏下棺的绳索，留作纪念。”②

中国的天主教徒瞿汝夔出于对死亡的恐惧，宗教热情大减，甚至搞一些自以为能够延年益寿的迷信活动。“徐光启指导他做圣·依纳爵的精神操练法。瞿汝夔于是抛弃了迷信活动，重新成为一个虔诚的天主教徒。”③耶稣会创始人圣·依纳爵创立一套四十日退省法，帮助人促进神修。徐光启“曾在耶稣会士指导下，按照《神操》的规定，进行默想，并收到了成效。……徐光启接受良好的《神操》训练后，生活大有进步，他还将此神修工夫介绍给其他的中国教友”④。1603 年入教时他就可能已对此神操有所了解，1604 年至 1607 年在北京与利玛窦的密切交往使他对此有了更深入的理解。徐光启“训

① 《利玛窦中国札记》，第 646 页。
② 罗光：《徐光启传》，第 73 页。
③ [美]邓恩：《从利玛窦到汤若望：晚明的耶稣会传教士》，第 107 页。
④ 沈定平：《明清之际中西文化交流史》，第 127 页。

练一个入教有年的依纳爵如何做到虔诚，他把很多别的人领入教门……保禄十分熟悉对依纳爵的精神修炼，把它们介绍给中国人去做。而这些中国人结果都倾向于信教”①。

徐光启十分关心传教士及其传教活动的展开，也时刻提醒自己和家人要精进信仰，不可懈怠。这在几封家书中有清楚的记载：“郭仰老(指郭居静)已到南京养疾，并杭州亦无人，今正欲寻人往也。”由于郭居静在杭州开教不久，徐光启为杭州教务无人主持而焦虑，急欲寻人代替郭居静：“郭先生何时来，何时去，仍在西园否？”“旧年先生到，住在西园，今年若旧先生欲来，可仍在西园住；若有新先生□，可请于盘龙住。如无房，可收□几间，得在东园内者佳。如少，再造一两间，不妨也。他盘缠自用，只要房子，或时常馈些食用足矣。”这些要求家人妥帖安排传教士的殷殷关切之语，足见其对郭居静及其他到上海传教的传教士的关心。此外，还写信给家人提醒道：“教中事切要用心，不可冷落，一放便易堕落矣。”②

在崇祯六年(1633 年)卧疾之时，料想自己时日不多，徐光启便着手为传教士的未来打算，给皇帝上疏：“如远臣罗雅谷、汤若望等，撰译书表，制造仪器，算测交食躔度，讲教监局官生，数年呕心沥血，几乎颖秃唇焦，功应首叙；但远臣辈守素学道，不愿官职，劳无可酬，惟有量给无碍田房，以为安身养赡之地，不惟后学攸资，而异域归忠，亦可假此为劝。”③可见其

① 《利玛窦中国札记》，第 591—592 页。

② 徐光启：《家书》(三)、(八)、(十五)、(八)，《徐光启集》，第 482、489、496、489 页。

③ 徐光启：《治历已有成模恳祈恩叙疏》，《徐光启集》，第 427—428 页。

为罗雅谷等定居北京而请命之深情。

护教行为是信仰的最为真实的表现，在关键时候不能挺身而出的信徒很难说是一个虔诚的信徒。徐光启在护教方面表现了他足够的虔诚，邓恩称“为了护卫天主教，他不惜牺牲自己的职业。在利玛窦去世后，他是中国天主教的主要支柱”①。这突出表现在南京教案的事件。

万历四十四年(1615年)五月，时任南京礼部侍郎的沈潅向皇帝上《参远夷疏》。沈潅奏言：“近年以来，突有狡夷自远而至，在京师有庞迪我、熊三拔等，在南京有王丰肃、阳码诺等，其他省会各郡在在有之。自称其国曰大洋西，自名其教曰天主教。”其罪责是：西士治历，将举尧舜以来中国传统历法变乱之；不祭祀祖宗，但尊奉天主即可免地狱之苦。“因伏乞敕下礼兵二部，合将为首者依律究遣，具疏立限驱逐。”在没有得到皇帝首肯的情况下，沈潅又加大了攻击力度，于同年八月上第二道疏：“丰肃神奸，公然潜在正阳门里、洪武冈之西，起盖无梁殿，悬设胡像，诳诱愚民。从其教者，每与银三两，书写其家人口生年日月。云有咒术，后有呼如不约而至。”“尤可恨者，城内住房既据洪武冈王地，而城外又有花园一所，正在孝陵卫之前。夫孝陵卫以卫陵寝，则高庙所从游衣冠也，当蟠虎踞之乡，岂狐鼠纵横之地，而狡夷伏藏于此，意欲何为乎？”这第二道疏仍未见皇帝明谕，又于当年十二月上了第三道疏：“据其所称天主，乃是彼国一罪人，顾欲矫诬称尊，欺诳视听，亦不足辩也。但使止行异教，非有阴谋，何故于洪武冈王气所钟，辄私盘据；又何故于孝陵卫寝殿前，擅造花园。皇上试差

① ［美］邓恩：《从利玛窦到汤若望：晚明的耶稣会传教士》，第84页。

官踏勘，其所盖无梁殿，果于正阳门相去几何，是否缘城近堞踪迹可疑。"[①]沈漼对天主教的指控为所有指控天主教的后来者提供了范本：传教士秘密潜入帝国；基督教是异端邪说，标新立异；在儒学经典中找不到基督教的教义（天主教自诩它的道德体系要优于儒学的三纲五常伦理并且更全面、更广博）；基督教不承认皇帝是最高的精神权威……沈漼在两道奏疏都未获准时，就与礼部尚书兼东阁大学士方从哲和太监魏忠贤串通，方从哲通过书信让他不妨先收监再请旨。8 月 31 日，沈漼发兵包围南京教堂，逮捕神父王丰肃及两位教友，第二天又监禁了传教士谢务禄、钟鸣礼并十三名教友。这中间虽经徐光启上《辨学章疏》、李之藻和杨廷筠写信给南京的其他官员，但万历四十四年十二月十八日（1617 年初）神宗发出谕旨："著照沈漼所请，将北京之洋人庞迪我、熊三拔与在南京之王丰肃、谢务禄，一并押解出国，不准逗留内地，钦此。"[②]勒令教士离开内地去澳门。北京的庞迪我、熊三拔于万历四十五年（1617 年）三月十日离京南下。在南京，沈漼亲自审问王丰肃并动了刑，后将其押赴澳门。南京西式教堂及教士两处住所被拆毁，圣像、经书被烧，其他东西也被没收入官。"时堂中有林斐理神父柩，被沈党劈开……后经教友敬谨殓葬。"[③]天启年间，魏忠贤总揽大权，方从哲当了宰相，而沈漼坐到了方从哲原来的位子上，即礼部尚书兼东阁大学士。天启元年（1621 年），山东白莲教起事，沈漼及其同党借此诬称天主教

---

① 沈漼：《参远夷疏》，《破邪集》卷一。

② 引自王重民：《徐光启》，第 77 页。

③ 徐宗泽：《中国天主教传教史概论》，第 196 页。

与白莲教有着同样的危险，于是逮捕迫害传教士和教徒。[①]这可以视为南京教案的余波。

沈漼的呼吁在当时似乎得到除了徐光启等人以外的大多士大夫儒生的响应。万历四十五年(1617年)，南昌300名秀才签署了一份请愿书，请求皇帝驱逐传教士，禁止天主教。在南京，沈漼同样得到了秀才们的支持，他们为传教士的罪状补充了新的标准罪状：男女信徒深夜聚会图谋不轨，更重要的是，信徒画十字是发动革命的暗号，外国人的住所里藏有武器。皇帝发布逐教令后，传教士被关进监狱、被驱逐，而信徒被迫害，传教被视为非法。

沈漼为何向天主教发难，根据邓恩的研究，卡米洛·蒂·克斯坦佐(Camillo di Costanzo)在1618年从澳门发出的信中，提出了四个方面的理由，其中前三个方面都与徐光启有关。第一，沈漼的一位僧人好友曾挑起对天主教的攻击，据说是由于徐光启的反驳文章的强大效力使这位僧人饮恨而死。第二，在北京发生的几次与宗教相关的争论中，沈漼都被徐光启和杨廷筠击败。第三，徐光启和杨廷筠主张将修历工作交给传教士，这使沈漼的愤怒升级。[②] 对于第一点，邓恩本人也持有怀疑态度。

南京教案发生后，徐光启急忙从天津返回北京，并向皇帝上书(即《辨学章疏》)，慷慨陈词为传教士申辨。此文在南京教案之初曾在南京印发，还直接导致了传教士钟鸣礼和其他几个帮助印发的人被捕。“与王谢二公同禁押之二十三名教

① 参见徐宗泽：《中国天主教传教史概论》，第197—198页。

② [美]邓恩：《从利玛窦到汤若望：晚明的耶稣会传教士》，第113页。

友，皆分别治罪……彼等之罪名因刊印徐文定公保教之书并宣传故也。”[①]在上奏疏的同时，徐光启还时刻关注南京教案的进展，他家书中透露了自己曾去“内侍”秘密打听消息：“今日又问近侍云，西方贤者如何有许多议论？内侍答言，在这里一向闻得他好，主上甚明白也。”就在这封家书里，他请上海的亲人要好好照顾从南京避难的传教士，“南京诸处移文驱迫，一似不肯相容。杭州谅不妨。如南京先生，有到海上者，可收拾西堂与住居也”[②]。南京教案后的几年中，“传教士在中国没有一个自己的住所，只是在上海有所教堂”，避难于上海的传教士就住在徐光启家中。不仅如此，在逐教令颁布后，在北京的徐光启把自己的家作为龙华民、毕方济两位传教士避难的场所。后来又在他的交涉下，使被送到一个采石场服劳役的传教士钟鸣礼得以释放。[③]

南京教案虽然后来平息了，“徐文定公益知西士在中国传教，非筹划一永久坚固之基础，不能平安无事”，朝廷的宠幸和官吏的友谊都不是长远之计。徐光启在入阁拜相的崇祯年间，“深谋远虑欲为圣教筹一久安之计……即令明廷正式承认传教士之永久居留问题也”。这一大计的实施，就从力荐西方传教士参与修历入手。“原徐文定公荐西士修历，其志不特欲修明一代之历法，且尤欲圣教在中国得以坚植其根也。”“为圣

① 徐宗泽：《中国天主教传教史概论》，第196页。

② 徐光启：《家书》(十一)，《徐光启集》，第492页。

③ [美]邓恩：《从利玛窦到汤若望：晚明的耶稣会传教士》，第133、123、129页。钟鸣仁、钟鸣礼在南京“获罪”被发配到采石场“罚作苦役”，被徐光启救出后，“卒于杭州杨廷筠家”。参见徐宗泽：《中国天主教传教史概论》，第196页。

教之宣扬，收其至大之效验，徐文定公扶翼圣教之功，诚大而深也。”[①]根据邓恩考证，徐光启在世时最后办的几件事之一就是试图恢复在南京的教会。主持历局工作的徐光启派毕方济去南京办理历局的事务，“而他的真实意图则是确保有皇家使命在身的毕方济，可以受到官方正当的接待”，而且这样毕方济可以长期呆在南京。[②] 后来一直到清朝嘉道年间，西方传教士在历局或钦天监得到长期稳定的地位，甚至还可直接影响到皇宫之内。

南京教案中，徐光启为天主教辩护的主要作品，是《辨学章疏》[③]。如前所述，徐光启上这道疏有着知道自己与传教士脱不了干系的无奈，但也表现出如果传教士有罪，自己甘愿连坐的无畏：“诸陪臣果应得罪，臣岂敢幸部臣之不言以苟免乎？”这无畏并非仅仅出自对传教士的真挚情感，更源于对“修身事天”之学的理性思考。

徐光启认为传教士“辛苦艰难，履危蹈险”地来到中国，不是为了充当“细作”，而是因为慕中华“修身事天”的“圣贤之教”之名，“来相印证，欲使人人为善，以称上天爱人之意”。在这里，徐光启表达了他的“补儒”之论，即传教士以为中国的圣贤之教与天主教“理相符合”。虽然这里没有明确讲他的

---

① 徐宗泽：《中国天主教传教史概论》，第199—202页。

② [美]邓恩：《从利玛窦到汤若望：晚明的耶稣会传教士》，第223页。

③ 徐光启：《辨学章疏》，《徐光启集》，第431—438页。徐光启现存留的几篇宗教方面的文章，有些被怀疑为伪托之作，详见本书“著作、传记和墓地、遗迹”一章。在这些作品中，《辨学章疏》是少数不被怀疑为伪托之作的作品之一。在本章以下关于徐光启护教的引文，凡不加注解的均出自该文，不再一一注明。

“补儒易佛”，但早在《〈泰西水法〉序》中他就提出了这一观点。而“补儒”是以“合儒”为前提的。如果没有这一前提，天主教只能是异端。

“累朝以来，包荒容纳”，“褒表搜扬，不遗远外”，“若以崇奉佛老者崇奉上主，以容纳僧道者容纳诸陪臣，则兴化致理，必出于唐虞三代上矣”。徐光启以为，能够允许道教作为宗教在中国存在，就同样也可以允许天主教存在；能够容纳佛教这一外来宗教，就同样可以容纳天主教这一外来宗教；并认为以天主教“补儒易佛”来重建信仰价值体系，一定能出现超迈唐虞三代的盛世，“国家致盛治、保太平之策，无以过此”。他对以天主教挽救世道人心寄以厚望并坚信其可行性，“数年之后，人心世道，必渐次改观”，从而建立无比美好的社会：“乃至一德同风，翕然丕变，法立而必行，令出而不犯，中外皆勿欺之臣，比屋成可封之俗，圣躬延无疆之遐福，国祚永万世之太平矣！”

与徐光启所具有的试验的科学精神相一致，他不仅仅从理论上为传教士辩护，还提出了具有可操作性的三种试验方法。这三种试验之法，实际上正与徐光启所提出的“事天之学，真可以补益王化，左右儒术，救正佛法者也”相应合。从以下他对三种试验之法具体的阐述中，可以看到：第一种试验之法意在证明天主教之“合儒”，由此也可看出，徐光启之所谓“左右儒术”的“左右”不是控制的意思，而是有左膀右臂之“左右”；第二种试验之法意在证明天主教比佛教、道教高明因而可以以之“救正”“东来千八百年”却“世道人心未能改易”的“佛法”。这两点也与徐光启在《〈泰西水法〉序》中提出的“补儒易佛”的观点相一致。第三种试验之法意在证明天主教足以“劝善戒恶，易俗移风”因而具有“补益王化”的社会功效。

第一种试验之法，“尽召疏中有名陪臣，使至京师，乃择内外臣僚数人，同译西来经传。”无论是教理之书还是科学著作，无论是治国之术还是“兴利除害之事”，统统加以翻译，然后“钦命廷臣共定其是非”。这就是要求在分析具体文本的基础上来确定是非而不是凭空臆断。这与当时转向考证文本的学风颇为吻合。

第二种试验之法，是让传教士和著名僧道当面辩论，同时命令儒臣共同议定。提出这个办法，是基于“诸陪臣之言与儒家相合，与释老相左，僧道之流咸共愤嫉，是以谤害中伤，风闻流播”，因此，需要“诸陪臣与有名僧道，互相辩驳，推勘穷尽，务求归一”。这种以论辩而明了一种思想是否“言无可采，理屈词穷”，和当时讲学者各立宗旨以互相驳难的风气倒是一致的。

如果说第一个试验之法是为了证明天主教与儒学之相合，或者简称为“合儒”，那么第二个试验之法则为了证明天主教比佛教、道教高明，这分明就是“易佛”。值得注意的是，在证明“合儒”的第一个试验方法中，徐光启所请的“裁判”是皇帝钦定的“廷臣”，这些廷臣当然也是深谙儒学之人。在证明“易佛”的第二个试验之法中，徐光启所请“裁判”仍是“儒学之臣”。显然，他在这里贯穿了耶儒会通而排斥佛老的思想。

徐光启还提出了第三种试验方法：“令诸陪臣将教中大意、诫劝规条与其事迹功效，略述一书，并已经翻译书籍三十余卷，原来本文一十余部，一并进呈御览。”如果把西学书籍全部翻译一时难奏其功，又找不到合适的僧道与传教士辩论，那就只好采用这第三种试验之法了。把天主教的基本教理和劝人向善的诫条整理成书，连同已有的中文版天主教作品，交给皇帝，由皇帝来评判天主教，是否足以“劝善戒恶，易俗移风”，这其实是“以守为攻”，把皮球踢给了皇帝。

为了进一步使传教士在中国能够合法地传教，徐光启在《辨学章疏》中提出了三种处置方法。第一种处置方法是为了“尽释猜嫌”，第二种处置之法是为了帮助传教士得以“随人引掖”即获得向民众传教的许可，第三种处置方法是以建立传教士及教徒档案的方式确保天主教徒品行端正。

当时人们对传教士的怀疑之一，是他们经费的来源问题：“或疑烧炼金银，或疑洋商接济。”传教士既然不事生产（用徐光启的话说，是“既已出家”），其经费当然只能来源于捐赠。西方人捐赠的钱物，通过商船“展转托寄，间遇风波盗贼，多不获至，诸陪臣亦苦之”。徐光启说传教士“恐人不见察，受之无名，或更以设骗科敛等项罪过相办”而“二十年来不受人一钱一物”，这是不实之词。传教士固然轻易不接受捐赠，更不主动“化缘”，但在特定情况下如教会的经费没能及时寄到，或需要有大笔支出如建教堂刻印中文版教理书籍，对教内之人或对天主教极富同情心的达官显贵捐赠的钱或物还是接受的，徐光启本人就多次捐钱资助他们建造教堂或出书，还曾为教堂捐献家具。要避免与海外勾结图谋不轨的嫌疑，又要这些不事生产的传教士能够维持生活并开展宗教活动，徐光启开出了这样的处置之法：“为今之计，除光禄寺恩赐钱粮照旧给发外，其余明令诸陪臣量受捐助，以给衣食；足用之外义不肯受者，听从其便。”在徐光启的处置之中，传教士的费用有两个来源，政府提供的钱粮也许只够生活开支，其他经费则靠社会捐赠。对于捐赠，徐光启不主张来者不拒，而是要“量受”即超出需要就不再接受，以避免“设骗科敛”即以宗教活动的名义聚敛钱财的嫌疑。通过这两个来源，解决了传教士生活和进行宗教活动所需经费，那么就可以“广海洋商，谕以用度既足，不得寄送西来金银，仍行关津严查阻回。如此音耗断绝，尽释猜嫌矣”。传教士不再接受西方国家的经费，其因“洋商接济”而生的间谍嫌疑也就得以尽释。

西方传教士“所居地方，不择士民，不论富贵贫贱，皆能实心劝化”。由此易为人们所猜忌：疑其结社，疑其谋反。徐光启为此开出了他第二种处置方法：“目今宜令随其所在，依止焚修，官司以礼相待，使随人引掖。或官司未能相信，令本地士民择有身家行止者，或十家，或二十家，同具一甘结在官。如司教之人果有失德猥行、邪言妄念、表率不端者，依今部议放流迸逐，甘结诸人，一本科坐；其无人保结者，不得容留。若他人有以违犯事理、传闻告言者，官司亦要体访的确，务求实迹，则掩饰难容，真伪自见矣。”这就是试图通过具结连坐的方式，来使得传教士向民众传教具有合法性。

如果地方官员对于上述连坐保甲的方式仍不放心，徐光启建议：“再令所在官司，不时备细体察，除有前项违犯登时纠举外，其道行高洁、地方士民愿从受教者，有司给与印信文簿二扇，令司教者循环报数在官。年终正印官备查从教人众，曾否犯有过恶，间有罪名，另籍登记。”这是要求教会建立档案并且在政府部门备案，偶有犯事的，还要打入黑名单。不仅要每年考察，秋后算账，还要进行“三年总行考察”。对于作奸犯科者，将根据犯罪人数、犯罪情节及与之“甘结”的人等情况酌情处罚；对于故意犯罪且屡教不改者，则要“报明官司除其教籍”，“或教籍未除而同教之人自行出首者，或过犯在从教以前事发在后者,同教之人并不与坐”,对于没有开除教籍但由教友告发的,对于入教前犯罪但入教后发现的,不施行连坐。对于掌管教中事务的“司教”(当时多为西方传教士担任,中国教徒还没得到罗马教会批准担任教职),“亦同此法,考察赏罚,谁是谁非,孰损孰益,久久自明矣”。在徐光启看来,这样可以置教徒的活动于政府的控制之下(“官府有籍可稽”),教徒们也可以相互监督(“诸人互相觉察”)。这样的话,即使有品行不端的天主教徒也会很快被揭露出来而无地自容。

《辨学章疏》的最后一段的话语恳切而沉重。徐光启说我属于衙门后辈,这些传教士的去留,与我有什么相干,只是觉得他们提出的种种道理,是有利于国家昌盛的,所以我作臣子的,“有怀不吐,私悔无穷;是以不避罪戾,斋沐陈情”。从中可以看到徐光启的护教是出于兴邦治国的爱国情怀,在虔诚的教徒背后,是虔诚的爱国者。

## 三、“归诚上帝”与“补儒易佛”

当然,在徐光启的信教,传教,护教背后的爱国情怀,是与他以天主教“补儒易佛”作为国家兴盛所必须的信仰价值体系相联系的。

徐光启在《辨学章疏》中说,中国历来“帝王之赏罚,圣贤之是非,皆范人于善,禁人于恶,至详极备。然赏罚是非,能及人之外行,不能及人之中情,空有愿治之心,恨无必治之术,于是假释氏之说以辅之”。“奈何佛教东来千八百年,而世道人心未能改易,则其言似是而非也。说禅宗者衍老庄之旨,幽邈而无当;行瑜迦者杂符箓之法,乖谬而无理,且欲抗佛而加于上主之上，则既与古帝王圣贤之旨悖矣，使人何所适从、何所依据乎？必欲使人尽为善，则诸陪臣所传事天之学，真可以补益王化，左右儒术，救正佛法者也。”这些话表明徐光启认为，天主教之所以能够“补儒易佛”，使得人们有所适从、有所依据，从而沦变“空有愿治之心，恨无必治之术”的局面，就在于它是“事天之学”。就是说，他把“事天”作为天主教教义的根本宗旨。下面我们来分析他是如何理解这一根本宗旨的。

所谓“事天之学”，在徐光启看来就是以信仰上帝为核心要义。他认为利玛窦的学问有大小之分，小者“格物穷理”，而大者（当然也可以理解为重要的）则是“修身事天”。① “事天”即事奉天主，信仰上帝。利玛窦在其《天主实义》第一篇中就提出“天主之尊，真无二上”，徐光启在受洗之时看了这部著作，对此有所领悟。他说利玛窦“盖其学无所不窥，而其大者以归诚上帝，乾乾昭事为宗。朝夕瞬息，亡一念不在此”②，“其谈道也，以践形尽性，钦若上帝为宗”，“知天事天，穷理尽性”。③ 又在《辨学章疏》中说：“其说以昭事上帝为宗本，以保救身灵为切要，以忠孝慈爱为工夫，以迁善改过为入门，以忏悔涤除为进修，以升天真福为作善之荣赏，以地狱永殃为作恶之苦报。”在《景教堂碑记》中，徐光启说：“余惟真主恩施，穷天罄地，无物可酬，人类中稍足自效者，惟信德为首。信有多端，崇奉其一，倡导其一。”④应当说，以“归诚上帝”即信仰上帝作

① 徐光启：《〈几何原本〉序》，《徐光启集》，第75页。
② 徐光启：《跋〈二十五言〉》，《徐光启集》，第87页。
③ 徐光启：《〈泰西水法〉序》、《〈简平仪说〉序》，《徐光启集》，第66、73页。
④ 徐光启：《景教堂碑记》，《徐光启集》，第532页。

为天主教的核心，是对天主教教义的正确把握。

徐光启把“修身”与“事天”相联，实际上包含了他对于如何“事天”的理解，即以天主教的戒律来规范自己，是“事天”的唯一途径。他把天主教戒律视作“修身”，是因为在他看来，天主教十大戒律中含有劝善止恶以及忠孝等内容。他指出：“间尝反复送难，以至杂语燕谭，百千万言中，求一语不合忠孝大指，求一语无益于人心世道者，竟不可得，盖是其书传中所无有，而教法中所大诫也。”①这句话指出“劝善”、“忠孝”为教之“大诫”，又言：“所教戒者，人人可共由，一轨于至公至正，而归极于一惠迪吉，从逆凶之旨，以分趋避之路。”②徐光启强调信仰上帝，就必须遵守其所立的戒律。他在《答乡人书》云：“天主即儒书所称上帝也。一信其有，即所立教诫，不得不守；所谓义理，不得不从。如臣从君，子从父，何中国殊方之可言乎？比如国有其主，如京师大内，宰臣侍从，方得见之；海滨草野之民不见也。虽则不见，岂可不信其有耶？不信其有，必至犯法于令；直至断于阙下，然后信其有。悔其罪，晚矣晚矣。”这里突出了信仰上帝和遵从戒律的关联性：信仰上帝必须遵从戒律；遵从戒律才能体现对上帝的信仰。正因为遵从戒律体现了对上帝的信仰，所以遵从戒律者才能升天堂以事奉天主。徐光启在《造物主垂像略说》中还指出：“天主降下十戒来使人遵守，使人不被这三仇（即三种哄诱人们为恶的三种情欲）引诱去。若人真能守定十戒无所干犯者，必定不被三仇引去，必定可升天堂免堕地狱也。”“天主降生于一千六百一十五年

① 徐光启：《跋〈二十五言〉》，《徐光启集》，第87页。

② 徐光启：《〈泰西水法〉序》，《徐光启集》，第66页。

前”,“及至后来功愿完满,白日升于天堂”。遗下教规,又“教人知道人的灵魂常在不灭,今世当守十戒,为善去恶,虽曾犯有过失,如今闻了耶稣的圣教,从了耶稣的遗言,诵了耶稣的经典,都把从前的罪过,悉祈天主赦免。立意赦免之后,必常守十戒遵行不犯,命终之后,其灵魂必得升天堂,不堕了地狱也”。如此遵从戒律的“修身”不同于佛道二氏,“如今释道家要人施舍些钱财,备办些斋饭,烧化些纸张,便是功课,便要升天堂脱地狱,此必无之理也”。①

在徐光启看来,之所以必须“事天”即信仰上帝(天主),因为只有天主能够拯救世人的灵魂,即所谓“天主生育拯救之恩”②。上帝之所以是唯一有此能力者,因为它是世间万物的创造者。“造物主者,西国所称陡斯,此中译为天主,是当初生天、生地、生神、生人、生物的一个大主宰。”这不仅是因为天堂地狱为天主所造,也不仅是因为扶植人类的善神和引诱人类的魔鬼都为天主所造,更主要的是讲解天主所立戒律的圣贤并不能使人得以赦免。徐光启说:“古时天主虽然降下十戒,有许多圣贤讲解,劝人遵守,却因这圣贤都是人,他没有力量赦免得天下万世的罪过,到这圣贤自家身上曾有的罪过更不是自家赦免得的。”③这显然是表明天主教的“修身事天”,与儒家以圣贤为修身之楷模是很不一样的。

由上述可见,徐光启从“事天”的核心是什么、如何“事天”

---

① 徐光启:《答乡人书》、《造物主垂像略说》,转引自王晓朝:《基督教与帝国文化》,第163、172—173页。

② 徐光启:《辨学章疏》,《徐光启集》,第432页。

③ 徐光启:《造物主垂像略说》,转引自王晓朝:《基督教与帝国文化》,第173页。

以及为何“事天”三个方面来理解天主教。这些理解是合乎天主教原意的。这表明他对天主教的信仰,并不只是简单地听信了利玛窦等传教士的宣传,而是自己独立研究天主教的结果。因为利玛窦等传教士以“合儒”作为传教的切入点,龙华民明确表示,当中国古典文献“对他们有利时,那么沿用文献中的观点则是具有很大益处。这样一来,他们就很容易与文士一派相结合,并由此而赢得中国人的心”。例如把中国古代典籍中的“上帝”等同于基督教中的“天主”,“我们的神父们出于好意和特别是为了不使儒生们感到反感,认为应把天主称作上帝”,而徐光启对此则有自己的理解,他“坦率地向我承认,他坚信上帝不可能是我们的天主,古今文人均对天主一无所知”。[①] 徐光启深信,“古今中国人都不知道天主是什么。但既然神父们出于善意称天主为上帝,那么中士就不得反对。而且由于这个称号保留下来了,他断定我们将归于天主的特性归于‘上帝’将是有益的”[②]。在徐光启自己的文章中,也曾说过:“我中国之知有天主也,自利子玛窦之来宾始也。”[③]我们知道,中国人心目中的上帝还只是这个世界的管理者而不是创造者,即便是对世界的管理,其权限也被分解给各个不同的神,众神各司其职。仅就这一点而言,上帝与基督教中那创造包括人类自身的世界、惟一的神即天主就不可能是同一个对

① 龙华民:《论中国宗教的某些观点》,转引自[法]谢和耐:《中国与基督教:中西文化的首次撞击》(增补本),耿昇译,上海,上海古籍出版社,2003年,第15、21页。

② Longobardo, An Account of the Empire of China,转引自孙尚杨:《基督教与明末儒学》,第170页。

③ 徐光启:《景教堂碑记》,《徐光启集》,第531页。

象。如此看来，徐光启对天主的理解是正确的，他没有被传教士因要附会天主教“合儒”而将两者的混淆所迷惑。这意味着徐光启的“归诚上帝”是以对天主教基本教义有比较纯真的把握为基础的。

不过，徐光启的“归诚上帝”，也是从天主教对于晚明社会现实具有的作用出发的。这可以归结为如下几个方面：

第一，实学实行。我们现在常常用到“西方科学”或“西学”这个词，而在晚明时期，没有“科学”这个词（代之以“格致”），当时的学者如徐光启、李之藻等更多的是用“天学”这个词，如李之藻辑有《天学初函》。那时所讲的“天学”之“天”并不是“天文”之天，倒是更具有“天主”或“天主教”的涵义。但是，“天学”之“天”绝不仅仅是关于天主教的，其中包括了大量的西方科学理论，看一下《天学初函》内容就可一目了然。当时所讲的“天学”是指利玛窦等传教士所带来的西学，既包括天主教教义，也包括西方科学理论。法国学者谢和耐指出：“对于明末的文士来说，传教士的说教（伦理、辩学、科学和技术诸领域）形成了一个完整的整体。这就是他们所说的‘天学’或‘西学’。著名从教人李之藻于 1628 年把出自传教士们的著作汇集成册。从我们的观点看，这些著作属于各种差异甚殊的体裁。他编辑的《天学初函》实际上分成了属于‘理’的著作和属于‘器’的著作……当时的科学和技术与其余一切，形成了不可分割的整体，从而也形成了使他们赞成天主教的重要原因之一。”①如前所述，徐光启受到晚明兴起的以经世致用为宗旨的实学思潮的影响，并与之呼应。徐光启之接受

① ［法］谢和耐：《中国与基督教：中西文化的首次撞击》（增补本），第 41—42 页。

天学,其中的科学理论所具有的实学实行的品格无疑具有巨大的吸引力。徐光启在《〈泰西水法〉序》中说到:"泰西诸君子,以茂德士才,利宾于国。其始至也,人人共叹异之,及骤与之言,久与之处,无不意消而中悦服者,其实心、实行、实学,诚信于士大夫也。"[①]徐光启在《〈几何原本〉杂议》中说:"下学工夫,有理有事。此书为益,能令学理者祛其浮气,练其精心;学事者资其定法,发其巧思,故举世无一人不当学。"[②]可见其重视《几何原本》的一个重要原因是祛除"浮气"而提倡实证。

无论是徐光启积极同利玛窦翻译《几何原本》,还是与熊三拔翻译《泰西水法》、制作简平仪,还是用罗雅谷、汤若望修改历法,还是用龙华民、邓玉函制作火铳等等,最终的目的还是为了"富国强兵",与其实行、实学的思想相吻合。从这一点可以看出,徐光启之所以"归诚上帝",是因为在他看来,这有利于倡导晚明所需要的"实学"。

第二,劝善止恶。徐光启所处的明季,道德沦丧,人心迷茫。在《辨学章疏》中,徐光启批评佛教时说出了他对当时社会风气的看法:"空有愿治之心,恨无必治之术,于是假借释氏之说以辅之。其言善恶之报在于身后,则外行中情,颜回盗跖,似乎皆得其报。谓宜使人为善去恶,不旋踵矣。奈何佛教东来千八百年,而世道人心未能改易,则其言似是而非也。"很显然,佛教不能劝善止恶,已经丧失了重振道德的可能,而且由于佛教对于儒家的负面影响,因此,佛教有害而无益处,而"事天之学"因为有天堂地狱之说,"足以耸动人心,使其爱信

① 徐光启:《〈泰西水法〉序》,《徐光启集》,第 66 页。
② 徐光启:《〈几何原本〉杂议》,《徐光启集》,第 76 页。

畏惧”,从而“能令人为善必真,去恶必尽”。①

劝善止恶、教化人民是儒家核心思想的重要组成部分,它为“平治天下”服务的,当时,利玛窦传教时就鉴于士大夫注重天学的教化功能,故大力推崇天主教的劝善去恶功能,这在《天主实义》中有充分的反映。显然,徐光启以为“归诚上帝”,有助于重建劝善止恶的道德价值体系,以扭转世道人心。

第三,补儒易佛。徐光启主张“实心、实学、实行”,当然反对“虚学”,以禅宗为代表的佛教不仅丧失了道德教化的社会功能,而且使得宋明理学沾染了禅气,王学后学尤为突出。与利玛窦一样,徐光启本人对“今儒”也持否定的态度。

西方传教士也讲以天学“补儒”,无论是补救后儒之弊还是补益先儒之漏,其用意都暗含了天主教高于儒学,其“补儒”也不过是视儒学为传教的工具而已。同样是从对方的工具价值着手,徐光启的“补儒”论则意味着以天主教为儒学的新鲜血液。就是说,徐光启的“补儒”论是有见于天主教具有给儒学带来新的生命力的作用。这种作用的重要方面,就是改变儒家中“虚”学的部分。徐光启《题陶士行运甓图歌》云:“绝代风流是晋家,廷臣意气凌青霞。霏屑玄谈未终席,胡骑蹂人如乱麻。白玉麈尾黄金埒,甕间酒龙声嗑嗑。谁使神州陆沉者,空复新亭泪成血。”②借用晋司马氏的典故而批评当时的儒学玄虚空言而误国误民。魏晋玄学之“虚”,与佛教的传入有关。因此,徐光启借用这个典故,其实也说明他把补儒之“虚”和

① 徐光启:《辨学章疏》,《徐光启集》,第432页。

② 徐光启:《题陶士行运甓图歌》,《徐光启集》,第536页。

“易佛”是相联系的，即只有“易佛”才能剔除其渗入儒学中之玄虚。而天主教之所以能“易佛”，不仅在于它其中贯穿着和科学中一样严密的逻辑论证，使其论点有确实性，而且它的“修身”方法切实可行，是“实修”。因而天主教以其“实学”的性格移易玄虚之佛学，是对症下药的。

第四，补益王化。所谓“补益王化”，是说从更长远的作用来讲，天主教在倡导实学实行、劝善止恶、补儒易佛的基础，能够使中国出现儒家理想的盛世。徐光启以为这是西方国家已经证明了的。他在《辨学章疏》中说：“盖彼西洋邻近三十余国，奉行此教，千数百年，以至于今。大小相恤，上下相安，路不拾遗，夜不闭关。其久安长治如此，然犹举国之人，兢兢业业，惟恐失坠，获罪于上主，其法实能使人为善，亦既彰明较著矣。此等教化风俗，虽诸陪臣自言，然臣审其议论，察其图书，参互考稽，悉皆不妄。”因此，倘若皇帝圣明，容留传教士，“使敷宣劝化，窃意数年之后，人心世道，必渐此改观。乃至一德同风，翕然丕变，法立而必行，令出而不犯。中外皆勿欺之臣，比屋成可封之俗。圣躬延无疆之遐福，国祚延永世之太平矣”①。这里的“比屋可封”出自《尚书大传·五》：“周人可比屋而封。”汉代陆贾《新语·无为》具体地指出：“尧舜之民，可比屋而封；桀纣之民，可比屋而诛者，教化使然。”可见，他认为天主教的教化能使中国实现儒家所揭櫫的尧舜之郅治。

正因为徐光启对天主教的信仰也是着眼其现实作用的，所以他对天主教的理解也有不全面之处，例如他未曾表述对

① 徐光启：《辨学章疏》，《徐光启集》，第432—434页。

“三一论”、“耶稣的死去与复活”、“禁止崇拜偶像”等教义的理解。同时，徐光启对天主教的作用也有所夸大，从上述对欧洲的描述来看，简直就把欧洲中世纪基督教国家看成了理想的世界。这一方面是由于徐光启对欧洲天主教及天主教国家历史的缺乏了解，另一方面是由于传教士对当时的欧洲社会予以过分的美化。

那么，我们应当怎样来评价徐光启思想中的天主教和儒学的关系呢？纵观以往的论著，可以看到西方特别是欧洲学者，基于对基督教更为深刻的理解和受基督教更深的影响，他们更多地强调徐光启不是一个纯粹的基督徒。例如法国学者谢和耐认为：“利玛窦最著名的弟子翰林徐光启所宣扬的，不是纯粹的基督教教理，而是一种儒教和基督教的大杂烩，与16世纪在儒教和佛教之间的混合物相类似。”徐光启所持“补儒易佛”的观点，“不像传教士们想象和认为的那样，指在纯世俗理论与宣扬超越一切真谛的宗教之间进行角色的分配，而是指在儒教那不太明确的世俗和宗教体系与传教士们的伦理、宗教和科学之间的结合”。徐光启“补儒易佛”的论点载于《〈泰西水法〉序》，“而水法则是一个没有任何基督教特征的学科”①。另一方面，中国的研究者似乎更愿意强调徐光启是为学习西方科学而接近传教士成为天主教徒。例如，黄节认为徐光启只是“阳尊其教而阴取其象数之学，以为己用”，而且熊三拔对于传授西方的水法面有“怍色”，如果徐光启不信教又如何得到西方科学的真传，由是“则其对于教宗所

① ［法］谢和耐：《中国与基督教：中西文化的首次撞击》（增补本），第49页。

以信服而图益者可见”。[①] 这样的观点在以后的很多论著中屡屡出现。

这两种观点其实都是以为徐光启并不是真正的天主教徒，只不过前者认为他本质上是个儒家士大夫，后者认为他更多的是个科学家。我们更倾向于作这样的理解：徐光启既是一个虔诚的天主教徒，又是一个儒家士大夫。在徐光启看来，天主教与原始儒家思想一样，具有政治功效并能够对社会风俗以及人们的生活习惯产生有利的影响，它所能够发挥的作用要远远大于早此传入的佛教。正是在此基础上，徐光启提出了以天主教“补儒易佛”。在徐光启看来，儒学需要“补”，而用于“进补”的则是天主教；佛学需要“易”，用于“改易”的同样是天主教，一“补”一“易”之间，儒学高于或优于佛学的价值不言自明，徐光启取儒舍佛的主观态度也一目了然。“补”或“易”之间有着明显的态度差异，但用于“补”或“易”的则同为天主教，竭尽以天主教去“补儒”和“易佛”，这不正表现了徐光启是虔诚的天主教徒吗？然而，天主教相对于儒学只是居于“补”的地位，这意味着儒学仍处于主干地位。西方传教士当时也讲“补儒”，但他们是要从“补儒”走向“超儒”，即取儒学而代之。徐光启吸取了传教士的“补儒”论而拒斥了他们的“超儒”论，其坚守儒学为信仰价值系统之正统的观念是很明确的。

既是儒家士大夫又是天主教洋教徒，这出现在徐光启身上是合乎情理的，因为这正是他主张的“补儒易佛”的必然结

---

① 黄节：《徐光启传》，载《国粹学报》总第十九期，1906 年。见《徐光启著译集》(二十)之“附录”。

果;从更广泛的意义上来讲,是他主张中国应与西方文化“会通”,并力求“超胜”的必然结果。因为如果儒学为天主教所补签,不就可以更胜天主教一筹了吗?这意味着徐光启一方面在一定程度上意识到了晚明时代需要走出传统儒家来重建新的信仰价值系统,另一方面也表现了他没有放弃以儒学为最高价值的传统。这两个方面映照出徐光启在思考“修身事天”中的新旧交织。

# 第五章 “度数之学”与以数学为基的思想

徐光启作为科学家，其研究领域是多方面的。但是，他费时最多、最有成就的领域，以中国传统科学的说法来讲，是农学和历算学。徐光启不同于中国以往科学家的重要的方面就是强调数学是一切科学技术的基础。他把数学称之为“度数之学”或“象数之学”。他对“度数之学”的研究，就是为了贯彻以切实把握这一科技的基础，从而把中国的科技发展到一个新的水平。

## 一、《几何原本》的翻译、出版和贡献

徐光启研究“度数之学”的重要贡献，是和利玛窦合作翻译了《几何原本》。

欧几里得(Euclid)的《几何原本》(Elements)约成书于公元前300年，是用公理法建立数学演绎体系的最早典范。

有史料表明,《几何原本》最早传入中国是在13世纪。据元代王士点、商企翁《秘书监志》卷七“回回书籍”记载,至元十年(1273年)司天台“见合用经”中有一部名为《兀忽列的四擗算法段数十五部》的书,有人认为“兀忽列的”即“Euclid”(欧几里得)的另一音译,“回回书”是指以阿拉伯文刻印的书籍。蒙古人在13世纪的征战,使中国和阿拉伯两大文化有了广泛甚至深入的接触。旭列兀(1219—1265)在中亚建立伊儿汗国,他的首席科学顾问纳西乐丁曾于1248年完成15卷本的阿拉伯文《几何原本》的注释,并于1259年受命主持著名的迈拉盖(位于今伊朗西北部大不里士城南)天文台。据史书记载,元宪宗蒙哥对欧几里得几何学颇有兴趣,曾召命纳西乐丁前往东方,后因战事未能成行。由此看来,1273年前后藏于元代司天台的那部书,很可能是由中亚地区天文学家带到中国来的《几何原本》阿拉伯文抄本。可惜当时并没有译为中文,该书后来也没了下落。[①]《几何原本》最早的中文译本是由利玛窦和徐光启合作的产物,对此后中国数学的发展起了重要作用。

中国古代数学自先秦以来,取得了很多成就。到唐代,国子监内设算学馆,规定以“十部算经”(《周髀算经》、《九章算术》、《孙子算经》、《五曹算经》、《夏侯阳算经》、《张丘建算经》、《海岛算经》、《五经算术》、《缀术》、《缉古算经》)为课本。这“十部算经”在相当程度上汇聚了唐以前的数学研究成果。在明代以前,也涌现了不少著名的数学家,如刘徽、祖冲之、

---

① 参见王青建:《科学译著的先师——徐光启》,北京,科学出版社,2000年,第39页。

王孝通、秦九韶、李冶、杨辉、朱世杰等,还有集数学与天文学于一身的刘焯、僧一行、郭守敬等。但是到了明代,数学则处于停滞不前的状态,如李约瑟所说:“中国数学出现了明显的衰退,以致在1400年到1500年间,几乎没有一部值得注意的著作。”①日本学者薮内清认为:“明代是数学衰微的时代,甚至不能正确理解宋、元时代发达很高程度的数学。”②明代顾应祥(1483—1565)偶得李冶《测圆海镜》的手抄本,对其中用天元术建立数字高次方程根本没有弄懂,却自以为颇有心得,撰有《测圆海镜分类释术》(1500年),称“以天元一立算,而漫无下手之处”。结果“每章去其细草,立一(开方)算术”,把宋元时期解数字高次方程的“增乘开方法”搞得支离繁琐不得要领。

中国传统数学中掺杂有象数学和星占术等非科学成分,在某种程度上妨碍了数学的发展。南北朝的祖暅数学造诣很深,却著《天文录》专谈星占术。唐代李淳风注解“十部算经”,也著述了一些占卜书籍。北宋《崇宁国子监算学令》规定算学主要学习三式(即太乙式、遁甲式、六壬式)天文书,并称“三式即射复及予占三日阴阳风雨,天文予定一月或一季分野灾祥”。北宋理学家把《周易·系辞传》中的“河图洛书”和“天地生成数”、“九宫数”联系起来,视之为数的本源。南宋朱熹在《周易本义》中收录了“河图图”、“洛书图”、“伏羲八卦六十四

---

① [英]李约瑟:《中国科学技术史》,第3卷,北京,科学出版社,1974年,第110—111页。

② [日]薮内清:《天工开物研究论文集》,第25页。转引自沈定平:《明清之际中西文化交流史》,第598页。

次序图”,使神秘主义的象数学更为系统化。《周易本义》是元末到清末五百余年中五经必读本,影响很大。到了明代,理学取得话语霸权,神秘主义象数学之风随之而起,王文素著《通证古今算学宝鉴》(1524 年)和程大位著《直指算法统宗》(1592 年),开篇即图示河洛图书以之为数的本原,认为数学能够“通神明,类万物”。[①]

在接触西方科技之前,徐光启已对中国传统数学有了较为深入的了解。前已提及,万历三十一年(1603 年),他在家乡向上海知县呈送《量算河工及测量地势法》,其中对开河的长宽、起土数量、测量河岸地势、测定河水潮汐变化的水量等,都运用勾股法进行过测算。徐光启考察过中国传统数学发展的历史和现状。他认为,中国数学虽有悠久的历史,但“汉以来多任意揣摩,如盲人射的,虚发无效,或依似形似,如持萤烛象,得首失尾,至于今而此道尽废,有不得不废者矣”。[②] 就是说,汉代以来数学的研究,其命题不是通过展示严密的逻辑推理来证明,犹如盲人射的和持萤烛象,即缺乏有效性和完整性,因而数学研究不能得到推进。对此,他以中西数学的比较来说明。在他看来,中国数学比之西方数学逊色,在于只量“法”(经验数据的运算方法),而忽略了“义”(对数学原理的逻辑论证)。他将《九章算术》中的勾股篇与翻译之作《测量法义》相比较,“其法略同,其义全阙,学者不能识其所由”[③];“泰

① 参见梅荣照、王渝生:《徐光启的数学思想》,席泽宗、吴德铎主编:《徐光启研究论文集》,第 41—43 页。

② 徐光启:《刻〈几何原本〉序》,《徐光启集》,第 75 页。

③ 徐光启:《〈测量异同〉绪言》,《徐光启集》,第 86 页。

西子之译测量诸法,……与《周髀》、《九章》之勾股测量,异乎?不异也。不异,何贵焉?亦贵其义也。”①

他特别分析了近数百年来数学尤为荒废的原因:算数之学特废于近数百年间尔。废之缘有二:其一为名理之儒士苴天下之事;其一为妖妄之术谬言数有神理,能知来藏往,靡所不效。卒于神者无一效,而实者亡一存”,于是,“往昔圣人所以制世利用之大法,曾不能得之士大夫间,而术业政事,尽逊于古初远矣。”②认为宋明理学空谈心性之学而不注意经世致用之实学以及将数学引入神秘主义,是这数百年来数学衰弱、停滞的原因。

正是出于对中国数学以往历史和当时现状的上述考察,徐光启认定必须翻译《几何原本》。他在谈到《测量法义》与《几何原本》关系时说,后者“能传其义”③,即为前者奠定了运算方法的根本原理的论证基础。他认为《几何原本》实际上是最根本的实用之学:“象数之学,大者为历法、为律吕,至其他有形有质之物,有度有数之事,无不赖以为用,用之无不尽巧极妙者。”④因此,“能通几何之学”,将“率天下之人而归于实用者”。⑤ 他还指出,利玛窦讲解《几何原本》,“其言道言理,皆返本跖实,绝去一切虚玄幻妄之说”,由此就能廓清笼罩在数学里的神秘主义,“数之原其与生人俱来乎。始于一、终于十,十指象之,屈而计诸,不可胜用也。五方万国,风习千变,

① 徐光启:《题测量法义》,《徐光启集》,第 87 页。

② 徐光启:《刻〈同文算指〉序》,《徐光启集》,第 80 页。

③ 徐光启:《题测量法义》,《徐光启集》,第 87 页。

④ 徐光启:《〈泰西水法〉序》,《徐光启集》,第 68 页。

⑤ 徐光启:《〈几何原本〉杂议》,《徐光启集》,第 77 页。

至于算数,无弗同者,十指之赅存,无弗同耳”。[①] 数学的产生没有什么神秘性,是在古人以十指作为计算工具的基础上发展起来的。可见,徐光启翻译《几何原本》,是为了克服传统数学只言“法”而不言“义”的缺陷,扫除导致数百年来数学衰败的两个障碍。正是出于这样的目的,徐光启在众多的西方科技著作中,首先把《几何原本》译成中文,强调“北书未译,则他书俱不可得论”[②]。

不过,利玛窦译《几何原本》的目的,和徐光启是不很相同的,利玛窦对几何学“极精其说”,他的老师克拉威奥神父(拉丁文 Clavias,一译“克拉维乌斯”,意为“钉子”,故利玛窦译称丁先生)是研究几何学的名家,他校注的《几何原本》于 1574 年在罗马印行后多次再版。就利玛窦而言,从精于几何学到在中国积极倡导和翻译几何学,这与其中国之行的根本目的——传教——是密切相关的。利玛窦认识到由于中国人“缺乏逻辑法则”,对于人性中善与恶的来源、自然的善与道德的善、人性中固有的东西和人性后天获得的东西很难区别开来。“至于人性怎样在原罪之中堕落,上帝又怎样运用神恩,当然他们就更是绝对毫无所知了,因为他们连想都没有想到过这种事情。”[③]虽然中国人重视数学,但“数学方法与我们的不同”。因为缺乏严密的逻辑论证和演绎推理的方法,使中国人“提出了各种各样的命题,却都没有证明。这样一种体系的结果是任何人都可以在数学上随意驰骋自己最狂诞的想象力

---

① 徐光启:《刻〈同文算指〉序》,《徐光启集》,第 80 页。
② 徐光启:《刻〈几何原本〉序》,《徐光启集》,第 75 页。
③ 《利玛窦中国札记》,第 367 页。

而不必提供确切的证明”①。利玛窦意识到传授充分体现逻辑推理论证的数学与传教或者说与使人相信宗教信条是相联系的。谢和耐指出:“利玛窦理解到首先应该让中国人学习他们应如何推理思维的方法,这就是说要学习他们区别本性和偶然、精神的灵魂和物质的身体、造物主和造物……除此之外,又怎能使人理解基督教的真诠呢?逻辑与教理是不可分割的,而中国人则似乎缺乏逻辑。”②进入中国后,利玛窦一直将《几何原本》作为讲授西方数学知识的教材,进入北京后更是把讲授逻辑学和几何学结合起来。利玛窦三次动议要翻译《几何原本》,但终因“东西文理,又自绝殊,字义相求,仍多阙略,了然于口,尚可勉图,肆笔为文,便成艰涩”,不得已而“三进三止”。③ 因此,当徐光启提出翻译欧洲科学书籍的要求时,利玛窦欣然同意。

利玛窦深知翻译《几何原本》的种种困难,并将此告诉徐光启,但徐光启却知难而上,“先正有言:‘一物不知,儒者之耻。’今此一家已失传,为其学者皆暗中摸索耳。既遇此书,又遇子不骄不吝,欲相指授,岂可畏劳玩日,当吾世而失之。呜呼,吾避难,难自长大;吾迎难,难自消微,必成之”④。大约在万历三十三年(1605年)冬或万历三十四年(1606年)初,时年

① 何高济等译:《利玛窦中国札记》,第517页。

② [法]谢和耐:《中国与基督教:中西文化的首次撞击·导论》(增补本),第3—4页。

③ 利玛窦:《译〈几何原本〉引》,徐宗泽:《明清间耶稣会士译著提要》,北京,中华书局,第262页。

④ 利玛窦:《译〈几何原本〉引》,徐宗泽:《明清间耶稣会士译著提要》,1989年,第262页。

44 岁的徐光启和 54 岁的利玛窦开始翻译《几何原本》。

当时徐光启任翰林院庶吉士，基本每天都要去翰林院，还要应付考试课程，不得已雇用了一个蒋姓举人与利玛窦一起翻译，但没有几天就把他辞了。这可能是蒋姓举人与利玛窦的交流有问题，也可能是因为他的数学功底无法胜任这项工作。① 这样，徐光启就不得不每天往返于翰林院和利玛窦的住所之间，下午三、四时到利玛窦的住处，请“口传，自以笔受焉。反复展转，求合本书之意。以中夏之文，重复订正，凡三易稿”②。万历三十五年(1607 年)春译出初稿(仅前六卷)，徐光启又进行了两次修改，用明快流畅的文笔将译稿整理完毕，当年在北京刻印，题:泰西利玛窦口译;吴淞徐光启笔受。

克拉威奥注释的《几何原本》原书有十五卷，前六卷是平面几何，第七至第九卷是数论，第十卷是有关比例的内容，第十一至第十三卷是立体几何，最后两卷是后人的补充。这中间还包括了大量前代研究者及克拉威奥自己的评注，因利玛窦坚持“请先传此”、“徐计其余”，后九卷及这些评注当时均未译出。徐光启试图继续翻译后九卷，“但利玛窦神父认为就适合他们的目的而言，有这六卷就已经足够了”③。就是说出于传教的目的，利玛窦没有再和徐光启继续《几何原本》的翻译。

《几何原本》没有能全部译完，这在徐光启看来，是十分遗憾

---

① 徐、利二氏翻译《几何原本》之初确实雇请了一个举人帮忙，但他的名字尚无确考，一说为蒋姓，一说音译为“张贵义”。在《利玛窦中国札记》第 517 页的中译者注，称“意大利文把他的名字写作 Ciangueinhi，浙江人”。

② 利玛窦:《译〈几何原本〉引》，徐宗泽:《明清间耶稣会士译著提要》，北京，中华书局，1989 年，第 262 页。

③ 《利玛窦中国札记》，第 517—518 页。

的，他在第二次刻印时感慨地说："续成大业，未知何日，未知何时，书以俟焉。"[①]1857年即过了整整250年以后，才由李善兰和伟亚烈两人"续徐利二公未完之业"译出后九卷。[②] 直到1865年，才有十五卷的全本《几何原本》刊刻，李善兰原则上没有对徐光启二校本的前六卷再作修改，只在三处共增添了54个字。

《几何原本》刊刻出版不久，徐光启因父亲去世而回乡守制。万历三十六年(1608年)春，利玛窦把出版了的《几何原本》校正后寄给徐光启，建议再版重刻，但由于经费等原因，未能付梓。万历三十八年(1610年)十二月徐光启回京复职，此时利玛窦已去世半年多。在利氏校正本的基础上，徐光启又与西班牙传教士庞迪我和意大利传教士熊三拔合作，"重阅一过，有所增定"。[③] 修订版于万历三十九年(1611年)刻印，后来收入李之藻辑刻的《天学初函》(1630年)，清代《四库全书》、《海山仙馆丛书》收入的也是这个版本。收入《徐光启著译集》五、六、七这三册中的，是根据上海博物馆收藏的前三卷的再校本和上海图书馆收藏的后三卷再校本影印而成，(本书凡引《几何原本》，均依《徐光启著译集》第5、6、7册。)但第一至第三卷中有1886年的"墨校"，甚至有用钢笔写的，这可以肯定不是徐光启的手迹，却不知出自何人之手。[④] 在《徐光启

① 徐光启：《题〈几何原本〉再校本》，《徐光启集》，第79页。

② 李善兰：《续译〈几何原本〉序》，见《徐光启著译集》第七册附录。

③ 徐光启：《题〈几何原本〉再校本》，《徐光启集》，第79页。

④ 据考证，上海博物馆藏本中有两种笔迹都非徐光启所写，而是19世纪末以后某两个人加上的。其中一人可能有意写一个较简明的近代《几何原本》供出版或用作教本，另一人则仅仅是个人学习或复习，并简单记下自己的进程(时间是1886年1月到6月)。参见许康、罗达雄：《〈几何原本〉前三卷批校者质疑》，《中国科技史料》1996年第4期，第83—87页。

著译集》(第七册)中,附有徐光启的孙子徐尔默写于康熙四年(1665年)的《跋〈几何原本〉三校本》,称“今此本中仍多点窜,又辛亥以后之手笔也”。这里的“辛亥”当指出版二校本的万历三十九年(1611年),看来徐光启对第二次出版的《几何原本》还进行过修改校订,但直到他去世都没有出版,甚至去世时也没有交代。徐光启死后,清兵入关,徐家迭遭火灾等变故,徐光启的遗著、遗稿多有毁损散佚,直到康熙四年(1665年),这一修改稿才被徐尔默发现。徐尔默非常珍惜这意外收获,“既拜嘉惠,复钦手泽,重加装潢,藏弆家塾”①,看来这三校本未曾正式出版。

《几何原本》中文本的出版,使中国学者了解到了与传统不同的另一数学体系。此后,西方的笔算、三角等相继传入,中国数学开始汲取西方数学的成果以发展自己。虽然仅仅翻译出了前6卷,从它属于平面几何的全部内容这一角度看,是成系统的,因而可以说是中国科学史上第一部系统的科学译著。

徐光启译《几何原本》错误很少也很小。后世有数学家把徐的译本与克拉威奥原著及现代权威希思的英译注释本相对照,只发现极个别的错漏之处,足见徐氏之严谨。梁启超在《中国近三百年学术史》中评价《几何原本》“字字精金美玉,是千古不朽之作”②。

利玛窦几次翻译《几何原本》都半途而废,一个重要的原因在于中西数学体系的不同,当时的汉语中没有现成的相应

① 《徐光启著译集》第七册附录。

② 《梁启超论清学史二种》,上海,复旦大学出版社,1985年,第99页。

词汇可供使用。徐光启创造了一套数学术语，与其本来在西方语言中所表达的概念的内涵极其相近，许多为后世数学家沿用。其中至今不变的数学专有名词有 20 多个，例如：点、线、直线、面、平面、曲面、直角、钝角、形、圆心、直径、四边形、多边形、平行线、对角线、相似、外切等等。还有几十个术语与现在使用的略有不同，例如：平边三角形（等边三角形）、两边三角形（等腰三角形）、直角方形（正方形）、直角形（长方形）、平行线方形（平行四边形）、理分中末线（黄金分割线）等等。

虽然利、徐二人只译了前六卷，但欧几里得几何体系已可从中初见规模。诸如公理（徐译为"公设"）、定义（徐译为"界说"）及据此证明的有关直线形和圆形的性质，角和平行的概念、相似形和全等形的判定标准，等等。利、徐二氏对《几何原本》的结构特点做了概括："题论之首先标界说，次设公论，题论所据，次乃具题，题有本解，有作法，有推论，先之所征，必后之所恃，十三卷中五百余题，一脉贯通，卷与卷，题与题，相结倚，一先不可后，一后不可先，累累交承，至终不绝也。初言实理，至易至明，渐次积累，终竟乃发奥微之义，若暂观后来一二题旨，即其所言，人所难测，亦所难信，及以前题为据，层层印证，重重开发，则义如列眉，往往释然而失笑矣。"这与中国古代数学缺乏"原本之论，既缺根基，遂难创造，即有斐然述作者，亦不能推明所以然之故，其是者已亦无从别白，有谬者亦无从辨正"①大相径庭。这种系统，正是中国传统数学中所缺乏的。对于最早接触这个系统的中国学者来说，最具影响力

① 利玛窦：《译〈几何原本〉引》。徐宗泽：《明清间耶稣会士译著提要》，第 261 页。

的不是那众多的命题,而是《几何原本》所体现的演绎逻辑所具有的严谨的论证结构。

《几何原本》文字简练,通俗易懂,尽管使用的是 400 年前的文字,今天读起来仍不困难。例如,《几何原本》第一卷第 37 命题:

两平行线内,有两三角形,若同底,则两形必等。

解曰:甲乙、丙丁两平行线,有甲丙丁、乙丙丁两三角形,同丙丁底,题言两形必等。

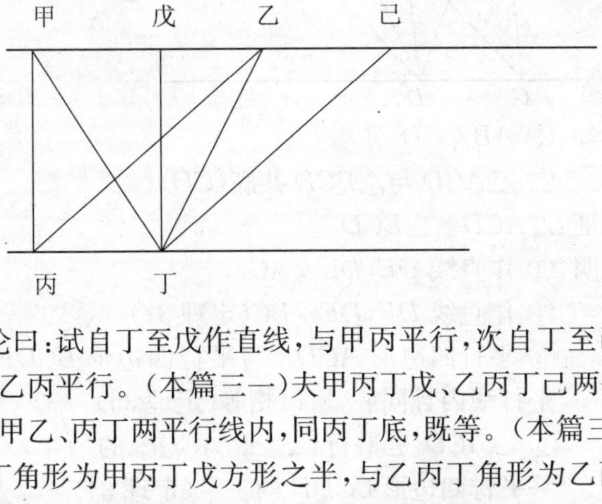


论曰:试自丁至戊作直线,与甲丙平行,次自丁至己作直线,与乙丙平行。(本篇三一)夫甲丙丁戊、乙丙丁己两平行方形,在甲乙、丙丁两平行线内,同丙丁底,既等。(本篇三五)则甲丙丁角形为甲丙丁戊方形之半,与乙丙丁角形为乙丙丁己方形之半者,(甲丁、乙丁两对角线,平分两方形。见本篇三四)亦等。(公论七)

徐光启在《几何原本》中给出的图形即如上图,看上去直线甲乙及丙丁与线段甲丙垂直,也与丁戊垂直,但这并不是已知条件,徐光启在证明中也没有利用这一条件。事实上是否垂直并没有关系,结果及证明过程都是一样的。面对这样一个命题的证明，我们很容易就读懂，把它翻译成现代的表述方式也不难，为了证明是否垂直不影响命题的成立，我们把徐光启的图略加改造，故意回避垂直线。

命题 37：两平行线内同底三角形相等。

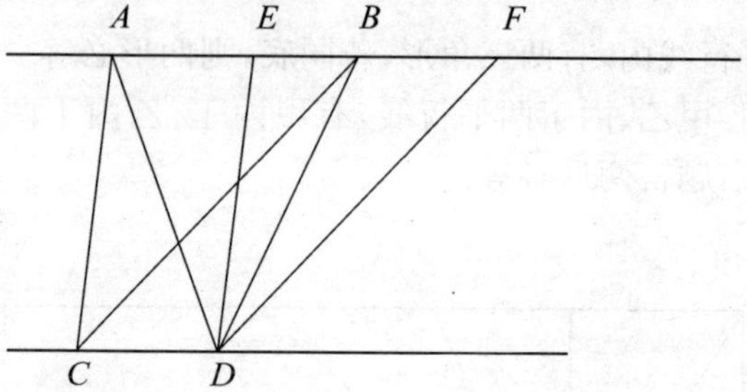


已知：① $AB /\!/ CD$

② $\triangle ACD$ 与 $\triangle BCD$ 共底($CD$)

求证：$\triangle ACD = \triangle BCD$

证明：③ 作直线 $DE$，$DE /\!/ AC$

④ 作直线 $DF$，$DF /\!/ BC$(定理 31)

⑤ 平行四边形 $ACDE$ 与平行四边形 $BCDF$ 在两平行线内且同底，所以相等(定理 35)

⑥ $\triangle ACD$ 是平行四边形 $ACDE$ 的一半，$\triangle BCD$ 是平行四边形 $BCDF$ 的一半(定理 34)

⑦ $\triangle ACD = \triangle BCD$

当然，这一命题还可以有其他的证明方法，例如辅助线做成垂直线，利用平行线间距离相等，$\triangle ACD$ 与 $\triangle BCD$ 又有共同的底(即底相等)，而三角形的面积等于底与高的积，等量与等量的积相等，所以 $\triangle ACD = \triangle BCD$。我们更应该注意的是这一证明的严谨，与古代传统数学给出题目和答案的风格完全不同。

这第 37 题，在证明中出现了“本篇三一”、“本篇三五”和“本篇三四”，指的是此前已经证明过的第 31、第 35、第 34 个命题；本证明中出现的“公论七”，系指在《几何原本》开篇给出“界说三十六则”和“求作四则”后，紧跟着给出的“公论十九则”中的第 7 条公论。[①] 这些命题相当于我们今天所讲公理系统中的定理。我们知道，定理是必须加以证明的，不加证明的命题不成其为定理，也不能作为其他证明的依据；公理系统中的命题一经证明就成为定理，在此后的证明中可以作为证明其他命题的依据。在证明中，“本篇三一”是指“一点上求作直线，与所设直线平行”。徐光启以“法曰”给出了具体的做法，以“论曰”的形式给出了根据“内错角相等则两直线平行”所进行的对命题的证明。这实际是在讲如何从直线外一点做与此直线相平行的直线，根据这条定理，学习者或研究者就能够完成徐光启在这里所要求的两条平行线。“本篇三五”是“两平行方形，若同在平行线内，又同底，则相等”。徐光启同样以“解曰”说明这是求两个平行四边形（平行方形）的面积相等，以“先论曰”、“次论曰”、“后论曰”给出了针对几种不同情形（也是全部的可能情况）的证明，这里使用的是可以独立地充当证明工具的完全归纳推理。“本篇三四”的内容为“凡平行线方形，每相对两边线各与各等；每相对两角亦各与各等；对角线分本形为两平分”。徐光启同样以“解曰”、“论曰”对题目加以解释并给出严格的证明。

“公论七”是“有诸度俱半于他度，则诸度亦等”。即如果有若干个数量（角度、长度、宽度、面积、体积等）同为某个数量

① 《徐光启著译集》第五册。

的一半，那么这些数量是相等的。徐光启在《几何原本》中所讲的19条“公论”相当于今天的公理系统中作为证明的出发点的公理，公理是不能在本系统内证明的，而只能给以必要的说明。公理是公理系统中的基础之一，古老的公理系统要求公理具有自明性，而现代公理系统则无此要求，其公理甚至可能是一种假设。现代公理系统要求公理具有独立性，即在一个公理系统内，不能由一条或几条公理根据推演规则推导出另外一条公理；如果某条公理能够由其他公理推导出来，则该公理是不独立的，在相应的公理系统内是多余的，即没有这条公理本系统的所有定理也能够得到证明，因为可以先利用其他公理把它证明出来，它经过证明即成为定理，可以充作其他命题证明的依据。实际上欧氏几何系统不需要这么多的公理，有一些公理是不独立的，“公论七”就是一条不独立的公理。当然，这里只是说“公论七”作为公理是不需要的，但系统却是需要它的，只是仅仅作为定理而不是作为公理，因为其他证明需要以之为依据。

就像公理是公理系统的基础之一一样，定义也是公理系统的一个基础。在公理系统中，除了尽量少的几个初始概念不加定义，如果需要使用或者说引入其他概念，则必须给出系统内严格的定义。初始概念可以被用来定义引入的概念，但不能用引入的概念定义初始概念。在六卷本的《几何原本》中，就像公理系统所要求的一样，徐光启在每一卷的“卷之首”就给出了数目不等的“界说”，如第一卷一下就给出了“界说三十六则”。“界说”即今天所讲“定义”，徐光启比较早地使用这一语词作为“definition”的译名，直到20世纪初我国的逻辑学著作中还有人采用这种译法的。这些定义包括点、线、面、线之界(端点)、平角(角)、直角、锐角、钝角等等。虽然徐光启没有区分哪些是初始概念,哪些是根据规则通过定义引入的概念,但对每个需要在整个体系中出现的术语都加以“界说”;虽然对有些术语只是一种说明,如点、线、面,但是这些概念在现代欧氏几何中往往是作为初始概念而不加以定义的,所以徐光启也没法给出严格的定义。

无论是《几何原本》中某些公理的缺乏独立性,还是定义的不区分初始概念和引入概念,这些都不是徐光启的责任,他的翻译工作所依据的蓝本就是如此,数学科学及公理系统还没有发展到这种程度。重要的是,通过利玛窦和徐光启的工作,中国人见到了一个全新的数学体系,知道了数学原来是如此严格的;重要的是徐光启实践了他“凡造论,先当分别解说论中所用名目”①。无论从改变中国古代数学理论重数轻理的传统,还是从改变传统思维模糊思维概念不清的角度,这都是首功一件。

按外文直译,书名或者说这门学科不应叫做“几何”,而应称为“测地学”或“测量学”。这门学科是从古埃及测量土地的实际需要中产生的,经古希腊学者的不断研究,从经验层面上升为理论,到欧几里得形成了从空间关系出发的一种演绎科学体系。徐光启将其译作“几何”,可谓一项创造性的工作。“几何”一词是中文固有的,一般只是一个表示疑问的虚词,对这一语词的回答一般要涉及数量。中国古代的数学典籍中也使用“几何”,表示关于数未定而设问的意思,并没有涉及图形性质一类的意思,也不涉及一般意义上的数量关系。例如

---

① 《徐光启著译集》第五册。

《九章算术》卷一第一题:“今有田广十五步,从十六步。问为田几何?答曰:一亩。”卷二第一题:“今有粟一斗,欲为粝米。问得几何?答曰:为粝米六升。”在《几何原本》一开始,即第一卷卷首,徐光启先给出了“几何”的定义:“凡论几何,先从一点始,自点引之为线,线展为面,面积为体。是名三度。”①明确指出几何是研究点、线、面、体的学科。今天我们使用的作为一个数学分支的“几何”一词,不仅包含数量关系,还包括对图形的研究,这些含义正是从徐光启开始才具有的,从此“几何”成了这门学科的名称。之所以称之为“原本”,《译〈几何原本〉引》中有这样的解释:“当曰原本者,明几何之所以然,凡为其说者,无不由此出也。”“从事几何之学者,虽神明天纵,不得不籍此为阶梯焉。此书未达,而欲进其道,非但学者无所措其意,即教者亦无所措其口也。”②即欧几里得使之系统化的这部分几何学知识,是整个几何学的根基。《译〈几何原本〉引》一文是记在利玛窦名下的,但利玛窦称此文出自徐光启之手,可以肯定的是此文至少是经过了徐光启的润色,其中的观点可以说是两人共同的观点。

在《几何原本》的带动下,大量西方数学著作被译为中文,如邓玉函的《大测》,罗雅谷的《测量法义》、《比例规解》,李之藻、利玛窦的《圜容较义》,瞿式谷和艾儒略的《几何要法》。同时,中国学者也开始了新一轮的几何学研究,受《几何原本》等西方数学著作的影响,开始追溯中国传统数学中用矩进行测量的缘由,以证明西方数学方法的依据。如孙元化有《几何用法》、

① 《徐光启著译集》第五册。

② 利玛窦:《译〈几何原本〉引》,徐宗泽:《明清间耶稣会士译著提要》,第261页。

《几何体论》,李笃培有《中西数学图说》,陈尽谟有《度算解》、《度测》。李笃培在《中西数学图说》中仍按《九章算术》的体例分九章介绍西方数学知识,在证明中尽量使用中国传统数学的方法,但其中还是有《几何原本》的印迹。例如先是一般论述,其次是例题,然后是解题方法及说明,这与传统数学大不相同。梅文鼎(1633—1721年)的《几何通释》反徐光启的《勾股义》之道而行,以中国传统的勾股术证明《几何原本》中的一些命题,十分重视数学的演绎推理。乾嘉学派整理中国古算书研究古典数学,焦循(1763—1820年)钻研了刘徽注《九章算术》,认为方田、粟米、衰分、少广等算术之理都起源于加减乘除的错综变化,《九章算术》不能尽显加减乘除之妙用,而加减乘除则可以通《九章算术》。焦循用加减乘除的定律如交换律、结合律、分配律及一些公式为出发点,对《九章算术》、《孙子算经》、《张丘建算经》、《缉古算经》中的各种算法进行证明。1905年中国废除科举制度,中学数学课程开始采用以《几何原本》为蓝本的教材,直到现在它的许多内容仍被选入中学教材中。①

## 二、“明《几何原本》之用”的数学著作

万历三十六年(1608年)前后,徐光启先后完成了三部数学著作,其中既涉及西方的数学知识,也涉及中国传统的数学知识,或者更确切地说,是以严密的逻辑体系的方式重新构造中国的数学体系。这三部著作是《测量法义》、《测量异同》和

① 参见王青建:《科学译著的先师——徐光启》,第49—54页。

《勾股义》,它们“皆以明《几何原本》之用也”①。

《测量法义》题“泰西利玛窦口译,吴淞徐光启笔受”,刊刻于万历三十五年至万历三十七年(1607年至1609年),主要涉及西方的数学知识,翻译的成分多一些。万历三十五年(1607年),徐光启丁父忧从北京回到上海,带了利玛窦在多年前翻译的一部关于测量法的草稿。回家后他用《几何原本》的逻辑体系,参以《周髀算经》和《九章算术》进行整理和说明,撰成《测量法义》。从时间上说,徐光启是在翻译了《几何原本》之后翻译的《测量法义》,而《几何原本》不仅仅是时间上在前,也是逻辑上在前,正如徐光启称“至是而后能传其义也”②。这就是说,如果没有《几何原本》所提供的系统几何理论,《测量法义》之“义”是难以理解的,在这部著作中徐光启用《几何原本》中的数学原理分析了西方测量方法的依据。全书15题,凡是需要说明理论依据的地方,徐光启都有不同于正文的字体标明“某卷某题”,这指的就是《几何原本》中的某卷某题。这意味着他要用系统掌握的平面几何的原理义,给测量的方法以深层次的说明。在这个时候,徐光启已注意到《周髀算经》、《九章算术》虽然也介绍了测量的方法,但《几何原本》强于中国传统数学的地方就在于其“义”。可以说,在《测量法义》中,徐光启已经具有了比较中西数学的意识,而《测量异同》把这种思想付诸实际。

徐光启并不满足于介绍西方数学知识,而是要进一步对中西数学进行比较研究,探求其异同,这样就有了《测量异同》

① 《四库全书总目提要》卷一〇六。

② 徐光启:《题〈测量法义〉》,《徐光启集》第82页。

这部著作。《测量异同》写于万历三十六年(1608 年),在这部著作中,徐光启选取的例子出自明代数学家吴敬的《九章算法比类大全》,把其中“勾股卷”所介绍的中国传统测量法归为六道题:

1. 以景测高(“景”同“影”),即根据竖立之物影子的长度计算该物体的高度;

2. 以表测高(表是古代测日影用的标杆);

3. 以表测深;

4. 以重表测无远之高、无高之远,即用两个表测量不知距离的高度和不知高度的距离;

5. 以四表测远;

6. 以重矩测无广之深、无深之广。

徐光启把在《测量法义》中所介绍的西方的测量方法与中国传统的测量技术进行了比较研究,对中国“旧篇所有今译所无”的题例依据西法加以“补论”,指出有些方法中西相同,有些方法中国有而西方却没有,并进一步用《几何原本》的理论证明两者的一致性。《测量异同》的明代刻本只有对折 5 页,“对题胪列,推求异同”[①]的结论也只能是阶段性的成果甚至还可以商榷,但它无疑是数学史上第一次会通中西的科学研究。

在中国古代数学中,把一个直角三角形的短直角边(对于不等腰的直角三角形而言)称作“勾”(一般写作“句”),长直角边称作“股”,斜边(非直角边)称作“弦”,相关知识有着广泛的应用领域。徐光启介绍说:“勾股即三边直角形也。底线为勾,底上之垂线为股,对直角边为弦。勾股上两直角方形并与

① 徐光启:《〈测量异同〉绪言》,《徐光启集》,第 86 页。

弦上直角方形等，故勾三、股四、则弦必五，从此可以勾股求弦，勾弦求股，股弦求勾；可以求勾股中容方、容圆；可以各较求勾、求股、求弦；可以各和求勾、求股、求弦；可以大小两勾股互相求；可以立表求高深广远，以通勾股之穷；可以二表四表，求高深，极广远，以通立表之穷。"[①]在《测量异同》中主要只涉及了中国古代的勾股术所包含的这一小部分内容，徐光启不满足于只对这一小部分进行中西会通的尝试，而是进一步用《几何原本》中所体现的公理系统的方式对中国古代的勾股术进行了严格的证明，于是万历三十七年(1609 年)有了《勾股义》这部著作的问世。徐光启的门人孙元化曾把《九章算术》中的勾股术整理为 15 条以使其简明，徐光启在此基础上分别论列勾股诸法所体现的原理，以期使它"底里洞然"。在《勾股义》中，徐光启指出勾股术是在制历和治水的实践中得到发展的，对于治理黄河、兴修东南水利来说仍是一种救时要术。徐光启发展了元代数学家李冶在《测圆海镜》中提出的勾股容圆问题，新创了一套解法，即使郭守敬在世也"当为之抚掌一快"[②]。在这里我们可以看出，徐光启虽然较多地关注科学的实用价值，虽然对中国传统数学给以很多的批判，但他并不是没有发展科学理论和中国古代优良数学传统的兴趣。

徐光启关于学习西方科技的宗旨是："欲求超胜，必须会通，会通之前，先须翻译"。[③] 由此来考察其数学译作和著述，可以这样认为，《几何原本》和《测量法义》是翻译之作，

① 徐光启：《〈勾股义〉绪言》，《徐光启集》，第 85 页。

② 徐光启：《〈勾股义〉序》，《徐光启集》，第 84 页。

③ 徐光启：《历书总目表》，《徐光启集》，第 374 页。

《测量异同》体现了会通，而《勾股义》则是求超胜的尝试。徐光启上述“会通以求超胜”的主张虽然是以后提出来的，但在他的科学实践中已体现了这一思想。同时，这也说明“会通以求超胜”的思想正是从他自己的科学研究的实践中提炼出来的。

徐光启还撰有其他的数学著作。万历四十二年（1614年），徐光启协助李之藻整理《同文算指》，在他所写的序言中称“既脱稿，余始间请而共读之、共讲之”①，于是有这另外一部数学著作即《定法平方算术》，其内容与《同文算指》的有关部分相类似。据整理者称，收入《徐光启著译集》的《定法平方算术》是根据北京图书馆收藏的二卷清抄本，这部著作“不见于各家藏目”。《定法平方算术》第一卷论述开平方的笔算方法，列有15道题，其中被开方数目从2位到8位，由简入繁，从易至难。第二卷论述开带纵平方法，也列有15道题。徐光启指出，“虽曰带纵，仍不外乎平方之理也”。所论述开平方的原理，与中国古代的传统数学相一致，而所介绍的西方笔算形式，则与中国古代的筹算、珠算迥然不同。这种笔算的记数与计算方式，对中国近代算术的发展具有很大影响。开平方的几何意义，是在已知正方形面积的条件下求其边长，带纵平方法用于求解矩形的长和宽。徐光启作了大量的图对开平方和带纵平方加以论证，深刻揭示了这两种算法的几何意义，这比《同文算指》前进了一步，也见徐氏不仅在几何学方面，也在算术方面，对中国数学的发展做出了巨大贡献。②

① 徐光启：《刻〈同文算指〉序》，《徐光启集》，第81页。

② 参见《徐光启著译集》（第十册）的整理者“后记”。

## 三、“不用为用，众用所基”的数学思想

徐光启在数学领域里的贡献，不仅仅在于某些具体的研究成果，而且在于他认识到了数学在科学技术中的作用和地位，提出了“不用为用，众用所基”①的数学思想。数学之“用”在于“不用”，而“不用”不是指不使用，也不是指没有用，而是指无处不用；而“众用所基”是在数学“不用为用”之“大用”的基础上进一步发展出来的，强调数学在众多学科中的基础地位。我们从方法意义和工具意义两个方面来分析徐光启以数学为基的思想。

徐光启对西方科学的介绍，尤其看重科学思想与方法。对于《几何原本》所提供的逻辑方法的意义，徐光启有深刻的认识。他明确指出：“几何之学，深有益于致知。”这里所说的“致知”，应该在较广的意义上去理解，即所致之知并不限于几何或数学领域，几何学所提供的方法能够为人们提供更多的帮助。具体讲，表现在以下四个方面：其一，“明此，知向所揣摩造作，而自诡为工巧者皆非也。”几何学所提供的逻辑思维方法，能够帮助人们明白原有知识的错误，不再自以为是；其二，“明此，知吾所已知不若吾所未知之多，而不可算计也。”几何学所提供的方法，能够让人们清醒地认识到，知识是无止境的，要不断地探索，而不要妄自尊大，知识增加的标志之一就是越来越认识到有更多的未知领域；其三，“明此，知向所想象

---

① 徐光启：《刻〈几何原本〉序》，《徐光启集》，第75页。

之理，多虚浮而不可挼也。”如利玛窦所指出的，中国人提出各种各样的命题却并不给出确切的证明，几何学所提供的逻辑思维方法，能够帮助人们认识到此前以为颇有道理的“理”是经不起推敲且难以成立的；其四，“明此，知向所立言之可得而迁徙移易也。”①几何学所提供的逻辑方法，能够帮助人们认识到，此前所立之不可更易之言是可更易的，对于立言来说，逻辑证明是不可或缺的。

这里，徐光启对几何学的方法意义的认识中，四个方面都是针对“向所”（或“所已知”）提出的，这意味着他强调数学方法破除对以往传统知识体系的局限和迷信，进行知识创新的意义。徐光启在这里还强调了几何学所提供的逻辑思维方法的上述四种作用，要想真正得以发挥，是以“明此”为条件的。这里蕴涵着两个方面的意思。其一，只有真正掌握了《几何原本》所提供的数学知识，尤其是只有真正把《几何原本》所包含的逻辑思维方法内化为认识主体的逻辑思维能力，它才会有如上四个方面的功效；由书本上的逻辑理论到认识主体的逻辑思维能力之间有一条漫长且不轻松的道路要走，需要经过艰苦细致的系统训练，不要指望一蹴而就。其二，“明此”之作为条件，它只是必要条件而不是充分条件；没有包治百病的灵丹妙药，也没有现成的能够解决一切问题的方法或工具。

对于几何学的方法意义，徐光启还用了一个形象的比喻来进行说明。“昔人云：‘鸳鸯绣出从君看，不把金针度与人。’吾辈言几何之学，政与此异。因反其语曰：‘金针度去从君用，未把鸳鸯绣与人。’若此书者，又非止金针度与而已，直是教人

① 徐光启：《〈几何原本〉杂议》，《徐光启集》，第77—78页。

开矿冶铁,抽线造针;又是教人植桑饲蚕,湅丝染缕。有能刺者,其绣出鸳鸯,直是等闲细事。”①就是说几何学的方法是绣鸳鸯的针线之所出的本源,把握了它就能绣出各种各样美丽的鸳鸯。这是强调数学方法的普遍意义,也表现了他对几何学的方法即演绎逻辑的方法意义以高度的重视。

在徐光启看来,《几何原本》“裨益当世,定复不小”②,以几何为代表的数学知识能够使人“心思细密”、“心思缜密”,所以它的工具意义首先就表现在“能精此书者,无一事不可精;好学此书者,无一事不可学”。无论对于实践还是对于认识,数学都是不可或缺的工具。从实践方面看,只有“心思缜密”之人才是有用之人,哪怕你只是一个“中材”而不具“上资”。因为只有心思缜密,才能对实践活动作出合乎逻辑的规划和设计,从而保证获得预想的结果。从认识方面看,数学的工具价值在于“能使人无疑”③,具体表现在“三至、三能”:“似至晦实至明,故能以其明明他物之至晦;似至繁实至简,故能以其简简他物之至繁;似至难实至易,故能以其易易他物之至难。易生于简,简生于明,综其妙在明而已。”数学知识的掌握,有助于攻克其他学科乃至其他事物的“晦”、“繁”、“难”,这当然是数学在学习过程中所具有的工具价值。数学之所以具有这一价值,就在于它不仅本身具有的“易”、“简”、“明”,更在于它能帮你学习其他知识,化难为易,化繁为简,化晦为明。在“易”、“简”、“明”三者中,“明”是基础,几何学(数学)之所以

---

① 徐光启:《〈几何原本〉杂议》,《徐光启集》,第78页。

② 徐光启:《刻〈几何原本〉序》,《徐光启集》,第75页。

③ 徐光启:《刻〈几何原本〉序》,《徐光启集》,第75页。

“至明”,是因为它有“四不必”、“四不可得”。“四不必”是指“不必疑,不必揣,不必试,不必改”;“四不可得”是说“欲脱之不可得,欲驳之不可得,欲减之不可得,欲前后更置之不可得”。[①] 徐光启在这里所强调的是《几何原本》从而也是数学的严密性,这种严密性为认识结果的正确而不能改易提供了担保。

数学的工具价值不仅体现在实践与认识上,还表现在对人的品德的培养方面。“此书有五不可学:躁心之人不可学,粗心之人不可学,满心之人不可学,妒心之人不可学,傲心之人不可学。故学此书者不止增才,亦德基也。”[②]数学作为“德基”所体现的工具价值,直指人品修养。与其说徐光启在这里是提示什么样的人“不可学”数学,还不如说徐光启是在告诉我们数学训练之对于品性培养的功用,即学习数学的过程也是培养德性的过程。如果说数学的工具价值在实践和认识方面的表现还是外在的,那么它在人的品德培养方面的工具价值则是内在的,这也应该是更重要从而更加被我们重视的价值。

徐光启认为,数学如同“工人之斧斤寻尺,历律两家,旁及万事者,其所造宫室器用也,此事不能了彻,诸事未可易论”[③]。这道出了数学在科技领域中的基础地位。

数学的基础地位与其应用范围的广泛密切相关,“象数之学,大者为历法、律吕;至其他有形有质之物,有度有数之事,

① 徐光启:《〈几何原本〉杂议》,《徐光启集》,第77页。
② 徐光启:《〈几何原本〉杂议》,《徐光启集》,第78页。
③ 徐光启:《刻〈同文算指〉序》,《徐光启集》,第81页。

无不赖以为用,用之无不尽巧极妙者。”[1]在《条议历法修正岁差疏》中,徐光启用“度数旁通十事”来概括数学在其他学科中的应用,以此具体说明数学的基础地位。“旁通十事”中的第一事就是天文、气象,历法的修正离不开数学,这是不言而喻的,而“历象既正”虽然预言吉凶祸福被法律所禁止,但可以“预知”“一切晴雨水旱”,“于民生财计大有利益”。第二,数学的作用表现在测量土地、兴修水利方面,则是“度数既明……动无失策,有益民事”。第三,“度数与乐律相通,明于度数即能考正音律,制造器具,于修正雅乐可以相资”。第四,在军事、国防方面,无论是士兵的布阵、武器的制造,还是防御工事的修建,“皆须度数为用,精于其法,有裨边计”。第五,数学对于财政、会计工作,对于“理财之臣”,也是“尤所亟须”。徐光启在第四事、第五事中都是用“须”而不是用“需”来表达,可见在他看来数学之于军事、边防以及财政会计是不可或缺的基础,而不是可有可无的一般需要。第六,在建筑方面,“明于度数者力省功倍,且经度坚固,千万年不圮不坏”。建筑物需要有坚固的基础才能经久不坏,为此就要精于计算,当然离不开数学。第七,在机械制造方面,数学能够提供“利便之法”,使之“力小任重”。第八,在测绘方面,虽然“天下舆地,其南北东西纵横相距,纡直广袤,及山海原隰,高深广远,皆可用法测量,道里尺寸,悉无谬误”。第九,“医药之家,宜审运气;历数既明,可以察知日月五星躔次,与病体相视乖和顺逆,因而药石针砭,不致差误,大为生民利益”。第十,在计时方面,用以“知时刻分秒”的钟漏同样需要数学理论的支持。我们有理由

---

① 徐光启:《〈泰西水法〉序》,《徐光启集》,第66页。

相信，虽然徐光启在这里所列数学的“旁通十事”还远远没有道出数学的全部作用，但列举这些用以说明数学的基础地位则是有一定力度的。在“旁通十事”的基础上，徐光启进一步概括说：“盖凡物有形有质，莫不资于度数。”①

徐光启还从中国历史中为数学在科学技术中的基础的地位寻找证据，“唐虞之世，自羲和治历暨司空、后稷、工虞、典乐五官者，非度数不为功。周官六艺，数与居一焉，而五艺者不以度数从事，亦不得工也。襄旷之于音，般墨之于械，岂有他谬巧哉？精于用法尔已。故尝谓三代以上为此业者盛”②；“孔门弟子身通六艺者，谓之升堂入室，使数学可废，则周孔之教舛矣。”③当然，谈论历史是着眼于现实。徐光启希望借助于传统的权威，来促使人们认识到数学是贯通一切科学技术的，数学方法是普遍的方法。

徐光启上述“不用为用，众用所基”的数学思想，显露出近代科学的意识。近代科学崛起于西方时，以数学为一门普遍的科学、数学方法是普遍的方法为其重要标志。伽俐略(1564—1642)认为自然界的问题，必须用数学语言来回答。他说，自然界“这本书是用数学语言写出的，符号是三角形、圆形和别的几何图形。没有它们的帮助，是连一个字也不会认识的；没有它们，人就在一个黑暗的迷宫里劳而无获地游荡着”④。笛卡尔(1596—1650)进一步强调从方兴未艾的近代

① 徐光启：《条议历法修正岁差疏》，《徐光启集》，第337—338页。

② 徐光启：《刻〈几何原本〉序》，《徐光启集》，第74页。

③ 徐光启：《刻〈同文算指〉序》，《徐光启集》，第80页。

④ 转引自[美]克莱因：《古今数学思想》第2册，上海，上海科学技术出版社，1979年，第33页。

科学来看,数学已成为所有科学的基础,数学方法具有普遍意义。他说:“所有那些目的在于研究顺序和度量的科学,都和数学有关。至于所求的度量是关于数的呢,形的呢,星体的呢,声音的呢,还是其他东西的呢,都是无关紧要的。因此,应该有一门普遍的科学,去解释所有我们能够知道的顺序和度量,而不考虑它们在个别科学中的应用。事实上,通过长期使用,这门科学已经有了它自身的专名,这就是数学。”他还说,数学“是一个知识工具,比任何其他由于人的作用而得来的知识工具更为有力,因而它是所有其他知识工具的源泉”①。牛顿(1642—1727)的名著《自然哲学之数学原理》,实际上就是自然科学之数学原理,在这部著作中,他指出:“现代人则抛弃实体形式和隐秘的质,力图将自然现象诉诸数学规律。”②伽俐略和笛卡尔基本上和徐光启是同时期的,牛顿稍晚于徐光启。这些西方近代科学奠基者的数学思想与徐光启太相似了。但是,由于当时中国社会并没有为徐光启数学思想的近代意识提供生长发育的环境。徐光启曾面对《几何原本》译出后的社会反应而感叹:“习者益寡,窃意百年之后,必人人习之,即又以为习之晚也。”③历史的发展比徐光启的估计还要悲观,不是在百年之后,而是在二百多年之后,数学和数学方法与近代科学进步的联系,才较为普遍地为人们所注目和认识。然而为时已晚,中国科技丧失了由传统转向近代的机遇。

---

① 转引自[美]克莱因:《古今数学思想》第2册,第6页。

② 牛顿:《自然哲学之数学原理·第一版序言》,王克迪译,西安,陕西人民出版社,2001年,第1页。

③ 徐光启:《〈几何原本〉杂议》,《徐光启集》,第78页。

# 第六章 “格物穷理”与近代科学先驱的眼光

徐光启对于利玛窦等西方传教士带来的西学，作了这样的分类：“顾惟先生之学，略有三种：大者修身事天，小者格物穷理，物理之一端，别为象数。”①这里的“修身事天”是指天主教，“象数”之学即数学，“格物穷理”是“格致”之学，即实证经验的科学技术。作为科学家，徐光启的主要实践活动是农学研究和完成《崇祯历书》。修编历书离不开数学，关于他的数学研究成就及其数学思想，前一章已有评述，这里主要以农学和修历来评述他的“格物穷理”。徐光启在中国古代科技史上占有光荣的一席。这不仅在于他对于中国传统科技有所总结和创新，更在于他明确提出要利用西方科学成果来促进中国传统科学的发展，“必若博求道艺之士，虚心扬榷，令彼三千年增修渐进之业，我岁月间拱受其成，

① 徐光启：《刻〈几何原本〉序》，《徐光启集》，第76页。

以光昭我圣明来远之盛，且传之史册曰历理大明，历法至当，自今伊始，夐越前古，亦綦快已。”[①]正是在对传统的总结，创新和学习西方科学技术的相互联结中，徐光启显示出了近代科学先驱的眼光。

## 一、《农政全书》与农学研究

徐光启对农学素有兴趣，如前所述，其自号玄扈就表明了这一点。

《农政全书》集中反映了徐光启农学研究的成就，但他的农学研究是由来已久的。万历三十五年(1607 年)至三十八年(1610 年)，徐光启在为父亲居丧的三年期间，就在家乡开辟双园、进行农业试验，总结出许多农作物种植、引种、耕作的经验，写了《甘薯疏》、《芜菁疏》、《吉贝疏》、《种棉花法》和《代园种竹图说》等农业著作。万历四十一年(1613 年)秋至四十四年(1616 年)初夏，徐光启来到天津垦殖，进行农业试验。以后又三到天津，进行农业试验，写出了《北耕录》、《宜垦令》和《农遗杂疏》等著作。天启五年(1625 年)回到上海老家后，也没有间断农学研究。这些为他日后编撰大型农书奠定了坚实的基础。

徐光启崇祯元年(1628 年)回京第五次进朝为官，此时农书写作已初具规模，但由于上任后忙于负责修订历书，农书的最后定稿工作无暇顾及，直到死于任上。以后这部农书便由他的门人陈子龙等人负责修订，于崇祯十二年(1639 年)，亦

① 徐光启：《〈简平仪说〉序》，《徐光启集》，第 474 页。

即徐光启死后的6年，刻板付印，并定名为《农政全书》。整理之后的《农政全书》，“大约删者十之三，增者十之二”，全书分为12目，共60卷，50余万字。12目中包括：农本3卷；田制2卷；农事6卷；水利9卷；农器4卷；树艺6卷；蚕桑4卷；蚕桑广类2卷；种植4卷；牧养1卷；制造1卷；荒政18卷。

徐光启对我国农学研究的贡献主要表现在以下两个方面。[①]

第一，系统总结了南方稻田的旱作技术。我国南方稻田旱作始见于唐代《蛮书》的记载，以后，宋代陈旉的《农书》，元代王桢的《农书》，鲁明善的《农桑衣食撮要》都有记载，但都比较零散。晚明年间，我国南方稻田的水旱轮作技术，特别是稻田的冬作技术有了很大的发展，徐光启对此作了系统的总结，主要有两个方面，一是稻田种麦技术，二是稻田种油菜技术。

关于稻田种麦，徐光启在《农政全书》中说，“耕种麦地，俱需晴天”，若在雨中耕种，会使土壤坚硬，不仅此季小麦不易生长，就是第二年秋种，也不易生长。“南方种大小麦，最忌水湿，每人一日只令锄六分，要极细，作垄如龟背。小麦：早种，每亩种七升；晚种九升。大麦：早种，种一斗，晚种一斗二升。麦沟口，种之蚕豆，豆亦忌水，畏寒，腊月宜用灰粪盖之。冬月，宜清理麦沟，令深直泻水，即春雨易泄，不浸麦根，理沟时，一人先运锄将沟中土耙垦松细，一人随后持锹。锹土，匀布畦上，沟泥既肥，麦根益深矣。”[②]这套栽培技术是针对南方稻田

① 以下对徐光启对农学的贡献部分，参考了闵宗殿：《徐光启对发展我国农学的贡献》，《农业考古》1994年第1期。

② 《农政全书校注》，卷之二六，第658页。

地下水位高，雨多易涝，麦又喜旱怕渍的特点而制定的。技术措施包括：整地作垄，要求在晴天整地，因为雨天整地，土地易踏实发僵，影响麦子行根。为了提高整地质量，防止只求快，不求好，所以规定一人一天只要求锄六分地，以保证土壤松细。整地后，随即开沟作垄。垄要筑成二边低，中间高的龟背形，以便排除地表水。播种方面：播种量要根据不同的麦类和时间而定，大麦和小麦相比，大麦用种量要多于小麦。迟播和早播相比，迟播用种量要多于早播。田间管理，特别重视揪沟，因为沟深畅通，利于排水，可以减少渍害，同时也可以利用沟泥培土。这些都是南方稻田种麦的关键，至今仍被人认为是南方稻田种麦必须遵循的技术准则。

在此以前，关于南方稻田种麦，元代王桢《农书》，讲到过开沟种麦；以后明代的《便民图纂》讲到过开沟作垄，拣去草籽，盖灰播种等措施，但都不如《农政全书》所说的精细。直到清代，太湖地区稻田种麦，其基本措施，仍然是《农政全书》中所总结的天晴整地，开沟作垄，趁早揪沟这几条，说明南方稻田种麦的基本措施已经由徐光启总结出来了。

关于稻田种油菜，明代中叶的《便民图纂》有过记载：主要是八月下种，十月移栽，二月追肥，及时打苔等几项，也比较简明。到明末，徐光启对此才作了全面、系统的总结。他在《农政全书》一书中说："吴下人种油菜法：先于白露前，日中锄连泥草根，晒干成堆，用穰草起火，将草根煨过。约用浓粪，搅和如河泥。复堆起顶上作窝，如井口。秋冬间，将浓粪再灌三次。此粪灰泥，为种菜肥壅也。到明年九月，耕菜地再三，锄令极细，作垄并沟，广六尺。垄上横四科，科行相去各一尺五寸，用前粪灰泥，匀撒土面，然后将菜栽移植，植之明日，粪之，地湿者，粪三水七，干者，粪一水九，如是三四遍，菜栽渐盛，渐加真粪。冬月再锄垄，沟泥锹起，加垄上，一则培根，一则深其沟，以备春雨。腊月，又加浓粪生泥上。春月冻解，将生泥打碎。正二月中，视田肥瘦燥湿加减，加粪壅四次。二月中，生苔；摘取之，糟腌听用；即复多生苔心，花实益繁。立夏后，拔科收子。中农之入，亩：子二石，薪十石，薪中为蚕簇也。”①这条记载，包括种前制作粪灰泥，为移栽时作面肥；开沟作垄，降低地下水位，以防渍害；冬月锹沟培土，以利排水；腊中重施腊肥，籍以保温防冻保护油菜越冬；开春施苔肥，保证油菜对养分的需要，促进蕾苔的发育，及时摘苔，以促进分株生，同时抑制徒长，防止倒伏。

第二，全面总结了棉花和番薯的栽培经验。棉花是汉代传入边疆、宋末传到中原，元代的《农桑辑要》和王桢的《农书》才开始有简单的技术总结。番薯是明代万历年间才传入我国东南沿海，福建巡抚金学曾写了《海外新传七则》作了简略的介绍。把我国植棉、种薯的经验系统地总结起来，这个历史任务是由徐光启来完成的。在棉花生产方面，他着重总结了以下几个方面。

耕作制方面，徐光启总结了稻棉、麦棉轮作的经验。在稻棉轮作上，他说：“凡高仰田，可棉可稻者，种棉二年，翻稻一年，即草根溃烂，土气肥厚，虫螟不生，多不得过三年，过则生虫。三年而无力种稻者，收棉后，周田作岸，积水过冬，入春冻解，放水候干，耕种如法，可种棉，虫亦不生。”在棉麦轮作上，他说：“凡田，来年拟种稻者，可种麦；拟麦者，勿种也。……若

① 《农政全书校注》卷之二八，第731—732页。

人稠地狭，万不得已，可种大麦或稞麦，仍以粪壅力补上。决不可种小麦。”①

在耕作方面，徐光启主张畦种重肥。关于畦种，徐光启主张“畦欲阔，沟欲深”②，以提高土地利用率和排除积水。关于重肥，徐光启主张在清明前先施底肥，“或粪或灰，或豆饼或生泥，过寡量田肥瘠”，但“惧太肥”，因为太肥，容易引起“虚长不实，实亦生虫”。有种黄花苕饶（黄花苜蓿）、大麦、蚕豆作肥料的，这叫草壅法。“草壅之收，有倍他壅者”③，即产量要比用其他肥料的为高。

在播种方面，徐光启指出一要温汤选种，二要力争早插，三是稀插。徐光启指出，棉花播种前一定要进行选种，以保证种子质量。他说：“不论冬碾、春碾、收藏、旋买，但临种时，用水浥湿过半刻，淘汰之，其秕者，远年者，火焙者，油者，郁者，皆浮，其坚实不损者必沉。沉者可种也。”④江南地区夏秋之季多台风，常使棉花歉收，为了避开台风的袭击，争取早收，徐光启大力提倡早种，他说：“凡种植，以早为良，吾吴滨海，多患风潮，若比常时先种十许日，到八月潮信，有根旁成实数颗，即小收矣。”为了保证棉花早播，徐光启提出了二项措施，一是种大麦作绿肥，以麦根保护棉根。他说：“于旧冬或新春初耕后，亩下大麦种数升。临种棉，转耕，并麦苗稀覆之。麦根在土，棉根遇之即不畏寒，……用此法，可先他田种半月十日。”另一

① 《农政全书校注》卷之三五，第965页。
② 《农政全书校注》卷之三五，第965页。
③ 《农政全书校注》卷之三五，第966页。
④ 《农政全书校注》卷之三五，第962页。

种是采用麦田套种的办法来解决早播:“预于旧冬耕熟地,穴种麦,来春就于麦陇中穴种棉。”①同样能起到早播又防冻的作用。棉花的株距,徐光启认为宜稀不宜密,他说:“木棉,一步留两苗,三尺一株,此相传古法。依此则能(耐)雨,耐旱,肥而多收。”②他认为密植有四害:“苗长不作蓓蕾,花开不作子,一也;开花结子,雨后郁蒸,一时坠落,二也;行根浅近,不能风与旱,三也;结子暗蛀,四也。”③意思是密植会引起徒长、不结铃;结铃后,一经下雨,容易落铃,根系不发达,抗风抗旱能力差,而且容易引起虫害。

在田间管理方面,徐光启提出一要早锄,二要摘心。徐光启大力提倡中耕要多锄、细锄。他说:“锄棉须七次以上,又须及夏至前多锄为佳。谚曰:锄花要趁黄梅信,锄头落地长三寸。”又说:“锄棉者,功须细密。昔有人庸力锄者,密埋钱于苗根,锄者贪觅钱,深细爬梳,棉则大熟。”关于摘心问题,元代《农桑辑要》中早已提出,徐光启在具体技术措施上又作了发展。他说:“苗高二尺,打去冲天心者,令旁生枝,则子繁也。旁枝尺半,亦打去心者,令勿交枝相揉,伤花实也。摘时,视苗迟早:早者,大暑前后摘;迟者,立秋摘。秋后势定,勿摘矣。摘亦不复生。”④

最后,徐光启扼要地概括了棉花丰收和歉收的原因,他说:“总种棉不熟之故,有四病:一秕、二密、三瘠、四芜。秕

---

① 《农政全书校注》卷之三五,第 967 页。
② 《农政全书校注》卷之三五,第 963 页。
③ 《农政全书校注》卷之三五,第 965 页。
④ 《农政全书校注》卷之三五,第 967 页。

者，种不实；密者，苗不孤；瘠者，粪不多；芜者，锄不数。”要种好棉花，必须掌握“精拣核、早下种、深根短干、稀科肥壅”。①这是我国古代在棉花栽培上最全面、最系统的一个总结。

关于番薯的栽培技术，徐光启在《甘薯疏》中作了系统的总结。徐光启认为番薯在生产上和加工上有许多优点，归纳起来有十三胜，即十三大优点。他说：“一亩收数十石，一也；色白味甘，于诸土种中，特为夐绝，二也；益人与薯蓣同功，三也；遍地传生，剪茎作种，今岁一茎，次年便可种数百亩，四也；枝叶附地，随节作根，风雨不能侵损，五也；可当米谷，凶岁不能灾，六也；可充笾实，七也；可以酿酒，八也；干久收藏，屑之旋作饼饵，胜用糖蜜，九也；生熟皆可食，十也；用地少而利多，易于灌溉，十一也；春夏下种，初冬收入，枝叶极盛，草秽不容，其间但须壅土，勿用耘锄，无妨农功，十二也；根在深土，食苗至尽，尚能复生，虫蝗无所奈何，十三也。”②这是对番薯的经济价值所作出的最全面的评价。番薯性喜沙土，怕冻又怕湿。南方种番薯，既要解决土壤的粘重问题，又要解决冷、湿的气候条件问题。徐光启根据当时生产经验和自己的实践，对番薯的栽培作了总结。关于土壤问题，徐光启指出：“种须沙地，仍要极肥。”为了给番薯生长创造一个疏松而肥沃的土壤环境，他指出要“腊月耕地，以大粪壅之，至春分后下种，先用灰及剉草或牛马粪和土中，使土脉散缓，可以行根”。关于番薯

① 《农政全书校注》卷之三五，第965、975页。

② 此引《甘薯疏》，均据朱洪涛的《徐光启〈甘薯疏〉辑校》，席泽宗、吴德铎主编：《徐光启研究论文集》，第123—133页。参见《农政全书校注》卷之二七，第689—695页。

的留种越冬问题，徐光启指出，番薯藏种有二种方法，一是“传卵，于九十月间，掘薯卵，拣近根先生者，勿令伤损，用软草包之，挂通风处，阴干。至春分后种之”。另一种是“传藤，八月中，拣近根老藤，剪取长七八寸，每七八条作一小束。耕地作埒。将藤束栽种如畦韭法，过一月余，即每条下土小卵如蒜头状。冬月畏寒，稍用草器盖，至来春分种”。

番薯的留种还比较容易解决，难的是越冬，徐光启说，番薯贮藏有二难，一惧湿，二惧冻，在南方，由于地下水位高，土壤潮湿，难于用地窖贮藏，因而番薯贮藏更难，“入土，不冻而湿，不入土，不温而冻”，为了解决这个问题，徐光启提出二个不入土而防冻的办法：“其一，以霜降前，择于屋东南，无西风有东日处，以稻草叠基，方广丈除，高二尺许；其上，更叠，四围，高二尺，而虚其中；方广二尺许，用稻稳衬之，置种焉，复用稻覆之，缚竹为架，笼罩其上，以支上覆也。上用稻草高垛覆之，度令不受风气雨雪，乃已。又一法：稻稳衬底一尺余，上加草灰盈尺，置种其中，复以灰秽厚覆之，上用稻草斜苫之，令极厚。二法，藤卵俱合并安置，俱得不坏，而卵较胜。”

关于番薯的繁殖问题。番薯是一种利用扦插方法进行无性繁殖的作物，在剪茎扦插前，先要育苗。在番薯传入之时，繁殖的方法也同时传入了我国，据《金薯传习录》记载，当时传入的方法有二种，一是“取薯种斜置町内，发土薄盖，纵横相去尺许，半月即发芽。日渐延蔓，蔓长一丈或五、六尺，割七、八寸为一茎，勿割尽，留半寸许，当割处复发，生生不息”。这是一种养苗地育苗法，即今日常用冷床育苗法。还有一种是养蔓作苗法，即利用薯藤来育苗，其法是“用稍长尺许（老蔓），密密坚栽，如养葱韭法，畏霜畏寒，冬月以土盖之，亦有取近根老蔓,阴干放温暖处,次年亦萌发”。

徐光启又创造了一种新育苗法:“将薯种截断,每长三、二寸种之,以土覆。深半寸许,大略如种薯蓣法,每株相去数尺,俟蔓生盛长,剪其茎,另插他处,即生,与原种不异。”这种方法,类似今日的切块直播育苗法。

在扦插方法上,在徐光启作《甘薯疏》以前,我国已从海外传入一种斜插法。徐光启在这种扦插法基础上,又创造了一种类似今日的波状插法,当时称为“剪茎分种法”;“待苗盛枝繁,枝长三尺以上者,剪下去其嫩头数寸,两端埋入土各三四寸,中以土拨压之,数日延蔓矣”。

徐光启第一次将我国南方种棉花和番薯的技术系统地总结了起来,不仅促进了棉花、番薯和在我国南方的发展,同时也大大丰富了我国的棉花栽培学和番薯栽培学,对发展我国的农学作出了重要的贡献。

明代以前,我国研究农学的方法,以收集文献、调查访问、实地实验为主。北魏的贾思勰编《齐民要术》,如其在该书的序中所说,就是通过“采捃经传(收集文献资料)、爰及歌谣(兼采谚语和农谚)、询之老成(请教有经验的老农)、验之行事”(亲自实验)等方法编成的,即收集文献资料,兼采谚语和农谚,请教有经验的老农,亲自实验。宋代陈旉写《农书》,他在自序中说:“是书也,非苟知之,盖尝允蹈之,确乎能其事,乃敢著其说以示人。”是通过亲自试验,证明确有实效,才将它编成书的,所以陈旉《农书》中很少有引经据典的现象,这是该书明显不同于其他农书的特点。元代王桢编《农书》,他的自序说:“桢不揆愚陋,搜辑旧闻,为集三十有七。”主要是通过搜集文献资料和民间传闻编成的,可见,历代的农书,内容虽各有不同，但使用的基本方法都是相同的。

徐光启对农学的研究，运用的也是这些方法。他重视文献的收集和运用，例如《农政全书》引用的文献就达 225 种之多。他也十分重视调查访问和试验，陈子龙在《〈农政全书〉凡例》中说徐光启“躬执耒耜之器，亲尝草木之味，随时采集，兼之访问，缀而成书”。他的番薯栽培知识，就是他在上海试验得来的。他的捩转乌柏枝能多结子的知识，就是从山中老圃那里学来的，并结合试验而得出的。徐光启研究农学运用了上述传统的研究方法，但他的视界要比前人开阔得多，他的研究也深入得多。这与他吸取西方实证科学方法是有关联的。对此将在本章第四节有所论述。

## 二、《崇祯历书》与天文学研究

主持《崇祯历书》的编撰，是徐光启科学研究的另一个主要方面。在中国传统科学中，历算相连。因此，徐光启对于数学的研究是和对天文学的研究紧密相关的。所以他对天文学也是早有研究。不过，主持《崇祯历书》的编撰，集中在他服官任职的最后五年。这也是他生命的最后五年，在这五年里，他为修历倾注了极大的心血。

崇祯二年(1629 年)九月，思宗下令由徐光启督领修历。当时徐光启已是 68 岁的老人，但他总是亲临观象台指导或亲自观察，在崇祯三年(1630 年)十二月三十一日的观测中不慎摔伤。虽然在崇祯五年(1632 年)入了阁，对修历工作仍然是一丝不苟，白天忙于行政事务，晚上挑灯夜战校勘准备进呈的历法书籍，直至去世前的一个多月里，仍然“力疾倚榻矻矻捉管了历书”[1]。徐光启去世后，由其推荐的李天经主持历局工作，并在崇祯八年(1635年)一月进呈历书30卷，加上以前已经报呈的历书，共计126卷，至是，徐光启所主编“竭昼夜以推步，镂肝肾以研削，凡五更寒暑，尽瘁以成”[2]之《崇祯历书》，全部告竣。

中国传统的天文学从属于历法，天文历算源远流长，13至14世纪，欧洲的儒略历已出现严重的误差，而元代郭守敬的《授时历》则把中国历法提高到一个新的水平。但是，中国古代的帝王们把天文与朝代的兴衰相连，认为如果人人都懂历法，则极容易选准时机推翻现有政权而改朝换代，因而不允许私人研究天文历法。明朝也是如此，“按《大明会典》：凡天文地理等艺术之人，行天下访取考验收用。……但私习天文，律有明禁，而监官不知律意，往往以此沮人，是以世多不习，或习之而不肯自言耳”[3]。因而天文学也处于停滞状态。

明朝建立之初，在洪武六年(1368年)颁布了《大统历》，“乃国初监正元统所定，其实即元太史郭守敬所造《授时历》也。二百六十年来，历官按法推步，一毫未尝增损，非惟不敢，亦不能”[4]。除《大统历》外，明朝还采用《回回历》，这是一部

---

① 徐骥：《文定公行实》，《徐光启集》，第625页。

② 徐尔默：《先文定公集引》，转引自梁家勉：《徐光启年谱》，第209页。李天经在此次进呈历书时称：前后五次所进，共计成书137卷；《先文定公集引》称此书232卷；《明史·艺文志》、《畴人传》称此书126卷，《四库总目》称此书100卷。卷数不一致，盖或写刻有误，或有所去取分合。此据《明史·艺文志》。

③ 徐光启：《礼部为奉旨修改历法开列事宜乞裁疏》，《徐光启集》，第327页。

④ 徐光启：《礼部为为日食刻数不对敕部修改疏》，《徐光启集》，第319页。

西域历法,“高皇帝尝得《回回历》法称为乾方先圣之书,令词臣吴伯宗等与马沙亦黑(回回教师,引者注)同事翻译,至今传用。惜亦年远渐差”①。主管天文历法的钦天监据这两部历法推算的日食月食多有不验,误差越来越大,改历之议屡有发生。有些建议者被治罪,改历的建议以“古法不可轻变”、“祖制不可改”为由遭到拒绝。皇室成员朱载堉曾将其编撰的黄钟历和圣寿万年历进献给万历皇帝,请求修正历法。“囿于陈见的束缚和治历仪表的欠缺,朱载堉编撰的历书虽引据详明足资考证且小有修补,但从根本上并未超越中国古代传统历法的固有形式。”②万历年间还有邢云路作《古今律历考》,也请求修改历法。邢云路工于推算,有所创新,但其著作的基本内容是对传统的重复。

在西方,1528 年罗马教皇颁行新历,即我们现在使用的公历,其精确程度远远超过《大统历》。以利玛窦为首的西方传教士对历法比较熟悉,历法的修改既给他们提供了打入宫廷的机会,也使徐光启、李之藻有了学习西方天文学知识的机会。阮元在《畴人传》中提出:“利氏东来,得其天文数学者,光启为最深。洎乎督修历法,殚其心思才力,验之垂像译为图说,洋洋乎数千万言。反复引伸,务使其理其法,足以人人通晓而后已。”③

徐光启从编译西方天文历法书籍入手,同时制造仪器,精

① 徐光启:《条议历法修正岁差疏》,《徐光启集》,第 335 页。在《辨学章疏》中徐光启也提到了此事:“高皇帝命翰林李翀、吴伯宗与回回大师马沙亦黑、马哈麻等翻译历法,至称为乾方先圣之书。”见《徐光启集》,第 433 页。

② 沈定平:《明清之际中西文化交流史》,第 599 页。

③ 阮元:《畴人传》,上海,商务印书馆,1935 年,第 407 页。

心观测。自崇祯四年(1631 年)起,分五次进呈所编译的著作,这就是后来的《崇祯历书》。据《畴人传》记载:"光启等所修《崇祯历书》凡一百二十六卷。《历书总目》一卷,《日躔历指》四卷,《日躔表》二卷,《恒星历指》三卷,《恒星图》一卷,《恒星图系》一卷,《恒星历表》四卷,《恒星经纬表》二卷,《恒星出没表》二卷,《月离历指》四卷,《月离表》六卷,《交食历指》七卷,《交食表》七卷,《五纬历指》九卷,《五纬表》十卷,《测天约说》二卷,《大测》二卷,《割圆八线表》六卷,《黄道升度表》七卷,《黄赤道距度表》一卷,《通率表》二卷,《元史揆日订误》一卷,《通率立成表》一卷,《散表》一卷,《割圆八线立成长表》四卷,《黄道升度立成中表》四卷,《历指》一卷,《测量全义》十卷,《比例规解》一卷,《南北高弧表》十二卷,《诸方半昼分表》一卷,《诸方晨昏分表》一卷,《历学小辨》一卷,《历学日辨》五卷。"①

《崇祯历书》卷帙庞大。其中"法原"即理论部分,占到全书篇幅的三分之一,系统介绍了西方一些天文学理论和方法,着重阐述了托勒密(Ptolemy)、哥白尼、第谷(Tycho)三人的工作;大体未超出开普勒行星运动三定律之前的水平,但也有少数更先进的内容。具体的计算和大量天文表则都以第谷体系为基础。《崇祯历书》中介绍和采用的天文学说及工作,究竟采自当时的何人何书,大部分已可明确考证出来。据江晓原《天学外史》第十一章《近代西方天文学之东来》统计,兹将已考定的著作开列如下:

第谷:

① 阮元:《畴人传》,第 407 页。

《新编天文学初阶》(Astronomiae Instauratae Progymnasmata,1602)

《论天界之新现象》(De Mundi,1588,即来华耶稣会士笔下的《彗星解》)

《新天文学仪器》(Astronomiae Instauratae Mechanica,1589)

《论新星》(De Nova Stella,1573,后全文重印于《初阶》中)

托勒密:

《至大论》(Almagest)

哥白尼:

《天体运行论》(De Revolutionibus,1543)

开普勒:

《天文光学》(Ad Vitellionem Paralipomena,1604)

《新天文学》(Astronomia Nova,1609)

《宇宙和谐论》(Harmonices Mundi,1619)

《哥白尼天文学纲要》(Epitome Astronomiae Copernicanae,1618—1621)

伽俐略:

《星际使者》(Sidereus Nuntius,1610)

朗高蒙田纳斯(Longomontanus):

《丹麦天文学》(Astronomia Danica,1622,第谷弟子阐述第谷学说之作)

普尔巴赫(Purbach)与雷吉奥蒙田纳斯(Regiomontanus):

《托勒密至大论纲要》(Epitoma Almagesti Ptolemaei,1496)

上述13种当年由耶稣会士“八万里梯山航海”携来中土、又在编撰《崇祯历书》时被参考引用的16—17世纪拉丁文天文学著作，有10种至今仍保存在北京的北堂藏书中。其中最晚的出版年份也在天启二年(1622年)，全在《崇祯历书》编撰工作开始之前。①

《崇祯历书》在大量测算实例中虽然常将基于托勒密、哥白尼和第谷模型的测算方案依次列出，但并未正面介绍哥白尼的宇宙模型。以往通常认为，直到1760年耶稣会士蒋友仁(P. Michel Benoist)向乾隆进献《坤舆全图》，哥白尼学说才算进入中国。这种说法虽然大体上并不错，但是实际上耶稣会传教士们在蒋友仁之前对哥白尼学说是有所引用和介绍的。

《崇祯历书》基本上直接译用了哥白尼的《天体运行论》中的十一章，引用了《天体运行论》中27项观测记录中的17项。对于哥白尼日心地动学说中的一些重要内容，《崇祯历书》也有所披露。例如“五纬历指”卷一关于地动有如下一段：“今在地面以上见诸星左行，亦非星之本行，盖星无昼夜一周之行，而地及气火通为一球自西徂东，日一周耳。如人行船，见岸树等，不觉已行而觉岸行；地以上人见诸星之西行，理亦如此，是则以地之一行免天上之多行，以地之小周免天上之大周也。”这段话几乎是直接译自《天体运行论》一章8节②，是用地球

---

① 江晓原：《天学外史》第十一章《近代西方天文学之东来》(上)，上海，上海人民出版社，1999年版。

② Copernicus: De Revolutionibus, I, 8, Great Books of the Western World, Vol. 16, P. 712, Encyclopeadia Britannica, 1980.

自转来说明天球的周日视运动。这无疑是哥白尼学说中的重要内容。

不过《崇祯历书》虽然介绍了这一内容，却并不赞成，认为是“实非正解”，理由是：“在船如见岸行，曷不许在岸者得见船行乎？”这理由倒确实是站得住脚的——船岸之说只是关于运动相对性原理的比喻，却并不能构成对地动的证明。事实上，在撰写《崇祯历书》的年代，关于地球周年运动的确切证据还一个也未发现。①

徐光启在历算学方面的译述，一直影响到清代。②

在天文学和数学的理论译述方面，清初有些知识分子对明末传入的西洋天文数学，颇感兴趣，其佼佼者首推梅文鼎(1633—1721)以毕生经历专攻天文、数学。理会尤彻，研之精深，他有天文学著作四十余种，其中有评论《崇祯历书》专著，经其后代梅瑴成于1761年编《梅氏丛书辑要》时，安排在第五卷的《平三角举要》、《弧三角举要》篇章中。

《崇祯历书》中有“球面三角法”、“西洋筹算”和“比例规”等数学书20卷，其中《比例规解》一卷为罗雅谷(意大利人)所撰，原无例题并示用法，说理似是而非，引用常数不确。梅文鼎青年时代自制比例规，与弟梅文鼐共补算题并改正了罗雅谷错落之处。

在《崇祯历书》的影响下，清代许多人都学习过《几何原本》，

---

① 考证细节见江晓原：《明清之际西方天文学在中国的传播及其影响》，中国科学院博士论文(北京，1988)，第7—8页。

② 本节以下部分参考了陈晓中：《徐光启的天文历法思想》，见席泽宗、吴德铎(主编)：《徐光启研究论文集》，第69—70页。

以此作为研究天文学的基础。于是，1712 年康熙皇帝命梅瑴成、陈厚耀、明安图等人为《律历渊源》汇编官，于 1721 年完成《历象考成》42 卷。

十七世纪四十年代，波兰传教士穆尼阁在南京等地传教，薛凤祚、方中通等人受业于其门下，穆尼阁死后，薛凤祚等将所受知识编成《历学会通》，于 1664 年刊行。该书共分正集、续集、外集三部分。主要介绍天文学，同时包括数学、物理学等。数学主要有《比例对数表》、《比例四线新表》和《三角算法》。后来所介绍的平面三角法和球面三角法比《崇祯历书》更完整。至此，关于球面三角各项公式，都已传入我国，这些都是天文学研究所必需的。

在天文观测仪器的制作方面，清代制的六件古代天文仪器，虽然完成于比利时人南怀仁的监制，但溯其源由，以及观测所需的使用性能，不能不说与徐光启在《急用仪器十事》中的建议有关。

徐光启上述这些在历算学方面产生的影响，在一定意义上体现了他在修历时提出的由翻译而会通而战胜的思想。

## 三、"会通以求超胜"

徐光启曾经指出，传教士所带来的西学中，"有一种格物穷理之学，凡世间世外、万事万物之理，叩之无不河悬响答、丝分理解，退而思之，穷年累月，愈见其说之必然而不可易也。"[1]在徐光启看来，西方科学在许多方面比当时中国的科

① 徐光启：《〈泰西水法〉序》，《徐光启集》，第 66 页。

学要先进。

对于西方科技，徐光启做了大量的译介工作，但他并非只是一味地崇信西方科学，而是明确提出了“会通以求超胜”的思想。这一思想就是在徐光启思考如何修历时形成的。他说：“欲求超胜，必须会通；会通之前，先须翻译。”西洋历法“至为详备，且又近今数十年间所定，其青于蓝、寒于水者，十倍前人”。经过随时随地的检验，西洋历法“可为目前必验之法，又可为二三百年不易之法，又可为二三百年后测审差数因而更改之法。又可令后之人循习晓畅，因而求进，当复更胜于今也”[①]。徐光启对中国天文学超胜西方充满信心，但又并不盲目乐观。超胜是必然的，至于何时做到这一点，徐光启相当慎重，以为也许要二三百年之后。

“会通”之前，先须翻译，就是强调“会通”必须以学习和研究西方科学为基础，在此基础上的会通，不是将两者简单地拼凑在一起，而是把两者的长处相结合，这样才能达到“超胜”的目的。因此徐光启对中西的沟通，不是简单地翻译几种著作把西方科学技术介绍到中国来，在徐光启的译著中，每一种都包含了他自己的创造成分，以求更适合中国的需要。徐光启在他的科学实践中贯彻了这一思想。他所修订的《崇祯历书》，既采用了具有计算精确等优点的第谷天体运动体系和几何运算系统，又没有把集中中国古代历法的《大统历》弃之不顾，因而被称为“熔西人精算，入大统之型模；正朔闰月，从中不从西，完气整度，从西不从中”[②]。徐光启的

---

① 徐光启：《历书总目表》，《徐光启集》，第 374 页。

② 阮元：《畴人传》，第 408 页。

《测量法义》、《测量异同》、《勾股义》，是三部中西合璧的数学著作。在这三部书里，徐光启依据《几何原本》的公理，结合《周髀算经》、《九章算术》"推求异同"，力纠中国古代数学言"法"不言"义"的弱点，做到了存中国数学之"法"而系之以《几何原本》之"义"；徐光启还对中国"旧篇所有今译所无"的地方作了补论；①更可贵的是他参照《几何原本》，对于当时传入的西方数学中没有的题目，创造出了与中国古代完全不同的证明方法，如《勾股义》中的"勾股容圆"就是一例。②

徐光启认为，与西方科学相比，中国科学的停滞不前的原因，在于缺乏以建立在形式逻辑公理系统上的数学作为基础。所以，在他看来，如要在科学上超胜西方，最根本的是要掌握西方数学所体现的逻辑思维方式，即他所说的"金针"。这就不是在某些具体学科领域或具体科学知识层面上进行会通，而是在更高的思维方式的层次进行会通。

## 四、近代科学幼芽的萌动

徐光启从事科学研究的年代，正是近代科学曙光在西方升起的时候。徐光启站在了中国传统科学向近代科学转变的连接点上：一方面他对中国传统科学如农学进行总结；一方面在他身上萌动着近代科学的幼芽。在前一章里，我们已经指出徐光启"不用为用，众用所基"的数学思想，是具有近代科

---

① 徐光启：《〈测量异同〉绪言》，《徐光启集》，第86页。

② 参见陈卫平：《第一页与胚胎——明清之际的中西文化比较》，上海，上海人民出版社1992年，第122—123页。

学意识的。除此之外,他还在以下方面表现出具有近代科学倾向的识见和精神。

首先,徐光启意识到了建立进行科学教育和科学研究的机构的必要性。他引用利玛窦的话:“西士之精于历,无他谬巧也,千百为辈,传习讲求者三千年,其青于蓝而寒于水者,时时有之,以故言理弥微亦弥著,立法弥详亦弥简。”反观中国,对于天文历法,“学士大夫罕言之;刘洪、姜岌、何承天、祖冲之之流,越百载一人焉,或二三百载一人焉”;两相比较,“彼千百为辈,传习讲求者三千年,吾且越百载一人焉,或二三百载一人焉,此其间何工拙可较论哉!”[①]西方历法之所以能够精确,其言理既微且著,其立法亦详亦简,重要的经验就在于建立了进行科学教育的专门学校传习讲求,因而科学知识世代相传,科学人才层出不穷,科学研究得以推进。为此他还介绍了西方教育制度对科学的注重:“西国古有大学,师门生常数百千人,来学者先问能通此书(指《几何原本》——引者按),乃听入。”[②]这里实际上是指出了当时的八股取士制度使得科学知识得不到传授,因而科学人才寥若晨星,科学研究无法延续。

徐光启还认为科学研究需要形成学术群体,“非一人之心思智力”[③]所能。例如对修历中的数学研究“度数既明,又可旁通众务,济时适用,此则臣之所志而非臣之所能,故不无望于众思群力之助也”[④]。包括了数学研究在内的修历工作是

① 徐光启:《〈简平仪说〉序》,《徐光启集》,第73页。

② 徐光启:《〈几何原本〉杂议》,《徐光启集》,第77页。

③ 徐光启:《月食先后各法不同缘由及测验二法疏》,《徐光启集》,第415页。

④ 徐光启:《条议历法修正岁差疏》,《徐光启集》,第333页。

一件大事，“大事必须众力，疾行当无善步。郭守敬时，历学未坠，集合大僚数辈及南北历官，然犹五年而成历，七年而颁行，二十余年而典籍始备”①。科学研究不是一己之事，而是众人之事，有了一个学术群体，大家相互切磋，分工协作可以事半功倍。徐光启提出了“度数旁通十事”，并建议就这些方面进行分科研究，其中就有着在分工研究的基础上形成一个学术团体的意图。然而，在当时的社会环境下，建立科学团体是很困难的。前已提及，徐光启指出，明代法律禁止个人私习天文，因而民间百姓不可能聚而研究，组成学术团体。同时党争的白热化，纠集党派立门户成为政坛上攻倒政敌的最有效的罪名，而组织学术团体，无疑会给人以结党朋比的口实。

徐光启的上述思想是合乎近代科学产生之需要的。在西方，大学教育是孕育近代科学的摇篮，据不完全统计，到近代科学日出前的15世纪末期，欧洲已有大学30余所，其中绝大多数集中在西欧。② 著名的有意大利的波仑亚大学和帕多瓦大学、英国的牛津大学和剑桥大学、法国的巴黎大学、德国的海德堡大学等，再加上16世纪以后创办的一些新型大学，如英国的格雷山姆学院、法国的法兰西学院等，正是这些大学为近代科学的降生奠定了基础。徐光启要求建立进行科学教育的机构，很可能是受到传教士关于西方大学介绍的影响。我们从前引的徐光启有关中西历法人才比较以及西方大学以掌握《几何原本》为入学前提的话语中，可以感受到这一点。而且在天启三年（1623年）刻刊的《西学凡》（艾儒略著），就是欧

① 徐光启：《历书总目表》，《徐光启集》，第376页。
② ［英］贝尔纳：《历史上的科学》，北京，科学出版社，1981年，第391页。

洲大学所授各科课程的纲要;也在这一年印行的艾儒略另一本著作《职方外纪》中,介绍了“欧罗巴建学设官之大略”,叙述了欧洲大学的分科。艾儒略当时被称为“西来孔子”,其著述徐光启不会不注意。

徐光启关于组织科学社团的想法,可能也和传教士的影响有关。科学社团在西方近代科学的发展中起了很大的推动作用。在晚明时期的欧洲已涌现了不少科学社团,如意大利的山猫学院、英国的哲学学会、法国的蒙特摩学会、德国的艾勒欧勒狄卡学社等。来到中国的传教士,有一些和这些科学社团是有联系的,如邓玉函、汤若望、罗雅谷都是山猫学院的成员,并且都参与徐光启领导的修历工作。徐光启很可能通过他们三位以及其他传教士了解到欧洲科学社团进行科学研究的状况。

尽管徐光启关于建立科学教育和科学研究的学校、学术团体的想法,是受之于传教士的启发,但他从传教士的简单介绍中,看到了建立科学教育和科学研究机构的必要性,这不能不说表现了他近代科学先驱的前瞻性的识见。当然,要将这一识见付诸实施,就要涉及到对原有的教育体制、学术研究体制作重大的改革和创新。但那时的晚明,如前所述,在重重叠叠社会危机的压迫下,已经不可能进行任何制度上的重大更新了。同时,徐光启的这一识见还是朦胧、不清晰的。如前所述,他虽然斥责科举为“烂路”,但他仍锲而不舍,而不像同时代的一些人舍科举去从事科学研究或下海经商;尽管他斥责应付科举之“时文”为无用,但仍在家信中指导孙儿如何作“时文”。因此,徐光启这一具有近代科学意义的识见,在晚明的思想星空里只是一掠而过。①

其次,徐光启大力倡导"由数达理"的形式逻辑思维方式。徐光启指出,西方科学以数学为基础,"格物穷理之中,又复旁出一种象数之学。象数之学,大者为历法、律吕;至其他有形有质之物,有度有数之事,无不赖以为用,用之无不尽巧极妙者"②。西方科学由把握事物的数量关系来发现自然界的规律,徐光启把这种思维方式称之为由"数"达"理",而《几何原本》则集中表现了这种形式逻辑的思维方法,徐光启称之为"度数之宗"③。在徐光启看来,西方科学的发展,是由于重视形式逻辑思维方法的训练,在这种训练中,《几何原本》发挥着重要的作用。因为"下学功夫"不外乎"理"和"事",即由理研究事或由事求理,而《几何原本》所提供的形式逻辑思维方法训练,"能令学理者祛其浮气,练其精心;学事者资其定法,发其巧思"。既然《几何原本》对于学理或学事者都有如此重要的作用,当然"举世无一人不当学"④。

与西方科学相比,徐光启认为中国科学的停滞,在于缺乏建立在形式逻辑公理系统上的数学作为基础。前已提及,徐光启认为,中国古代数学比之西方数学逊色的,不在"法"而在"义"。他指出由于中国古代数学忽略了"义",导致许多与数学有关的科学就不能像西方那样揭示出事物的"所以然之故"和"确然不易之理"。徐光启说,"二仪七政、参差往复、各有所

---

① 与之相比较的是,培根(1561—1626)在《新大西岛》提出的建立科学研究社团的"所罗门之富"的设想,在17世纪中期落实为英国皇家学会。

② 徐光启:《〈泰西水法〉序》,《徐光启集》,第66页。

③ 徐光启:《刻〈几何原本〉序》,《徐光启集》,第75页。

④ 徐光启:《〈几何原本〉杂议》,《徐光启集》,第76页。

以然之故”，何承天、祖冲之、郭守敬等虽然“推为精妙”，但“能言其所为故者，则断自泰西子之入中国始”。[①] 他还说：西洋利玛窦与之“讲论天地原始，七政运行”等，“一一从其所以然之故，指示确然不易之理，较我中国往籍，多所未闻。”[②]

徐光启把“由数达理”的形式逻辑思维方式视为西方科学优于中国传统科学的根本之所在，他试图以倡导这种思维方法来改变中国科学停滞不前的局面。《几何原本》因其集中体现了形式逻辑思维方式而受到徐光启的特别推崇，他将其看作绣出美丽的科学成果的“金针”之本源。应当看到，“由数达理”的思维方式，对于中国学人来说，是一种新的思维方式。梁启超曾指出这一点：“利玛窦等输入当时所谓西学者于中国，而学问研究方法上，生一种外来的变化。”[③]即在一定程度上使中国传统的思维方式有所改变。所谓“外来的变化”，首先就说明了这种思维方式为中国传统所缺乏。哲学和科学是理论思维的两种主要方式，中国传统的哲学和科学，都将形式逻辑思维方法冷落在一边。利玛窦曾经说：“中国所熟习的惟一较高深的哲理科学就是道德哲学……他们没有逻辑规则的概念，因而处理伦理学的某些教诫时毫不考虑这一课题各个分支相互的内在联系。”[④]李约瑟指出：“当希腊人和印度人很早就仔细地考虑形式逻辑的时候，中国则倾向于发展辩证逻辑。”因此，“中国数学的主流是朝着代数学的方向发展的。在

---

① 徐光启：《〈简平仪说〉序》，《徐光启集》，第73页。

② 徐光启：《修改历法请访用汤若望罗雅谷疏》，《徐光启集》，第343页。

③ 梁启超：《清代学术概论》，《梁启超论清学史二种》，第23页。

④ 《利玛窦中国札记》，第31页。

中国从未发展过理论几何学，即与数量无关，而纯粹依靠公理和公设作为讨论的基础来进行证明的几何学。”先秦时期的《墨经》所取得的成就，可以与亚里士多德的形式逻辑体系相媲美，“墨家思想所遵循的路线如果继续发展下去，可能已经产生欧几里得式的几何学体系了”。但先秦以后墨学成了绝学，因而形式逻辑思维方式的“幼芽”没有得到发展是中国文化的特征之一。[①]

应当说徐光启倡导“由数达理”形式逻辑思维方式的努力是有成效的。从李之藻的“缘数寻理，载在几何”和王征的“先考度数之学”，“而后可以穷物之理”；到黄宗羲的“借数以明理”和王锡阐的“因数可以悟理”，再到方中通的“格物者格此物之数，致知者致此知之理”和梅文鼎的“几何原本为西算之根本”，因而西历能推算出“所以然之故”，可见“由数达理”的形式逻辑思维方式在一些明清之际的科学家那里成为了群体性的运思方式。[②] 这意味着中国传统科技出现了某种类似西方近代科技的转向。《几何原本》的欧氏几何虽不属近代科学范围，但正如爱因斯坦所说，近代“西方科学的发展是以两个伟大成就为基础的，那就是：希腊哲学家发明的形式逻辑体系（在欧几里得几何学中），以及通过系统的实验发现，有可能找出因果关系（在文艺复兴时期）”[③]。欧洲近代科学的萌芽首先在哥白尼的天文学和伽俐略的机械力学里吐露，而为这

---

① 李约瑟：《中国科学技术史》第 3 卷，第 337、202、213、202 页。

② 参见陈卫平：《第一页与胚胎——明清之际的中西文化比较》，第 111—114 页。

③ 《爱因斯坦文集》第 1 卷，北京，商务印书馆，1976 年，第 547 页。

些科学理论起奠基作用的圆锥曲线研究，实际上是欧几里得几何理论体系的直接延伸。[①] 因此，徐光启以《几何原本》为典型，倡导“由数达理”的逻辑思维方式，实际上是为中国科技的近代转向提供了思维方式的指引。然而，徐光启倡导“由数达理”的思维方式，但并不以此对当时仍然被作为最高的思维方式即经学思维方式提出挑战。所谓经学思维方式即一切惟经典是从。他讲“补儒易佛”，自然是儒家经典为正宗为权威的。因此，在徐光启那里，“由数达理”的思维方式只具有研究学问的知识功能，而不具有挣脱经学束缚解放思想的社会功能，即梁启超所谓“乃‘研究法的运动’，非‘主义的运动’也”[②]。这就不同于培根的《新工具》和笛卡尔的《方法谈》对于逻辑思维方式的倡导。他们倡导的逻辑思维方式，既有知识功能，更有思想启蒙的社会功能。由此我们可以明白徐光启“由数达理”的逻辑思维方式，为何没能最终实现推动中国科技走出传统而迈向近代的意义。

再次，徐光启强调“责实”、“实验”的实证方法。万历三十二年(1604 年)徐光启就提出了“责实”、“求精”的思维。[③] 这一思想体现于科学研究，“求精”重在强调运用数学方法以求得研究结果的精确化，“责实”重在强调运用实证方法以求得研究对象的客观性。关于数学方法的运用，前章已有叙述，这里阐释其实证方法。

① 参见[美]克莱因：《数学史——数学思想的发展》上册，北京，九章出版社，1979 年，第 194 页。

② 梁启超：《清代学术概论》，《梁启超论清学史二种》，第 35 页。

③ 徐光启：《拟上安边御虏疏》，《徐光启集》，第 4 页。

徐光启的科学研究主要是农学和修历两个领域。他在这两个领域都贯彻了实证方法。从《农政全书》及其他的农学著述中，我们可以看到徐光启曾在上海和天津建立了农业的试验园地，对种植水稻、引种甘薯、放羊、白腊虫、种棉花、种芜菁、积苔等，都亲自试验研究，然后得出自己的意见，此即他自己所说："手自树艺，试有成效，乃广播之。"[①]对于《救荒本草》一书中所记载的可食植物，徐光启把它们一一找来亲自尝过，然后再下结论。重实践，重试验，这在以往农学家中也不乏其人。徐光启的特点是已蕴含了近代科学实证方法的一些环节。竺可桢对此作了分析，指出他的实证方法可分为四个步骤：一、广泛地搜集基本材料，使其精而确；二、综合和分析所搜集的材料，合理地找出自然规律；三、从客观的自然规律近踪过去的发展趋势来预告将来的变化；四、从所推得的未来趋向来谋利用、改造或防御的方针。[②] 这里列举徐光启对蝗虫的研究，以证明竺可桢的分析。他首先搜集了从春秋至万历以前二千多年的蝗灾记录，按月整理分析，得出蝗灾发生的规律："最盛于夏、秋之间，与百谷长养成熟之时，正相值也"；又根据文献记载和耳闻目睹的资料，以元代百年间受蝗灾的 400 个路、郡、州、县为分析对象，得出蝗虫大部分发生在"大泽之涯"即沼泽地区；在上述的基础上能够认识和掌握蝗虫发生的规律，采取消灭蝗虫的恰当措施，"详其所自生，与其所自灭，可得殄绝之法矣"；把握了蝗虫发生的规律，就能"先事修备，既事修救"，即预防为主，防治并举；既把握了规律，又

---

① 《农政全书校注》卷之二十五，第 628 页。

② 参见竺可桢：《徐光启纪念文集 · 序言》，北京，中华书局，1963 年。

发挥了人的主观能动性，蝗虫是能够被消灭的，“人力苟尽，固可殄灭”①。从中确可以看到徐光启的实证方法确和近代科学实证方法有相近处，即由一些环节和步骤来构成，而不只是简单的试验或实践一下而已。

在天文历算方面，徐光启的实证方法主要体现在强调天体运动自有其规律，正确的历法必须能够切实反映天体运动的客观规律，因而必须勤于实测验证，尊重实测验证的结果，以此来验证理论的正确与否。他在《崇祯历书》“恒星历指”叙目中指出：“欲明天事，只有深伦理，明著数，精择人，审造器，随时测验，追合于天而已。……除此之外，无他道焉。”这里强调了修历的目的是“追合于天”即反映天体运行的客观实际，而达到这个目的的途径就是“随时测验”。因此，他反对背离实测验证的主观臆断，指出这种主观臆断的表现有两种：一是“夫已不合，则归咎于天”，即不承认自己的推算不正确反而硬说天体运行本身出了差误；一是“宋儒言天，必有一定之数”，即以人为确定的数据强加于自然，实际上，“天行有恒数而无齐数也”②。对天体运行的推算是否正确，取决于实际验证。崇祯三年（1630 年）和崇祯四年（1631 年）四川生员冷守中和河北耆儒魏文魁先后编制了历法，对徐光启以西法修历提出责难。徐光启对此的态度是：“谚曰：千闻不如一见。未经目击而以口舌争，以书数传，虽唇焦笔秃，无益也，……必当测候。”③徐光启还以为不能仅凭一次验证就得出结论。崇祯

① 《农政全书校注》卷之四十四，第 1300、1299 页。

② 徐光启：《条议历法修正岁差疏》，《徐光启集》，第 333 页。

③ 徐光启：《日食分数非多略陈义据以待候验疏》，《徐光启集》，第 387—388 页。

三年(1630年)十月二十五日他在《题为月食事宜疏》中指出,所采西洋法,因“里差”关系,“非从月食时刻测验数次,不能遽定”①。

无论是农学领域还是在历算天文领域,徐光启都十分重视制造器械和仪器。这也是他强调实证方法的重要方面。在徐光启看来,凭借天文仪器可以使得验证的结果更为客观:“惟表、惟仪、惟晷,悉本天行,私智谬巧,无容其间。”②在农业方面,徐光启认为创造或改进生产工具,将会节省人力,提高产量。《农政全书》有这样的记载:“《农桑通诀》所载搅车,用两人,今止用一人。纺车容三維,今吴下犹用之;间有容四維者,江西乐安至容五維。往见乐安人冯可大所道之,因托可大转索其器,未得。更不知五維向一手间何处安置也。聊举一二。其他善巧,所在有之。且智巧日穷不尽,后之制作,若能虚访勤求,即吴宫机绝,尚有进乎技者,何况其他。嗟乎,又岂直杼轴之间,蕞尔细事已哉!”③这里改进和创造生产工具的热情跃然纸上。因此,徐光启指导甚至自己动手制造农用器具和天文仪器。万历四十年(1612年)春,徐光启与传教士熊三拔译著《泰西水法》,他的翻译方法不是照本直译,而是结合中国原有的水利工具,选译其中适用的部分,而且边译边制器边试验,然而把制器和试验的方法与结果都记录下来。所以郑以伟的《〈泰西水法〉序》说徐光启的翻译,是“谱之最悉,一开卷,即不必见其具,可按文而匠也”。徐光启的自序也说:

① 梁家勉:《徐光启年谱》,第175页。
② 梁家勉:《徐光启年谱》,第177页。
③ 《农政全书校注》卷之三十五,第971页。

“都下诸公闻而亟赏之，多募巧工，从受其法。器成，即又人人亟赏之。余因笔记其说，实不文。”[①]崇祯二年(1629年)徐光启主持修历时，开列“急用仪象十事”，提出制造包括望远镜在内的10种天文仪器。[②] 在他有关治历的奏疏中，不断有制造和使用天文仪器的情况报告。在崇祯四年(1631年)十月的《日食疏》中，特别报告了“窥筩眼镜”即望远镜的效用。[③] 这离伽俐略1608年使用望远镜，不过二十多年。

在西方诞生的近代科学，与古代科学不同的基本特征有科学方法和科学体系两个方面。从科学方法看，实验方法是近代科学的主要标志之一；从科学体系上看，近代科学的特点是学者的科学传统和工匠的技术传统的结合。从上述徐光启对于实证方法的强调，不难看到在这两方面都散发着与西方近代科学类似的气息。

然而，这样的气息不仅没有得到培育、生长，而且很快就游荡四散了。这除了晚明社会没有提供发展实验科学的动力之外，也与晚明思想的演变有关。晚明思想的一个重要方面，是实学思潮的高涨。实学以回归经学即原始儒家经典为旗帜，以经世致用为宗旨，反对理学的空疏。这为西学的流播提供了思想张力。徐光启和当时的一些科学家都称西学为“实学”就反映了这一点。[④] 传教士带来的西方“格物穷理”之学，无疑最能体现西学的“实学”品格。徐光启在《〈泰西水法〉序》

① 徐宗泽：《明清间耶稣会士译著提要》，第310、309页。

② 参见梁家勉：《徐光启年谱》，第165页。

③ 参见梁家勉：《徐光启年谱》，第187页。

④ 详见陈卫平：《第一页与胚胎——明清之际的中西文化比较》，第67—75页、第96—103页。

等著作中，都肯定传教士输入的西学是“实学”，其中的重要内涵是强调西方科技的可证实性。他在《刻〈几何原本〉序》称“格物穷理”之学“精实典要，洞无可疑”①，就表达了这样的意思。显然，徐光启强调科学实证方法，是接纳、学习、研究西方科技的结果。但是，他既把西学视为实学的同道，在方法论上也不能不受实学思潮“言必证实”的影响。实学“言必证实”方法论所谓的“证实”包含两个方面：一是指以自然界的事实为证据；二是指以典籍主要是儒家原始经典为证据。这两方面证据在其方法论中是混同在一起的。② 由此就会产生两个问题：一是把自然科学的实证等同于经典文献的考证；二是形下经验领域之求证与形上思辨领域之穷理的相通。这两个问题在徐光启和当时的科学家身上是存在的。在《农政全书》中，我们不难看到徐光启把得之实验的证据和考证于文献的证据都赋予“实证”的性质；同时，徐光启的“格物穷理”既用来指称西方科技，也以此表示“费禄苏非亚”即哲学思辨（见其和毕方济合译的《灵言蠡勺》）。这些意味着徐光启强调实证的科学方法还不是完全意义上的近代科学方法。就思想学术主流而言，晚明的实学高涨流变为乾嘉的朴学兴盛，其内在的逻辑是：从前者的回归经学到后者的“经学复盛”（皮锡瑞言）。朴学（经学）复盛的内涵如阮元所言，“崇宋学之性道，而以汉儒实之”③，即把对儒家经典的考证与心性之学结合在一起。由于徐光启和当时科学家的实证方法存在上述两个问题，因而其

---

① 徐光启：《刻〈几何原本〉序》，《徐光启集》，第 75 页。

② 详见陈卫平：《第一页与胚胎——明清之际的中西文化比较》，第 72—73 页。

③ 阮元：《研经室一集》卷二，《拟国史儒林传序》。

实证方法很容易为朴学所消解。本来在徐光启那里萌动着近代科学幼芽的“格物穷理”，终于淹没有朴学的故纸堆里。这是中国社会历史的一段曲折。然而，正是这曲折，更显示了徐光启作为近代科学先驱的眼光。

# 第七章 著作、传记和墓地、遗迹

徐光启在忧国忧民中离开了尘世。然而，一代又一代的人们不断地追思他、缅怀他。他们或编辑其作品，或撰写其传记，或修葺其墓地，或保存其遗迹。

研究徐光启思想的资料可以分作两大类，一类为徐光启本人的作品，一类为后人对其作品及生平分析评价的资料。在本节中，我们就第一类作品所作的介绍，涉及几种不同版本的徐光启的文集，也涉及在国内的各种文献中较难找到并且对是否出于徐光启之手尚有争议的宗教(天主教)作品；第二类作品所作的介绍，侧重于产生年代较早且较有影响的徐光启传记，其他众多研究文章则基本不涉及，对此读者可参考本书所附参考文献。

## 一、著作整理和刊印

徐光启生前较为注意自己文稿的整理编辑，但明清易代之际，徐氏著作无论是已刻印还是未刻印的，大多毁佚。[①] 至乾隆年间编《四库全书》时，仅收《农政全书》及科学译著 6 种，而论政治军事的重要著作《徐氏庖言》却被列入“禁毁书目”。徐光启其余的著作或流失海外，或秘而不传。至清末民初，始有《徐文定公集》问世，但所收篇目不多，而且可能掺有伪作。到目前为止，虽有徐光启的文集多种，但没有一种可以称之为全集的。

### （一）《徐氏庖言》

《徐氏庖言》一般被认为是徐光启生前亲自编辑的，大约刻于明天启七年（1627 年）或崇祯元年（1628 年）。顾廷龙称此文集“一毁于清初入关以后，再毁于乾隆修书之时”。1933 年，徐宗泽据刻本照片重新排印，王重民编《徐光启集》时收入其中。“惜皆校勘不精，误字棘目，不便览读。惟法国巴黎国立图书馆藏刻本，可称孤椠秘笈。”收入《徐光启著译集》的《徐氏庖言》是根据上海图书馆所藏照片影印的。[②]《徐氏庖言》有 5 卷，所收文章多为万历四十七年到天启元年（1619—1621

---

① 徐光启之孙徐尔默《题端闱奏草》记载：清顺治二年（1645 年）秋，徐光启旧居遭火灾，“上世所遗，悉成乌有”，公所藏“图书万册”，及“生平撰制，充栋等身”，损失殆尽。参见梁家勉：《徐光启年谱》，第 219 页。

② 参见《徐光启著译集》（第二册）的《跋》（顾廷龙撰），上海，上海古籍出版社，1983 年。

年)间有关练兵的奏疏、书牍和疏辩揭帖,最晚的为天启七年(1627年)的文章。据考证,此文集为徐光启约在天启五、六年自己编辑的,目的在于纠正和辩明所受诬奏。方豪对此书名中之"庖"字有所怀疑:"庄子寓言篇有'卮言日出'句,注者曰:'酒器满则倾,空则仰,比之于言因物随变也。'徐氏卮言,名或取此。乾隆五十三年军机处全毁书目作庖言者,或因形似而误,或徐氏子孙在乾隆四十三年后所改。"[①]另有一种见解认为《庖言》的内容以言兵为主,这段时间里徐光启主要不在兵部任职,所以弹劾他者指其关于兵事的议论属"越俎代庖",因而名之曰"庖言",带有反击弹劾而自清之意。徐光启自己在一些书信、奏疏中多次对这种越俎代庖的行为进行解释,如《与李君叙柱史书》、《钦奉明旨谨陈愚见疏》、《镇臣骤求制铳谨据职掌疏》中,多次直接使用"越俎"、"代庖"这类词。

### (二)《徐文定奏疏》(明钞本)

明钞本三册《徐文定公奏疏》很可能是徐光启自己命人抄存的本子,前后都有残缺,现藏于北京大学图书馆。这很可能是徐光启遗著中最原始的资料。收入《徐文定公奏疏》的大部分文稿被徐允希编入《增订徐文定公集》,但徐允希为了避免清廷的忌讳及有意尊崇天主教士,对原本有所改易。徐允希在其增订本的凡例中说:"文定公服官明代,依时言事,奏疏中未免有冒渎国朝字样,是书谨为改易。"又言:"其时称

① 方豪:《徐光启·凡例》,重庆,胜利出版社,1944年。

西人多用夷字，文定因之。书中一一删除，以免触忌。”①例如，“虏”、“奴”、“贼”等字改为“敌”，“夷”改为“澳商”或“商”，“贮”改为“储”，“恬”改为“淡”。后来徐宗泽在《徐文定公集》的三订本中做了一些回改，但不够彻底。

### （三）《治历缘起》（明刻明印本）

《治历缘起》是崇祯历局所上奏疏的汇编本，由历局的负责人几次编辑校刻而成。徐光启的《治历疏稿》是 12 卷的《治历缘起》的第一部分。徐允希编《徐文定公集》增订本时，依据的是奥地利额克萨顿藏本，徐宗泽编《徐文定公集》三订本时，依据清初钦天监改刻的《西洋新法历书》做了篇数的删减和文字的更改。王重民在辑校《徐光启集》时对《治历缘起》做了大量校勘工作，所收入的文章更为可信。

### （四）《新刻甲辰科翰林馆课》

《新刻甲辰科翰林馆课》12 卷，是万历三十四年（1606 年）刻本，由李廷机、杨道宾编选。此集收录徐光启文 13 篇，诗 14 首。此集为书商为争夺科举市场而刻印，刻印时甲辰科尚未散馆，徐光启的馆课作品未能全部收录。

### （五）《徐文定公集》及增订本

以《徐文定公集》名之的徐光启文集，传世的有 4 种，可分

① 最早出自李杕：《徐文定公集 · 凡例》，徐允希沿用。见《徐光启集 · 附录》，第 606、603 页。

两类。按时间顺序，第一类是没有独立成集的，即编入其他文集的，有一种，即陈子龙编选的《徐文定公集》(收入《明经世文编》)；第二类是独立成集的，有三种：一是李杕编选的《徐文定公集》(1896 年)，二是徐允希编选的《增订徐文定公集》(1909 年)，三是徐宗泽编选的《增订徐文定公集》(1933 年)。除以上 4 种外，尚有一种只见名录：在《徐氏宗谱》中有一篇《〈先文定公集〉引》，篇末记有“康熙岁次癸卯季秋重九日孙男尔默谨识”，但徐光启之孙徐尔默所编《先文定公集》未见传本。

崇祯十一年(1638 年)，徐光启的学生、曾校刻《农政全书》的陈子龙等人刊行《明经世文编》，其中有《徐文定公集》，收录文章 33 篇，但有所删节，甚至有些地方整句整段地删除。这可以说是第一种徐光启的文集(但不是专集)。

光绪二十二年(1896 年)，李杕编选的《徐文定公集》四卷由上海慈母堂铅印行世，收录 27 篇文章。这是徐光启逝世后第一次出版的专集。

王重民认为此种文集还不如陈子龙的本子，一是因为所收篇目少了 6 篇，一是因为“李杕是天主教的司铎，他编《徐文定公集》的目的是企图假借徐光启在科学上和历史上的声誉来宣传天主教，把宗教论文放在首位，这就大大歪曲了编印《徐光启集》的目的和作用”①。后一理由现在看来恐怕不能成立。

宣统元年(1909 年)，徐允希(徐光启的十一世孙)在《徐文定公集》的基础上，增入了家藏的《屯田疏》等疏稿和从外国得来的《治历疏稿》，共 63 篇，成《增订徐文定公集》铅印行世。

① 《徐光启集·凡例》，第 37 页。

全书分文稿、屯盐疏稿、练兵疏稿和章疏杂稿五卷。

王重民对李杕和徐允希所编文集批评道，两人“不但歪曲了徐光启在科学上的成就，还为清王朝避讳，为外国传教士避讳，任意篡改了徐光启的原文。徐光启的原文，第一次遭到陈子龙选集时的删节，入清以后，又经多次的篡改，到李杕、徐允希达到了极点”①。但李杕、徐允希则声称：“事事率真，无稍穿凿。阅者可据为信史焉。”②

1933年，适逢徐光启逝世300周年，徐宗泽又增订了徐允希的本子，把遗文、遗诗增至89篇，由上海徐家汇天主堂印行。徐宗泽根据旧本把李杕、徐允希篡改的文字作了一些回改。

另外，1900年，《徐文定公家书墨迹》第一次石印，1933年再版石印，1962年台中光启出版社影印，共收家书15件。③

## （六）《徐光启著译集》

20世纪60年代初，上海市文物保管委员会编辑了《徐光启手迹》。1983年，为了纪念徐光启逝世350周年，上海市文物保管委员会又编辑了《徐光启著译集》20册，由上海古籍出版社出版。参加编辑的人积极开展征集工作，在各方帮助下得到了“出乎想象的收获”，包括：

---

① 《徐光启集·凡例》，第37页。

② 最早出自李杕：《徐文定公集·凡例》，徐允希沿用。见《徐光启集·附录》，第603、605页。

③ 参见罗光：《徐光启传》，第181页。

1. 三百年来未刊的抄本。有专著《兵机要诀》、《〈考工记〉解》和《定法平方算术》，佚文《〈潞水客谈〉序》等；

2. 早已流失海外的孤本。有摄自巴黎的《徐氏庖言》（原有序、跋，已佚），摄自伦敦的《诗经传稿》（卷首序文已残）两书的照片；

3. 国内仅存的孤本。有明刻《守圉全图》中的《选练条格》，还有《葩经嫡证》中的《〈葩经嫡证〉序》；

4. 早已散失的辑佚之作。有国际科学史研究院通讯院士胡道静辑自现存于日本为朝鲜所刻的孤本《甘薯疏》，还有辑自明刻本《养馀月令》中的《农遗杂疏》；

5. 国内罕见之本《毛诗六帖讲意》；

6.《几何原本》等六种科学译著。自清代以来，迭经翻刻，有鲁鱼亥豕之误，根据明刻本或《天学初函》本的照片辑印，使复原貌；

7. 徐光启手札。传世甚稀，存者有的已为西人携去，国内藏者寥寥，多方访求觅得两种。

上述七类包括了十八种著作，均于《徐光启著译集》中影印。

《徐光启著译集》大体据原书区分科目，并按撰述时间为序，凡稿本、抄本及刻本皆依原书照相影印。每种专门著作之后还附有“后记”，简介该书内容、成书过程或学术价值。另外，书后附有查继佐、黄节写的《徐光启传》两篇。

《徐光启著译集》（二十）即最后一册，辑有佚文五篇：《〈葩经嫡证〉序》、《〈潞水客谈〉序》、《禹之治水功在治田》、《重修张大中丞公墓碑记》、《馆试忆江南梅花》（二首）。《〈葩经嫡证〉序》撰于万历四十四年（1616 年），见于

《重镌张徐两太史审定〈葩经嫡证〉》，为云间张以诚订正，徐光启参阅，朱辂辑著。卷首有张、徐的序各一篇。《〈潞水客谈〉序》见于《周髀井田记》，《潞水客谈》的作者是水利专家河南道监察御史徐贞明。《禹之治水功在治田》也见于《周髀井田记》，在应当写题目的位置却写了"徐光启"三字，此题是《徐光启著译集》的编辑者根据内容拟定的。《重修张大中丞公墓碑记》见于《天津县新志》。《馆试忆江南梅花》两首诗，首见商务印书馆 1917 年出版的《陶斋珍藏名人书画扇面集》第四集。① 这五篇文章，梁家勉的《徐光启年谱》均未提及，《徐光启集》也均未收录。

在《徐光启著译集》所收录文献中，有如下几篇需略作说明：

第一，关于《〈考工记〉解》

《〈考工记〉解》题为"上海徐光启子先撰"，有茅兆海写的《徐玄扈先生〈《考工记》解〉跋》。可能是由于属专门的著作，而且篇幅较长，《徐光启集》未收录。上海市文物保管委员会编辑出版的《徐光启著译集》收录了《〈考工记〉解》，是根据藏于复旦大学图书馆的明清之际的抄本整理影印的，称此书为"三百几十年来的未刊之作，是至今所仅见的孤本"。由于抄本年代久远，致有遗落，上篇第二十三、二十四页缺，下篇第二十五页也大多缺损。编辑整理者据明覆宋刊本的《考工记》补录，"以便观览"。另外，各页上还有一些眉批，"不知出自谁手，有待考证。"

《考工记》是我国古代重要的科技典籍，据郭沫若考证，为

① 参见《徐光启著译集》(第二十册)的"后记"。

春秋末年的齐国官书。该书记录了25个工种，部分地反映了当时所达到的科技水平，对于后世的手工艺制作、度量术用建筑等均有较大影响，是研究古代文化史和科技史的重要文献。徐光启出于经世致用的目的，对《考工记》素有研究。据郑以伟《〈泰西水法〉序》讲，"一开卷即不必见其具，可按文而匠也。……徐太史文既酷似《考工记》，此法即不敢补冬官，或可备稻人之采"。万历年间，徐光启鉴于清人入侵，要发扬以《考工记》为代表的科技传统"以资兵事"博采郑注、贾注和王、林二氏的解说，"释注成编，手自删削，凡三易草"，其注解颇多胜过前人之处。①

《徐光启著译集》的后记中称此书成于万历四十七年(1619年)，而梁家勉在《徐光启年谱》中则将其列于万历三十三年(1605年)。

第二，关于《译〈几何原本〉引》

与《几何原本》相关的有三篇文章：《译〈几何原本〉引》、《刻〈几何原本〉序》和《〈几何原本〉杂议》。《徐光启著译集》全部收录了，但《徐光启集》中却未收录《译〈几何原本〉引》，梁家勉著《徐光启年谱》亦未著录。在刻印《几何原本》时，有两篇序言：一为《刻〈几何原本〉序》，署名"吴淞徐光启书"；一为《译〈几何原本〉引》，署名"泰西利玛窦谨书"。在出版的《几何原本》前六卷的译本中，有两篇序言：一篇是利玛窦名下的《译〈几何原本〉引》，一篇是徐光启名下的《刻〈几何原本〉序》。根据利玛窦的记载，两篇序言均出自徐光启之手。前一篇即以利玛窦名义写的《译〈几何原本〉引》介绍了欧几里得，赞扬

---

① 参见《徐光启著译集》(第四册)的"后记"。

了丁先生(利玛窦的教师)的注释,解释了定理的应用并附录了一些其他数学数据;后一篇即徐光启以自己的名义写的《刻〈几何原本〉序》赞颂了欧洲的科学和艺术。[①] 在《译〈几何原本〉引》中,有论几何的十种功用之论,这与徐光启后来在《条议历法修正岁差疏》(1692 年)所列"度数旁通十事"一致。另外,在《译〈几何原本〉引》的前半部分中,确是利玛窦的口气,如自称"吾西国"云云,但后来又以"彼士"称利玛窦等人。这种人称的不统一也可在一定程度上佐证此文出自徐光启之手。有些研究者视《译〈几何原本〉引》为利玛窦之作,如美国学者史景迁曾在《利玛窦的记忆之宫》中,认为该文论兵之言,是利氏根据他在欧洲所经历的兵乱所立之论。但这个论据恐怕站不住脚,徐光启不仅经历过兵乱之痛,而且自幼喜读兵书,成人后还有过军事实践,他完全可能有此论兵之言。虽然未发现徐光启自己承认《译〈几何原本〉引》是他的作品,但其中所反映的思想的确与徐氏的数学思想是一致的,实际上完全可能适当地作为研究徐光启数学思想的参考。

第三,关于《毛诗六帖讲意》

《徐光启著译集》第十二册至第十七册为《毛诗六帖讲意》。这一著作卷首称《新刻徐玄扈先生纂辑毛诗六帖讲意》,成书于万历三十一年(1603 年),刻于万历四十五年(1617 年),是徐光启二十多年著述而成。徐尔默在《徐文定公集引》中称这是徐光启"未竟之业",却被书商盗印,徐尔默"绩成之,以藏诸家塾也"。徐尔默绩成之本今已不传,这个本子很可能就是被书商盗印的"未竟之业",即这不是一个定本。"此书见

① 《利玛窦中国札记》,第 518 页。

于《千顷堂书目》著录，但无卷数，《明史·艺文志》据以又分为六卷；朱彝尊《经义考》有目而无卷数，实均未见原书所致。《四库全书总目提要》著录范方重订本十四卷，范序有‘后先错互，为未定之书，爰为重订，去其博物一帖，其余五帖，皆移定其次而无所增改’。可见范方是擅自删移而已。”①

第四，关于《诗经传稿》

《诗经传稿》四卷，由徐光启的孙子徐尔默辑成，徐光启的曾孙以嘉、以纳等校，清初徐氏渊源堂家刊。卷首有康熙十二年癸丑(1673年)同郡王光承(玠右)序。原书国内已无藏本，亦不见于各家藏目及《徐氏宗谱·翰默考》。20世纪30年代，向达游历欧洲，在伦敦牛津大学发现了这本书，卷首有王光承所撰之序，但当时就已残缺。至此，“此流失海外已久的徐氏佚著，才为国人所知。近承李约瑟博士鼎力，从牛津摄来照片，所以影印”②。

### （七）《徐光启集》

1984年，上海古籍出版社出版了王重民辑校的《徐光启集》。在这一版本的版权页上有“原中华上编版”字样，在“凡例”的最后记有“一九六二年十一月十五日王重民记”，在《徐光启著译集》的编辑说明中曾提到此书出版于20世纪60年代初。另外，在此集的附录中，王重民称1933年刊行的《增订徐文定公集》(徐宗泽编选)“流传至今已卅载”。看来王重民

① 《徐光启著译集》(第十七册)的“后记”。
② 《徐光启著译集》(第十九册)的“后记”。

辑校的《徐光启集》应有1962年底或1963年的"中华上编"版，但我们未能收集到。从上述记载可以看出，上海古籍的版本是"中华上编"的原版，而不是修订版。"中华上编"系指"中华书局上海编辑所"，而中华书局上海编辑所系上海古籍出版社的前身。稍有不同的是，在1984年版的《徐光启集》末，附有梁家勉写的《〈徐光启集〉校记补》。

王重民自己总结《徐光启集》有三个特点：一是"比旧本更加完善"，二是"百分之九十五以上的诗文都恢复到了明刻明抄本的原文原貌"，三是"以科学论文为主，对于伪托的、可疑的宗教论文都删去"。辑校《徐光启集》所用资料主要有三类：万历、天启年间的奏疏书牍以明刻《徐氏庖言》的影片为主，崇祯年间守城、制器、屯田等疏稿以明抄本的《徐文定公奏疏》为主，治历疏稿以明刻明印《崇祯历书》本中的《治历缘起》为主。这三类以外，如序跋都根据明代刻本的原书整理，书牍和家书多据墨迹整理。"选择底本的方法，不论刻本抄本，总以经徐光启正式使用过或手订过的优先使用"。在每篇文章后面，王重民都作了校记，注明所据以移录的底本，有些还注明又用什么本子或什么地方的引文。"校记不着重作注解，但遇有文字上的差讹脱遗，或历史上的问题，不引他书便不能说明的地方，也顺便用了一些注解性的资料来作校勘。"①

王重民先生在《徐光启集》的辑校过程中，下了很大的功夫，为我们提供了迄今为止最好的徐光启文集。即便是对王重民刻意不选宗教论文持批评态度的学者，也无不承认这是最好的本子。在此集的最后，附有梁家勉写的《〈徐光启集〉校记补》

① 《徐光启集·凡例》，第38—39页。

(作于1983年5月),在《写在校记补前》中,梁家勉称王此集"可算是现存各版徐集中,最完备、最精审的一种",并总结为"搜集较备"、"选录较严"、"校订较精"、"考证较确"四个优点。

上海古籍版《徐光启集》分两册,广泛地收集徐光启的科学著作以外的资料,包括奏疏、书牍、论、说、策、议、序、跋、记、赞等杂文204篇,诗14首,分门别类按年代加以编排。《徐光启著译集》二十册,是影印本,保留了徐光启的大量手迹。《徐光启著译集》的收录范围要比《徐光启集》广泛得多,像徐光启的专门科学著作大都收录,所收书信也多于《徐光启集》,还附有查继佐、黄节分别撰写的两篇《徐光启传》。两种文集都留有遗憾:徐光启关于天主教方面的文章收录得都很少,只有《辨学章疏》和《跋〈二十五言〉》等少数几篇,而像《十戒箴赞》、《造物主垂像略说》等均未收录,这给全面研究徐光启的思想特别是研究徐光启的宗教思想带来一定的困难。

## 二、某些有关天主教的论文及争议

徐光启的天主教作品,就我们所能直接找到的资料看,比较完整的主要有《辨学章疏》和《跋〈二十五言〉》,另外在《〈泰西水法〉序》、《刻〈几何原本〉序》以及几封家书中也有一些只言片语。实际徐光启可能还留有其他一些专门有关宗教方面的文章,但在我们主要依据的《徐光启集》和《徐光启著译集》中均未收录。需要注意的是,即便如《辨学章疏》在《徐光启集》中也只能说是比较完整,据方豪的考证,有些文字自1896年上海慈母堂印行《徐文定公集》后,几种徐的文集"不仅未作详校，且均有删改”。

王重民对《徐文定公集》和《增订徐文定公集》以宗教论文为主有所批评，在他辑校的《徐光启集》中删去了他以为是伪托的、可疑的宗教论文。例如，在《徐文定公集》和《增订徐文定公集》都收入了《答乡人书》和《耶稣像赞》，王重民视它们为伪托、可疑而不加收录。王重民的理由如下：《答乡人书》以万历末年杨廷筠辑刻的《绝徼同文纪》中收有此文，题为“刘胤昌撰”；“杨廷筠是徐光启的朋友，不会题错撰人”。《耶稣像赞》最早见于天启年间许乐善自刻的《适志斋集》内，而“《适志斋集》有徐光启序，许乐善不会偷了徐光启的文章而又请他作序”。所以，《答乡人书》和《耶稣像赞》“明明是刘许所作，而后人伪托在徐光启名下，才能够普遍地流传”。在海外流传的明清之间编刻的《圣教规诫箴赞》中有几篇题为徐光启撰。这是教会“利用徐光启的名誉地位作宣传，李杕、徐允希就是在这样的目的下编印徐文定公集的，在他们的篡改和歪曲下，已经造成了很恶劣的影响。我这次重新校订徐光启集，努力恢复徐光启的原文，删去伪托，斥责李杕、徐允希的歪曲，以杜绝不好的影响，而为科学研究工作者提供正确的资料。”①

对这种做法，学界也有所批评。

一般都承认王重民集校的《徐光启集》是所有的选集中最好的，而教会出版的徐光启著作集在内容、编选、校勘、印行等方面都不如《徐光启集》。但是，王重民认定徐光启的宗教著作是伪作却是需要进一步加以证明的，从他列举的理由来看，他的处理显然不仅仅是出于具体的科学考证，还有政治上的

① 《徐光启集·凡例》，第38页。

考虑。20 世纪 80 年代以来吴德铎等人对此提出了不同看法。吴德铎认为:“以往的《增订徐文定公集》所收《答乡人书》(这是一篇说明天主教教义的专文),王重民教授根据‘在万历辑刻的《绝徼同文纪》题刘胤昌撰’,将它摒弃,不予收入,连‘附录’都不予考虑,这篇文章,这样处理,毕竟有些依据(因有一个人说,这是另一个人的著作)。可是在 1909 年(清宣统元年)出版的徐允希(徐光启十一世孙)编撰的《增订徐文定公集》中收有徐允希托人在奥(地利)国额克萨顿(即奥地利的 Achesbaden)所藏华籍中发现的‘旧刻《圣教规箴》一卷,治历疏稿数十篇’,对这批同时发现的徐光启的著作,王重民教授采取了两种态度,治历疏稿,全予收入,而‘海外有明清之间编刻的《圣教规诫箴》一卷,包括同样可疑的好几篇赞文,也题着徐光启的名字’,因为它们‘可疑’,王重民教授全予删去。至于‘可疑’的依据是什么?为什么‘可疑’,王先生却未作说明。虽然 1909 年出版的《增订徐文定公集》在《规诫箴赞》曾特地注明,‘录《苏州府志》’。这点,王先生却未向读者交代,如不看以往的旧集,读者很难发现它早已收入《苏州府志》。至于《圣母像赞》之类文字,完全是为了宗教礼仪的需要才撰写的,纯粹是一种形式,拿今天的话来说,它们不过是一些‘官样文章’(也可以称之为‘文字游戏’)。这种徒具空洞形式的赞辞,并没有什么实际内容。徐光启是位教徒,并且是位有较高政治地位的教徒,要他来撰写这种为教会装点门面的文字,是完全可能的,合情合理的。何‘可疑’之有?王先生在没有足够论据的情况下,将旧集中有关宗教信仰的内容,除《辨学章疏》一文外,一律目为‘伪托’,似难以令人心悦诚服,除非他能证明徐光启不是一位信教数十年之久的笃实的天主教徒。”所以，吴德铎先生认为在旧集中包括的所有的宗教著作（即我们附于后面的十一种），都是徐光启本人的作品。把它们归在徐光启名下是“可以的和合理的”。至于另外两种著作，他说：“还有两部谈宗教信仰的专著，据信，是徐光启的著作，一是《辟妄》，另一是《谘诹偶编》，这二书的内容基本相同，都是辟佛老之妄，反对当时民间普遍流行的烧纸、持咒等活动，指出轮回之说的不可信等。”但是，“《辟妄》及《咨诹偶编》二书，因徐骥的《文定公行实》及徐尔默的《先文定公集引》所列举著述目录均未提及，李之藻《天学初函》，亦未收入，是否徐光启著作，尚有待证实”①。

在这个问题上，王晓朝认为，徐光启写过许多宗教作品，他的作品被收入各种旧集并到处流传。仅仅出于某种意识形态方面的考虑就删除它们是错误的。至于王重民先生提出的那些疑点，在进一步的科学考证没有得出定论之前，不能作为充足理由去否定徐光启的全部宗教著作。然而，他也不同意吴先生的这种说法，即认为徐光启的宗教赞美诗是“徒具空洞形式的赞辞”，或者是“官样文章”、“文字游戏”。因为，如果我们承认徐光启是一位真心诚意的天主教徒，而那些赞美诗是他“为了宗教礼仪的需要”而写的，那么他的作品必然会表达他的宗教信仰对基督教的认识，研究他的宗教信仰不能把这部分内容排除在外。②

① 吴德铎：《试论徐光启的宗教信仰与西学引进者的理想》，载席泽宗、吴德铎主编：《徐光启研究论文集》，第153—154页。

② 参见王晓朝：《基督教与帝国文化——关于希腊罗马护教论与中国护教论的比较研究》，北京，东方出版社，1997年，第148页。

为便于其他研究者对徐光启的天主教作品进行包括考证在内的深入研究，我们把王晓朝在《基督教与帝国文化——关于希腊罗马护教论与中国护教论的比较研究》(北京，东方出版社，1997 年)抄录的 11 篇文献中的 10 篇转抄于下，文后注明所在页码(王晓朝所抄录的第 10 篇为《跋〈二十五言〉》，此文已收入王重民辑校的《徐光启集》，读者可以较容易地查找到)。按我们这里转抄的顺序，第 1 篇至第 9 篇见徐允希编选的《增订徐文定公集》，第 10 篇见《天主教东传文献》(台北，学生书局，1982—1986 年)。这 10 篇均未被王重民辑校的《徐光启集》收入。

**1. 耶稣像赞**

立乾坤之主宰，肇人物之根宗；推之于前无始，引之于后无终；弥六合兮靡间，超庶类兮非同；本无形之可拟，乃降生之遗容。显神化以博爱，昭劝惩以大公。位至尊而无上，理微妙而莫穷。(第 149—150 页)

[注：梁家勉的《徐光启年谱》未曾提及这部著作。方豪著《中国天主教史论丛》辟专章“徐文定公《耶稣像赞》校异”。方豪讲：“《耶稣像赞》，相传出徐文定公光启手，见《增订徐文定公集》卷一，通行教内，几于家各一章。”抗战后，方豪足迹遍及八省，“所见皆不尽同。此赞亦见许乐善《适志斋集》卷六，名《天主像赞》……但此赞之非乐善所撰，殆无可疑”。1635 年(徐光启死后 2 年)，传教士“艾儒略之出《像经解》刊于福州，亦有此赞，而更其名曰《天主圣像题词》，日本东洋文库有藏

本”。此外还有川沙庄允升藏木刻《耶稣救世主像题词》、杭县方氏即方豪家藏《辩学》钞本中的《天主耶稣像赞》和绥阳王氏家谱所收录此赞，共计六种。方豪对这六种版本逐句校勘，指出全诗七十二字，各种版本“歧异者竟多至二十一字”①。]

**2. 圣母像赞**

作造物之尊母，为至洁之贞身。原之于胎无罪，秉之于性全仁。频施光兮照世，职恩保兮救人。义镜垂而群法，天门启而众臻。位越诸神兮益上，德超庶圣兮特张。福既极而难并，美非常而莫伦。（第150—151页）

[注：梁家勉的《徐光启年谱》未曾提及这部著作。方豪《中国天主教史论丛》，提及一篇《圣母玛利亚像赞》，称“亦见《徐文定公集》”②。]

**3. 规诫箴赞**

维皇大哉，万汇原本。巍巍尊高，造厥胚浑。搏刮众有，以资人灵。无然方命，忝尔所生。蠢蠢黔首，云何不淑；曾是群慝，上参下黩。帝曰悯斯，降于人间。津梁耳目，卅有三年。普拯广流，诞彰精奇；舍尔灵躯，请命作仪。粤有圣宗，十又二子；述宣宏化，以迨亿祀。如日之升，逾远而光，千六百载，达于

① 方豪：《中国天主教史论丛》，上海，商务印书馆，1947年，第15—18页。
② 方豪：《中国天主教史论丛》，第50页。

兹方。兹方云何，膺受多祜。正教西来，大眷东顾。凡我人斯，仰瞻辽廓；敢曰无主，敢曰不若。大文无雕，经涂无诡。秉心三德，守诫二五。若罔不升，违罔不堕；勖矣前修，无作后悔。后悔则那，亟其改旃。鉴尔一息，贵尔百年。如山匪嵬，如海匪渊。矢志崇宏，以隆德馨。

[注：梁家勉的《徐光启年谱》未曾提及这部著作。]

**4. 十戒箴赞**

人心大正，陨自初民；欲横理危，迩以魔妄。惟皇悯斯，垂戒贞民。其数有十，总以三纲。以迪民彝，以弃民咎，以享天衢，以绝天祸。乃命明神，传之邃圣，昭示万民，谨守勿斁。（第 154 页）

[注：梁家勉的《徐光启年谱》未曾提及这部著作。]

**5. 克罪七德箴赞**

凡遏横流，务塞其源；凡除蔓草，务除其根。君子式之，用涤其心。人罪万端，厥宗惟七。七德克之，斯药斯疾，如讼必胜，如战必捷。有佑自天，勿诿勿怯。七克既消，万端并灭。（第 155—156 页）

[注：梁家勉在《徐光启年谱》1604 年（万历三十二年，甲辰）条中讲："此顷，西洋人庞迪我撰《七克》，公为之笔削，并撰《克罪七德箴赞》。"据考证，《七克》成书于 1604 年，刊刻于

1614 年。]

**6. 真福八端箴赞**

欲累环攻，神目尽瞽。愈膻世趋，愈远天路。伪杂百端，以相诳惑。惟我正教，惟一惟真。德必真德，福必真福。德以致福，德亦名福。肇诸人世，充诸帝庭。精修妙契，宠泽光荣。（第 156—157 页）

[注：梁家勉的《徐光启年谱》未曾提及这部著作。]

**7. 哀矜十四端箴赞**

大道广渊，厥旨惟仁。霭恻肫祥，情现于爱。爱主之实，征诸爱人。爱有哀矜，或形或神。以富拯乏，以智济愚。弗私上锡，益来天佑。彼此罔知，天人殊视。弃摒元元，键户顶礼。德之不馨，翳主谁歆。（第 158 页）

[注：梁家勉的《徐光启年谱》未曾提及这部著作。]

**8. 正道题纲**

正道宽宏，智德难穷。湛深悠远，万物真宗。非大慧而不能明性，非明敏而道不可逢。思上古之世，洪荒之风。无主宰谁置世界？无男女世界亦空。赋灵魂而为人之真性，置日月而明两间之中。三才既立，四海同风。分姓氏而各居一隅，立君相而礼义兴崇。世传世相继永久，人阅人父子孙公;到于今数千载迷却真性。逞己刚,说己能,自谓豪雄。殊不知普天下同归一祖,有何彼,有何此,自失原宗。种种魔障,欺世轰轰。立多教而逐各异,信孔孟略知根宗,笑李老烧丹炼汞,叹释迦暮鼓晨钟。说甚么斋僧布施,受福重重,打僧骂道,地狱魔中。事释迦而为僧役,礼十王借道行凶。呜乎惜哉! 何不返本追踪? 传教士舍西顾东,九万里过海漂篷。不辞披星戴月,何惮宿露餐风。惟愿人人各正性命,惟愿人人体道归宗。渊微莫测,细味其中。可比生柯株树,千枝万叶丰隆。皆从原头生发,共赖一本之功。贤君试凭一览,感乾坤有始末,正道本无穷。古今暨将来,万汇总涵容,无物不同。一气内谁能,别是一家风。(第159—160页)

[注:梁家勉的《徐光启年谱》未曾提及这部著作。从语言风格或者说表述方式看,与徐光启一贯的风格或方式有较大出入,似后世之作,而非晚明时期徐光启之作。虽有伪托之嫌,但断定为出自徐光启之手或者相反,均缺乏足够之证据,立此存疑,待来者鉴别。

尚需注意,从中国科学技术发展史的角度看,“汞”这一名称是从什么时候出现在中国科技文献中的,需要考证,因为文中出现了“笑李老烧丹炼汞”一句。]

**9. 答乡人书**

佛入中国,千八百年矣。人心世道,日不如古,成就得何许人？若崇信天主，必使数年之间，人尽为贤人君子。世道视唐虞三代，且远胜之，而国家更千万年永安无危，长治无乱。可以理推，可以一乡一邑试也，执事将何从焉？实义中所论理学，止举大概。若欲尽解其义，宜用经书万卷。今未得遍译，他日必当大明，恐我与执事不及见耳。若未能深明其详，大端只宜信有天主。天主即儒书所称上帝也。一信其有，即所立教诫，不得不守；所谓义理，不得不从。如臣从君，子从父，何中国殊方之可言乎？比如国有其主，如京师大内，宰臣侍从，方得见之；海滨草野之民不见也。虽则不见，岂可不信其有耶？不信其有，必至犯法干令；直待断于阙下，然后信其有。悔其罪，晚矣晚矣。教中大旨，全在悔罪改过。虽临终一刻，尚可改旧图新，免永远沉沦之苦。若在高年，时势已迫，尤不可不早计也。眼前悠悠不问，无可奈何。若执事更可救无数人，执事功德，亦不浅也。（第162—163页）

［注：梁家勉的《徐光启年谱》未曾提及这部著作。徐光启丁父忧期间，请传教士郭居静来上海传教。郭居静至上海两月有余，便举行了50个人一起入教的受洗盛典，徐光启率领全家参加这一活动，他自己“向衣朝服，自辅弥撒祭礼”。西方传教士的活动传遍了上海，既有人积极接触，也出现了反对的声音。“有一个七十余岁的老翁，恨这班人辱神慢鬼，有坏中国圣人的遗教，便写了一封信与光启，责他弃古圣之道而从邪说。光启回他一封书，解说信仰天主并不背中国圣贤之

道。”这便是此篇《答乡人书》的缘起。“这位高年的老翁，并没有来相诘难。一日，他竟病了，光启便亲自去看他。老翁很感激徐翰林的谦虚有礼，很乐意听他讲道……信了教才去世。”这段记载见于罗光《徐光启传》，第54—55页。罗光在文中引用了《答乡人书》的后半部分，但与我们抄录的略有出入，最后一句为“如执事来相诘难，正是难得者。相与一讲明，非惟救得执事，从执事更可救无数人，执事功德亦不浅也。”“若”改“如”，且“执事”后尚有“来相诘难，正是难得者。相与一讲明，非惟救得执事，从”等字。疑王晓朝抄录时有遗漏或所据原本有遗漏。]

### 10. 造物主垂像略说

**吴淞徐光启述**

造物主者，西国所称陡斯，此中译为天主，是当初生天、生地、生神、生人、生物的一个大主宰。

且道天主为什么生天？天有两件：一件是我们看得见上边有日月星辰的天，造这天与我们做盖覆，造这日月星辰与我们做照光，此乃是有形的天，为我们造的；一件是我们如今看不见的，叫做天堂，乃是天神及诸神圣见天主，享受无量无限的年正福乐的居处。我们做好人为天主所爱，后来命终，身形归土，其灵魂亦得居于天堂，与天主神圣一同享受无边无量、永远真正福乐也。这就是如今看不见的天，是我们做好人才上得去的。

再说天主为什么生地？地有两件：一件是我们

看得见、上面有山川人物的地，造这地来乘载我们，造这万物来养育我们，此乃是看得见的地，为我们造的；一件是我们如今看不见的，叫做地狱，乃是邪魔恶鬼及诸恶人受无量无限之年苦难的居处。我们做不好人，得罪于天主，后来命终，灵魂亦要坠入地狱，为魔鬼所苦，与他同受无量无穷永远真正苦恼也。这就是如今看不见的地，是我们做了不好人定要下去的。

再说天主为什么生神？当初造天地的时候，造出许多神，用他奉侍天主，听候使令，守护人类，扶植万物。这神至灵，亦纯是神体，无有形质。神数极大，总分作九品。天主造了这许多神，其大半诚心奉敬曲服于天主，谢造他的恩，故天主赐之入天堂，永远受真福乐。我们在世赖他扶持，如今作好人，死后与他同住天堂受福。这善神就是如今众人所说的天神。众神中有一个最尊贵，名露际弗耳。天主赐他大力量大才能。他见这力量才能便骄傲起来，要似像天主一般。九品里边有许多神乱从露际弗耳，傲心与他背天主。所以天主罚他下地狱，受无量无穷永远真正烦恼。这神独为恶，不为善，常受苦，无福乐。这是众人说的邪魔恶鬼。天主容他在此世界引诱世人的心，一则以炼善人的过失，增善人的功德，一则以罚恶人的罪，使改恶迁善。人不认识天主不能力行善道，便要被他哄诱了去做许多恶事，死后便与他同在地狱受苦。

也再说天主为什么生人？生人的意思与天主生

神的意思一般，也只要我们奉事天主，便立功德升天堂受福。后来我们不肯纯一为善，就分了两个路头：一路是善；一路是恶。世界上又有三件甚能哄诱我们为恶，叫做三仇。第一仇是肉身，我身上的耳目口鼻四肢要被这些声色香味安佚等件引诱去便为恶。第二仇是世俗外边这些风俗习惯的事，人情大家喜欢的事，把个人埋没在里头难跳出去便为恶。第三仇是魔鬼，他的计较又多，或把肉身世俗上的情欲引诱人，或把功名富贵引诱人，或把阴阳术数诡说先知谓可趋吉避凶引诱人，或造假经假像，说道祭祀他奉承他便可求福免祸，引诱人人谗中了他的计较便为恶。有此三仇，所以我们为恶最易，为善最难也。世人亦大都被三仇引去入了地狱，岂不辜负了天主生人的圣意。所以古时天主降下十戒来使人遵守，使人不被这三仇引诱去。若人真能守定十戒无所干犯者，必定不被三仇引去，必定可升天堂免堕地狱也。

那十戒在天主教要上只说得个题目，中间还有道理要晓得，毕竟要与传教的仔细讲解，方得明白，方能遵守。古时天主虽然降下十戒，有许多圣贤讲解，劝人遵守，却因这圣贤都是人，他没有力量赦免得天下万世的罪过，到这圣贤自家身上曾有的罪过更不是自家赦免得的。所以天主自家降生为人，传授大道，把自家身子赎了天下万世人的罪过，然后人得升于天堂，其改恶为善免于地狱都不难。

天主降生于一千六百一十五年之前，岁次庚申，当汉哀帝元寿二年，名曰耶稣，解曰救世者，上面供敬的正是耶稣圣像也。降生为人三十三年，在世亲传经典，拣选宗徒十二人，显出许多圣迹，都在天主经典上，一时说不尽。及至后来功愿完满，白日升于天堂，遗下教规，令十二宗徒遍行于世，教人知道天地间只有一造物真主，至大至尊，生养人类，主宰天下，今世后世，赏善罚恶，乃人所当奉事拜祭的。其余神佛天地日月众星都是天主生出来的，不能为人的真主，不当拜祭。又教人知道人的灵魂常在不灭，今世当守十戒，为善去恶，虽曾犯有过失，如今闻了耶稣的圣教，从了耶稣的遗言，诵了耶稣的经典，都把从前的罪过悉祈天主赦免。立意赦免之后，必常守十戒，遵行不犯，命终之后，其灵魂必得升天堂，不堕地狱也。

这十二宗徒散布天下，传教于千万国，自远及达到今一千六百余年。天下许多国土但是信耶稣圣教义笃行的，其国中君臣士庶老幼男女一心为善者多，其地方永远升平和睦，所以人人得安，意为善。其中读书学道的一心要推广天主圣教，使万国万世人人得升天堂，所以发心轻世，离了本乡劝化远方。这是何意？一则为天主宣传圣教，是于天主位下立了功勋；一则天下人同为天主所生，就是骨肉一般，劝得人识天主，改恶为善，以免地狱升天堂，是又有益于人。所以虽出海外百千万里，亦所不辞，所以虽遭了风波虎狼蛮夷盗贼之灾，亦所不避也。

说有天堂地狱，虽然未见，都是实理。且看古今善人为善恶人为恶，世间何曾报得他尽？若非死后天主报他，岂不枉了善人，便宜了恶人？所以说天堂地狱不是虚无玄远的。今虽不见，待我们见时又翻悔不转了。所以要及今翻悔转来，只要真天主自然赦罪赐福。不要说如今，就是临终时一刻听从了天主的教法，也还翻悔得转来。直到气尽了罢了，万万无及矣。但天主教中说个为善去恶，都要遵依了十戒，从自己身心一一实做出来方是说个改过悔罪，都要将自从来过失真心实意痛悔力除，后来不敢再犯方是。若不是这等的真实，今世必定要被三仇引诱，后世必定下地狱，不得升天。天主岂是欺瞒得的？天堂岂是侥幸到得(的)？地狱岂是侥幸免得的？如今释道家要人施舍些钱财，备办些斋饭，烧化些纸张，便是功果，便要升天堂脱地狱，此必无之理也。

恐见者不察，谓天主圣像与释道二家的像一般，故略说其理如此。若要明白，还须细细讲解，兹不能尽述。（第 170—174 页）

［注：梁家勉的《徐光启年谱》未曾提及这部著作。从语言风格或者说表述方式看，与徐光启一贯的风格或方式有较大出入，似后世之作，而非晚明时期徐光启之作。此文语言风格与《红楼梦》颇似，而《红楼梦》的作者曹雪芹约生活在 1715 年—1763 年，大约比徐光启晚了 100 年。这 100 年间的汉语言有较大的变化，书面语言逐步贴近口语。从收入《徐光启集》的文献看，徐光启几乎从不使用"天主教"这一术语，当时包括其他人多称"西学"或"圣教"，而此文却多次使用"天主教"，这也是一个疑问。虽有伪托之嫌，但断定为出自徐光启

之手或者相反，均缺乏足够之证据，立此存疑，待来者鉴别。

除上述可于王重民辑校的《徐光启集》中见到的和我们转抄的10种外，下面一些作品也有可能出自徐光启之手（或著或译）。

**《灵言蠡勺》**，天启四年（1624年）与传教士毕方济合译，收入《天学初函》。在这部著作中，论证了灵魂是至妙的自立之体，是永远不死的本自在者，进一步倡导“以保救身灵为切要”。毕方济在序中云“总归于令人认已”。梁家勉的《徐光启年谱》也提到这部著作。

收录徐光启专门著作的《徐光启著译集》的编选者虽然收集到了1919年陈垣作序的铅印本，编辑者却没有收录译文《灵言蠡勺》，只称“可另作安排”。《徐光启集》未录。徐宗泽编著《明清间耶稣会士译著提要》认为该书：“泰西毕方济口授，吴淞徐光启笔录，刊印于天启四年……曾收入《四库全书》子部杂家类存目二，明李之藻辑《天学初函》，亦录入是书，一千九百十九年，新会陈垣重校刊印。”“是书是哲学之一部分思想，非常玄奥，有有其意而未能以言达之者矣。乃徐子竟能以其玄妙之笔，清晰之思，将种种非常抽象之理，达之于书；而文字又雅，又达，又信，诚非有哲学明悟者不能译一字，著一语。至术语选择之切确，用字之的当，犹其余事。徐子笔录此书，时年已六十三矣，学精道萃，宜此书之为一杰作也。”①将《灵言蠡勺》的刻印时间确定为天启四年（1624年），主要是根据书中有毕方济写于是年的一篇译序文。1623年到

① 徐宗泽：《明清间耶稣会士译著提要》，第200—201页。

1624年，毕方济在上海传教，但徐光启很可能尚在天津，究竟此书是否二人同译，译于何时，这些都还需要进一步考证。

**《咨诹偶编》**，梁家勉著《徐光启年谱》提到此书，列于万历四十三年(1615年)。“《行实》述公撰此两书……《行述》及《集引》，列举著述目录，未涉及此两书。李之藻辑《天学初函》，亦未收录。此两书是否果出公手？仍待考。”①徐宗泽编著《明清间耶稣会士译著提要》对此书有一简短提要：“明上海徐光启撰，是一本佛辟老，及补儒之书，而归本于天地之主宰。此书可与《辟妄》参阅。”②其中“佛辟老”疑为“辟佛老”之误。《徐光启著译集》与《徐光启集》均未收录。

**《辟妄》**，梁家勉著《徐光启年谱》提到此书，列于万历四十三年(1615年)，已如上述。徐宗泽编著《明清间耶稣会士译著提要》，称“或名《释氏诸妄》”，“吴淞徐光启著，目录如下：一破狱之妄，一施食之妄，一无主孤魂血湖妄，一烧纸无灵之妄，一持咒之妄，一轮回之妄，一念佛之妄，一禅宗之妄”。“此书出后，有虞山北涧普仁截沙门者，惧文定公辟妄之言彰，则众僧谋身之计绝，强为《辟妄辟略说》，希存伪妄以冀养生。”于是又有人出来驳普仁截，“著《辟略说》条驳”。普仁截之《辟妄辟略说》“驳文定公者惟持咒破狱施食三章”，其他各章“不敢置辩一言”。③

---

① 梁家勉：《徐光启年谱》，第110页。所谓“两书”的另一书，系指《辟妄》，《行述》系徐骥撰《先文定公行述》(又称《文定公行实》)之简称，《集引》系徐尔默撰《先文定公集引》之简称。

② 徐宗泽：《明清间耶稣会士译著提要》，第118页。

③ 徐宗泽：《明清间耶稣会士译著提要》，第106页。

《弥撒冠赞》，方豪《中国天主教史论丛》提及，称“文后署‘徐文定公存稿’六字。述万历四十六年(1618年)中国司铎得教宗之许，行弥撒时，可以带特制之冠，而第一次加冠行祭，则为是年九月二十八日在嘉定孙元化家”①。

## 三、传记、年谱

《徐光启集》附有三篇传记：一为《明史》第二百五十一卷中的《徐光启传》，一为徐光启之子徐骥的《文定公行实》，一为阮元《畴人传》第三十二卷中的《徐光启传》。在《徐光启著译集》书后，附有两篇传记：一为黄节的《徐光启传》，一为查继佐的《徐光启传》。

### （一）《明史》中的《徐光启传》

《明史》(第二百五十一卷)本传有《徐光启传》一篇。这篇传记非常简明，以徐光启的科举、官宦之途为主线。

### （二）徐骥的《文定公行实》

徐骥的《文定公行实》则是最早、最详的一篇徐光启传。《徐氏宗谱》中的谱传，松江、上海等地的地方志以及《南吴旧话录》等野史均以此为蓝本。此传中反映了一些类似家训的东西。

---

① 方豪：《中国天主教史论丛》，第50页。

### （三）阮元的《徐光启传》

此传载于《畴人传》第三十二卷。所谓畴人系指从事历法、算学之人，所以列于《畴人传》之中的《徐光启传》也以记载徐光启的历法、数学尤其是历法方面的事迹、贡献为主。王重民称这“是一篇科学史性质的传记”[①]。文末以“论曰”给出对徐光启在修历方面的工作的评价，言简意赅，也常被引用。“自利氏东来，得其天文数学之传者光启为最深”，于是“迄今言甄明西学者，必称光启，盖精于几何，得之有本”，这绝非其他一些缺乏数学功底而又囿于中国传统历算者“所能几及也”。文中大量引用徐光启的言论，较为详尽地介绍了徐光启的修历工作。

### （四）查继佐的《徐光启传》

此文收于《罪惟录》（梁家勉称“此书向无传本，仅存残稿”），撰于清康熙七年（1668 年）。查继佐的《徐光启传》是以光启宦途特别是战事为主线，兼及修历。至于入教诸事，只字未提。文末记录徐光启训诫子孙：“毋空期明日。期明日，则今日是作梦之日，以梦废今日，而明日不醒，当奈何！”记载光启简朴生活：“约啬如寒士，门无杂宾，不设姬媵，厅事至不能旋马。”评价光启一生曰：“光启宽仁果毅，淡泊自好，生平务有用之学，尽绝诸嗜好，博访坐论，无间寝食。”查继佐在附论中有云：“求精责实四字，平平无奇，文定持之终身不衰，观时深

① 《徐光启集·凡例》，第 41 页。

而验物切，以为求治，终不能易此。……嗟乎，使中朝无党，以光启为中枢而专任熊经略东事，'守在辽东'一语，乃终始之矣。"[1]

## （五）黄节的《徐光启传》

黄节所撰《徐光启传》1906年发表于《国粹学报》总第十九期。这是一篇内容比较全面的传记，包括了徐光启的宦途、修历、练兵、铸炮、事农、守战等事。为清王朝避讳，文中多处出现"ڨڤ"或"ڤ"，应是用来指南侵的满清之人或军队蔑称。

在传记的末尾，黄节给徐光启以评价："彼教宗之书，多为光启润色……故予谓西教之昌也，始于光启"，从徐光启设局修历"始用西儒"，"制铳一端，亦始于光启"。对于制铳一事，黄节的评价颇有意思："彼教以弭杀为念，而光启之制铳也惟恐其不伤人；彼教之传于人也，在事天悔罪，若象数之学，传之尝有怍心者，独光启所传，则几何、水法、农政诸大端，举不及其教中事。黄史氏曰：光启信人杰矣哉，至其用兵，疾视ڨڤ，不惜借外族歼之。以谓彼非吾种也，故借外族歼异种则可，借外族戕同种则不可。黄史氏曰：近世借外族戕同种，得富贵以去者有之矣。事故有所施同而用心异者，比比是也，呜呼！"基督教反对杀戮，但利用所掌握的技术制造杀伤力极大的武器；基督教所讲博爱不应有本族、外族之分；徐光启虽借助外部力量对抗南侵的满清，却与后世借外族力量戕害同种而求个人富贵大不相同。

---

① 参见梁家勉：《徐光启年谱》，第268、224页。后一段引文中的"熊经略"系指熊廷弼。

与阮元之《徐光启传》几乎只字不提徐光启入教之事不同，黄节在介绍作为教徒的徐光启方面颇用了些笔墨。光启之入教过程、光启入教之目的、南京教案及光启之《辨学章疏》和保护教士，甚至认为"西教之昌也始于光启"。遗憾的是，对于光启入教的目的，黄节认为徐光启入教是为了学习西方科学的观点，在后来很有影响。

### （六）方豪的《徐光启》

方豪撰《徐光启》，1944 年在重庆由胜利出版社印行。此书分十一章，另有前言一篇和两篇附录。分别从时代背景、家世、求学、治学方法、介绍科学、宦途、著述等方面介绍徐光启的经历，并从刻苦与廉洁、爱国及科学史上的地位予以评价。虽然方豪在天主教会中任司铎这一教职，但"徐氏信奉天主教事迹，教会书已言之弥详，本书多从简略"。

### （七）罗光的《徐光启传》

罗光的《徐光启传》1960 年 8 月由台湾传记文学出版社印行。虽然罗光有教职在身，但其注意力不仅仅在于教徒徐光启，"文定在科学上虽没有新的发明，但是在全国不重视科学的时代，他研究科学，提倡科学，这种科学精神，则配称一位特出的科学家。宜乎中国文化史，推崇他是介绍西洋科学的第一人，惋惜他死后没有继承的人；否则中国近两百年的历史必另有色彩。"[①]罗光有"讲求科学"、"几何原本"、"农政全

① 罗光：《徐光启·自序》，第 3 页。

书”、“督修历法”等专章介绍徐光启的科学工作及科学成就和科学思想。当然，作为教中之人，罗光也不会忽略作为教徒的徐光启。徐光启之入教、传教、护教及其宗教思想，传记作者也颇费了些笔墨。另外，作为政府官员的徐光启，徐光启的人格等，也都是罗光的注意力之所在。

罗光引用了大量的外文资料，这对读者了解国外学者的观点及眼界之开拓大有裨益。但是，由于“景仰先贤，表彰德行”是罗光“一生的素志”，“纪念教会先贤，追述德表，以图继续先贤的精神”，[①]也在一定程度上束缚了其视野。

### （八）梁家勉的《徐光启年谱》

这部著作由上海古籍出版社于1981年出版。作者以不漏不芜为原则，做了大量艰苦细致的工作。《徐光启年谱》的内容十分广泛，包括对徐光启本人作品的考证和内容介绍，包括与徐光启有关人物的有关著述，包括与徐光启同时代人及后人对徐光启的记载的介绍，也涵盖直接或间接与徐光启生平活动有关的历史。在《徐光启年谱》中，作者还不遗余力地为我们提供了徐光启的“撰述年表”、“撰述索引”及本部著作的“人名索引”，徐光启“家属成员索引”和“世系表”，还列出了从徐光启出生到逝世的“阴阳历朔日对照表”。

梁家勉对于“有些事涉无稽，特别是一些虚构风传，托人为重的宗教宣传事迹，概予甄别剔除”[②]。

---

① 罗光：《徐光启传·自序》，第5页。

② 梁家勉：《徐光启年谱》，第7页。

### （九）王重民的《徐光启》

王重民著《徐光启》1981 年由上海人民出版社出版，王重民于 1975 年“含冤辞世，来不及对原稿进行最后润色”，其夫人请何兆武校订。王重民在 20 世纪 50 年代中期辑校了《徐光启集》，于卷首写有一篇长序，比较详尽地介绍了徐光启的生平事迹和科学贡献。在此基础上，王重民继续深入研究，又用了较长的时间，写成这部《徐光启》。

王重民的《徐光启》“对于徐光启的平生事迹搜集甚勤，资料丰富；书中有些论点，确能独抒新见。同时作者又是知名的目录学家和文献学家，对徐光启的全部著作进行了细致的研究，于版本、刊刻时间、流传渊源、内容修改等方面考订精核，多有远过前人之处”。作者“肯定了作为科学家的徐光启而批判了作为政治家的徐光启”，虽然“偏于孤立地叙述个人而与其时代的和社会的背景联系不够密切”，但“对徐光启这一历史课题提供了有价值的研究成果”。①

## 四、墓地和遗迹

### （一）徐光启墓变迁记

1633 年 11 月 8 日，徐光启逝世，崇祯皇帝闻讯停朝一天（一说为三天），特地为徐光启赐祭，追赠他为太子少保，并谥

① 何兆武：《徐光启·序》。

为“文定”。1641年，派遣专使护灵柩归葬上海徐家汇。徐光启的遗体安葬在上海县城西门外十余里的地方，即徐家汇[①]天主教堂西南，土山湾西北，南对肇嘉浜，在二十八保图（今南丹路17号光启公园）。徐光启生前官至文渊阁大学士，人们又称他为“徐阁老”，他的坟地也称“阁老坟”。徐光启墓地占地20亩，共有10个墓穴，葬徐光启及其夫人吴氏，左右是四个孙子夫妇。

清光绪二十九年（1903年），江南天主教会在徐光启进教三百年之际，为纪念“保禄”阁老，重修其墓地。墓前原碑已失，石人、石马、华表等均在。墓前另置大理石十字架一座，座旁志刻石碑缘起，并附有拉丁碑文。清末墓地面积缩小为18亩。

抗战期间墓地荒废。1957年，上海市文化局对徐光启墓地拨款进行重修，重建十字架基台，并公布为上海市文物保护单位。“文革”期间，原有牌坊、华表又遭破坏。1978年，上海市人民政府再次拨款将墓地辟为南丹公园。1981年，在园北部建成明式椭圆形大墓，坟高2.2米，占地300平方米。墓碑上镌刻著名数学家苏步青手书“明徐光启墓”。1983年，墓前小路拓建成150平方米花岗岩坟台，新建徐光启半胸一品官服花岗岩雕像，左右植有龙柏及常青树，墓前东侧有徐氏手迹碑廊，勒石《几何原本》、《〈葩经嫡证〉序》等5篇部分手迹。碑廊背面石刻是查继佐所撰《徐光启传》及现代著名画家程十发临摹的徐光启画像。墓西侧有石马一匹，墓前左右水泥石凳

---

① 徐家汇初名“徐家库”后渐成集镇。徐光启曾在肇嘉浜西侧创建农庄别业，从事农业实践和著书立说。逝世后于明崇祯十四年（1641年）归葬于此（今徐家汇光启公园），其部分后裔在此繁衍生息。

围绕,遍植树木。是年 11 月,为纪念徐光启逝世 350 周年,南丹公园改为光启公园。1988 年,徐光启墓被国务院公布为全国重点文物保护单位。

2000 年,徐汇区文化局加大对文物修缮保护力度,提出徐光启墓修复可行性报告。2001 年,徐汇区人民政府将徐光启墓修复工程列为徐汇区可持续优先发展项目。区文化局组织有关人员精心研究制定徐光启墓修复方案,上海市文物管理委员会组织文物专家对修复方案多次论证,使方案不断趋于完善。2002 年 8 月,徐光启墓修复方案得到国家文物局批准。在中共徐汇区委、区政府及市、区有关部门的大力支持和通力合作下,徐光启墓修复工程于 2003 年 6 月 6 日正式破土动工。为组织徐光启墓修复工程,徐汇区文化局经过两年多时间的精心准备,工作人员走访有关单位,实地勘察,先后获取了极具参考使用价值的文字、图片资料和原墓前的石牌坊、华表等残存部件,为修复方案提供了科学可靠的依据,特别是上海教区光启社提供的徐光启墓牌坊近百岁的老底片(底片长 22.5 厘米,宽 18 厘米),十分清晰,堪称绝版,老照片和残存部件的相互对应更让人发现了这座牌坊的中西合璧的特征。此次徐汇区区政府还决定将江南古民居的代表作南春华堂异地保护至光启公园内,并作徐光启纪念馆使用。2003 年 12 月 27 日,徐光启墓修复工程竣工。

光启公园是一座纪念性公园。园北为墓区,东部为游憩区、西部为青少年活动区。园内荷兰式伞亭、水榭别具一格。徐光启半身塑像坐落墓前,左侧为徐氏手迹碑廊,墓地四周种苍松翠柏,四季常青。全园曲径回绕,树木葱郁,鱼戏荷池,绿草如茵,园容整洁,环境清静,是本市闹中取静的好场所。园四周遍植水杉、夹竹桃、女贞、黑松等抗性强的常绿乔木。路边、池塘边及墓地周围广种罗汉松、龙柏、水杉、银杏、香樟等，间植白玉兰、合欢、腊梅等开花乔、灌木，以丰富四季景色，点缀园内景观。全园共有树木近百种。并根据季节变化，适时更换时令花卉。

徐光启墓位于公园北部，墓为椭圆形，高 2.2 米，周围用花岗岩镶砌，顶上绿草如茵。墓前种植大香樟、龙柏、雪松、夹竹桃，墓后水杉林立。墓前竖立镌有苏步青书写的“明徐光启墓”五字墓碑。两旁设石凳，右侧保存清代石马一具。

**1. 门阙**

正中上：文武元勋

正中下：明故光禄大夫太子太保赠少保加赠太保礼部尚书兼文渊阁大学士徐文定公墓阙

横　右：熙朝元辅

横　左：王佐儒宗

楹　联：治历明农百世师经天纬地
　　　　出将入相一个臣奋武揆文

**2. 墓前碑：庚申春月**

明徐光启墓

苏步青题

**3. 徐光启像**

在墓前约 15 米处，半身，花岗石质，高 1.2 米，底座高1.6 米。雕像穿明代一品朝服，胸前佩仙鹤饰物，面部神情庄重。

**4. 徐光启手迹碑廊**

在墓左侧，廊长 12 米。廊中有徐光启著《〈几何原本〉序》、《〈葩经嫡证〉序》等 5 篇手迹碑石。碑石长 0.9 米，宽0.3

米,共6块1216字。碑石镶嵌在廊壁中。背面是查继佐撰的《徐光启传》及程十发临摹的徐氏肖像。

**5. 墓前十字架**

清光绪二十九年(1903年),江南天主教会重修徐光启墓地时,墓前另置大理石十字架一座。抗战期间已损坏,1957年,重修徐光启墓时重建了十字架基台,但未竖十字架。2003年修建徐光启墓时重修了十字架。这事被视为"体现了对历史的尊重,也是对徐氏本人的尊重"①。

**6. 碑前铭文**

十字架上文字:十字圣架 百世瞻依

十字架底座侧面及后面:明故少保加赠太保礼部尚书兼文渊阁大学士徐文定公墓前十字记呜呼圣沙勿略之来宾而薨于粤岛也谁不哭望三洲奚我独后讵知大圣祈祷早格维皇即於是年嘉靖壬子利玛窦生壬戌则文定公生初访利氏之会友于韶州继访利氏于白下考道数年至癸卯乃始深信不疑而受洗嗣是无日不推阐所深信之道口之手之公诸遐迩时虽廷臣水火魏客煽处致不能展其猷公洎如也遇中伤教士则必抗疏以诤之公孙尔党刻其疏于上海南门外耶稣会之墓道公云臣尝兴诸陪臣讲究道理书多刊刻则信向之者臣也又尝兴之考求历法前后疏章具在御前则兴之言星官者亦臣也因兴讲究考求知此诸臣最真最确所传事天知学真可以补益王化左右儒术救正佛法者也臣心有一毫未信又安敢妄加称许为之游说哉观此知公信道之诚不啻口出高山在望尤贵景行今岁癸卯距公受洗年三百周江南教众输资建十字石于肇嘉浜北原之故阡取藩国光书旌纳矿之

① 陈乐民:《徐光启墓前的十字架》,载《文汇·笔会》2004年4月9日。

文演以为颂曰经云信德有耳闻有传有习相须殷惟明硕辅徐上海揭信光兮扫群氛耶酥会士载拜言公真震旦之暾共竖墓前十字石石弗烂兮矢弗谖

光绪二十九年癸卯教众立石

丹徒马良撰文

娄县张秉彝书

### (二)徐光启上海遗迹

**1. 南春华堂：明代老宅迁移光启墓**

明代宅第建筑典范，原在梅陇。2003 年修复光启墓的同时，这座老宅一并迁移到光启公园，用于陈列徐氏历史图片。2004 年下半年，将这里开辟为徐光启陈列馆。

地址：今南丹路 17 号光启公园内。

**2. 九间楼：祖宅中诞生一代名臣**

徐光启诞生地，徐氏祖宅。原上下各九间，人称“九间楼”。“八·一三”时遭到轰炸，被毁两间，但人们仍称“九间楼”。现已湮没在普通民居之中，仅存明代古井一口。

地址：今乔家路 236—244 号。

一街之隔的徐氏祠堂，至今仍保留着明代时的横梁和斗拱。

**3. 龙华寺：幼年光启求学处**

徐光启幼年读书的地方是龙华寺附近的一个村学。幼年徐光启课后经常登上龙华寺前的七层宝塔游玩。

地址：今龙华路 2853 号。

**4. 桑园街：开辟中国甘薯种植**

徐光启曾在老宅附近的桑园街一带开辟了一块试验田，试种甘薯。他还专门写了《甘薯疏》，宣传甘薯的优点，从此甘薯遍布大江南北。

地址：今中华路光启南路附近。

**5. 阁老坊：董其昌题写额板**

崇祯六年(1633 年)，徐光启在京逝世。为了纪念这位礼部尚书兼东阁大学士，在上海城内县署之南建造了一座"阁老坊"，额板为董其昌所题。1931 年被迁，现已不存。

地址：今光启路附近。

**6. 敬一堂：中式建筑天主教堂**

原为豫园主人潘氏"世春堂"，明末徐光启孙女购入后改建成天主教堂。这座全部楠木构架的明代古建筑现在成了小学生的健身房，整个框架还保存完好。从狭缝里望去，能看到讲台上方楠木垂莲柱上雕刻的鎏金莲花。

地址：近梧桐路 137 号。

# 附 录

## 一、徐光启生平大事年表*

**1562 年　明世宗嘉靖四十一年　壬戌　一岁**

三月二十一日(4 月 24 日),徐光启诞生于南直隶松江府上海县。

**1581 年　神宗万历九年　辛巳　二十岁**

中金山卫秀才。

是年结婚,娶吴氏(吴小溪女)。

与俞显卿计议守城事宜(大概是由于有倭寇的警报)。

**1582 年　万历十年　壬午　二十一岁**

十二月二十二日(1583 年 1 月 15 日)　子骥生。

**1585 年　万历十三年　乙酉　二十四岁**

祖母尹氏卒。

---

* 此年表主要录自王重民著《徐光启》,第 174—184 页。此表所列与梁家勉的《徐光启年谱》不完全一致,请读者注意。

**1588 年　万历十六年　戊子　二十七岁**

江南大荒。秋与董其昌等赴太平府应乡试,未中。

**1592 年　万历二十年　壬辰　三十一岁**

五月八日丁母忧。

**1595 年　万历二十三年　乙未　三十四岁**

在广东韶州教书,结识意大利传教士郭居静。

**1596 年　万历二十四年　丙申　三十五岁**

在上海南门赵凤宇家教书。赵凤宇出任广西浔州府知府,随往浔州。

**1597 年　万历二十五年　丁酉　三十六岁**

春,伴赵凤宇子公益从浔州赴北京应顺天府乡试。秋,中第一名举人。

有《与焦老师书》、《与海翁夫子书》。焦竑、张五典(号海虹)同为是科乡试的主考官。这两封信是中举后的谢函,为现存徐光启作品中之最早者。

**1598 年　万历二十六年　戊戌　三十七岁**

应礼部会试不第,自京返乡,仍以教书为业。

冬季,撰上海《许侯省役便民碑记》(据徐氏家谱)。

**1600 年　万历二十八年　庚子　三十九岁**

在南京会晤意大利传教士利玛窦。

**1603 年　万历三十一年　癸卯　四十二岁**

到南京访利玛窦,未遇。会见传教士郭居静、罗如望,接受洗礼,加入天主教。

为他的父亲做七十大寿,今存全天叙、程嘉燧撰写的两篇寿序。

为上海刘邑侯撰《量算河工及测量地势法》。

**1604 年　万历三十二年　甲辰　四十三岁**

赴北京考试,中第八十八名进士;三月乙丑(三月十五日,即公历四月十三日)殿试三甲五十二名。六月,改充翰林院庶吉士。

夏至日撰《跋〈二十五言〉》。

闰九月下旬撰《拟上安边御虏疏》。

与利玛窦探究天文、历法、数学、水利等。

**1605 年　万历三十三年　乙巳　四十四岁**

在翰林院学习。

撰《漕河议》、《处置宗禄查核边饷议》等。

**1606 年　万历三十四年　丙午　四十五岁**

在翰林院学习。迎父徐思诚、妻吴氏等到京。与利玛窦合译《几何原本》。

春，南京书坊大业堂的主人周时泰辑刻成《新刻甲辰科翰林馆课》12 卷，里面收有徐光启文 13 篇，诗 14 首，都是万历三十二、三年间作的，仲夏刻成。可是此时所作的《拟上安边御虏疏》反而没有收入。

八月初十日作《家书》(一)。

**1607 年　万历三十五年　丁未　四十六岁**

二、三月间有《家书》(二)。

三月十四日内阁题请散馆，除授翰林院检讨。至四月初七日始将题请批下。

四月二十八日父徐思诚卒，扶柩回籍守制。

自去年秋至是年正月与利玛窦合译《几何原本》成，并序，即在北京刻版。

约于是年秋冬间，开始整理《测量法义》。

**1608 年　万历三十六年　戊申　四十七岁**

在家守制，年前译述之《测量法义》定稿。并撰成《测量异同》。继续整理并编写《测量法义》等三书；孙元化从受几何学，并纂成《几何用法》一书。

江南大水。徐光启在他的农业试验园试种甘薯、芜菁等农作物成功，《甘薯疏》可能是在这时候写成的。

**1610 年　万历三十八年　庚戌　四十九岁**

四月中，利玛窦卒于京。

十月二十六日服阕，复除原职（翰林院检讨）。

十一月初一日（十二月十五日）日食，兵部员外郎范守已疏驳钦天监推算时刻有误。

冬，与李之藻共同校正《同文算指》。

**1611 年，万历三十九年　辛亥　五十岁**

正月，撰《焦氏〈澹园续集〉序》。

二月初二日考察，仍原官。

春，有《家书》（三）。

四月二十八日任内书堂教习。

五月初一范守已上疏，请修改历法。钦天监官正周子愚亦上疏请依洪武十五年译修西域历法例，任命庞迪我、熊三拔并知历人修历。十二月初五礼部奏请任命邢云路、范守已、徐光启、李之藻及庞迪我等修历。

秋，整理《简平仪说》成，并序。

**1612 年　万历四十年　壬子　五十一岁**

充修纂官。

春，从传教士熊三拔学习西方水法，编成《泰西水法》六卷，并序，介绍西方水利器械。

是年有《家书》（四、五）、《致老亲家书》（一）。《致老亲家书》（一）中言及修历及水法事。

**1613 年　万历四十一年　癸丑　五十二岁**

正月十五日（3 月 5 日）月食，钦天监推算又不合。

春，分试礼闱，充任同考官，与魏忠贤党羽魏广微有分歧。

至是年九月初四日连闰实历俸三年。先于八月二十八日（10 月 11 日）托病回到天津垦殖。

是年有《家书》（六、七）。

**1614 年　万历四十二年　甲寅　五十三岁**

在天津试种水稻、棉花等农作物，先后撰成《宜垦令》、《北耕录》等农书。

春，撰《刻〈同文算指〉序》。

**1615 年　万历四十三年　乙卯　五十四岁**

在天津屯田。

是年有《家书》(八)。

**1616 年　万历四十四年　丙辰　五十五岁**

五月十四日有《家书》(九)，称“在京寓箔子胡同东”，当是到京以后所写。

五月二十日，复职，六月二十五日补考满(即历俸满三年)。

五月，南京教案(南京礼部侍郎沈漼等上疏驱逐传教士)起，七月，徐光启上《辨学章疏》，为传教士辩护。

七月初四为皇太子讲书。

七月二十五日有《家书》(十)，继有《家书》(十一)、《家书》(十二)，十月十二日又有《家书》(十三)，十一月有《家书》(十四)。

**1617 年，万历四十五年　丁巳　五十六岁**

正月初一日晋升左春坊左赞善，仍兼翰林院检讨。

六月，赴宁夏，册封庆王。九月初九日自宁夏起程回京，大约于十月内回到京师，此行共约 4 个多月。

秋，在天津试种水稻成功。

十月，又回天津屯田。

是年有《致鹿继善》书札。

**1618 年　万历四十六年　戊午　五十七岁**

在天津屯田。

四月努尔哈赤率后金攻占抚顺等地，京师大震。闰四月兵部右侍郎杨镐率大军经略辽东；何宗彦荐徐光启知兵，遂舆疾入都。

是年有《复太史焦座师》、《复钱游戎》、《复吕益轩中丞》三札。

**1619 年　万历四十七年　己未　五十八岁**

入都销假，仍任左春坊左赞善兼翰林院检讨。

三月充廷试掌卷官。

五月初一日有《家书》(十五)。

杨镐兵败。自三月二十日至六月二十八日连上三疏，提出对东北用兵的战略和策略。三疏为：《敷陈末议以殄凶酋疏》、《兵非选练决难战守疏》、《辽左阽危已甚疏》。

九月初九日晋升为詹事府少詹事，兼河南道监察御史，管理练兵事务；并于九月十五日上《恭承新命谨陈急切事宜疏》。

十月二十三日敕曰："东方不靖，内备宜虔。各省直召募民兵，以资捍卫；练成之后，兼备应援。今新兵渐集，已经分布近畿，行将训习。特命尔(徐光启)总理练军事务。"

是年自三月二十日至十一月十九日除上述三疏外，尚有练兵疏稿四篇，共七篇，载《徐光启集》卷三。

**1620 年　万历四十八年(泰昌元年)　庚申　五十九岁**

二月二十三日奉到总理军练事务敕命。于三月二十日开始往通州、昌平二处点选简汰新兵。十月十六日上《巡历已周实陈事势兵情疏》。十二月十一日又上《简兵将竣遘疾乞休疏》。

是年自四月初一至十二月十一日有练兵疏稿六篇，载《徐光启集》卷三。

**1621 年　熹宗天启元年　辛酉　六十岁**

二月初六日奉旨以少詹事协理府事。旋告病，十一月，又奉旨准回籍调理。

四月十六日奉旨回京，二十六日朝见，上《谨申一得以保万全疏》。

五月初九日又上《申明初意录呈原疏疏》，原疏即 1619 年所上三疏。丘兆麟上《核定去留疏》劾徐光启，五月十五日乃上《服官非分疏》。

七月二十七日吏部札付："奉圣旨，不准辞。"

重阳前一日撰《阳明先生批〈武经〉序》。

是年自正月至七月有练兵书稿十篇，载《徐光启集》卷四。

**1622 年　天启二年　壬戌　六十一岁**

以病辞职，先到天津旋又返家乡上海，继续试种农作物，开始搜集、整理资料，撰写《农政全书》。

是年书札有《与李我存》、《与吴生白方伯》。

**1624 年　天启四年　甲子　六十三岁**

魏广微与魏忠贤为拉拢徐光启，奏请授其礼部右侍郎兼翰林院侍读学士，协助詹事府事，纂修神宗实录副总裁。徐光启拒绝任职。

是年书札有《复周无逸》、《与吕公原》、《复张深之》。

**1625 年　天启五年　乙丑　六十四岁**

五月二十三日魏忠贤使人（贵州道试御史智铤）上疏弹劾徐光启，熹宗降旨徐光启"冠带闲住"。徐光启因作《疏辩》，自知辩之无益，辩文搁置未上。

五月，撰《〈适志斋稿〉序》。

**1627 年　天启七年　丁卯　六十六岁**

是年书札有《复苏伯润》。

**1628 年　思宗崇祯元年　戊辰　六十七岁**

熹宗死，思宗即位，罢黜魏忠贤，恢复徐光启礼部右侍郎等职。二月初五日奉旨起补原职。

徐光启由上海进京入朝。七月二十三日朝见，嗣上《再沥血诚辨明冤诬疏》，"冤诬"指被智铤诬劾事。

八月初三日充任日讲官，又提充经筵讲官。

九月初二日上《敬陈讲筵事宜以裨圣学政事疏》。

十二月题充纂修熹宗实录副总裁。二十八日以日讲叙劳，加太子宾客。

是年有《自陈不职乞赐罢斥疏》（大约上于是年十二月二十八日稍后）。

**1629 年　崇祯二年　己巳　六十八岁**

孟夏，有《重修天津卫学官记》。

四月，晋升礼部左侍郎，主持礼部事务。

五月初一日日食，钦天监推算日食前后刻数俱不符，初十日，礼部上《为日食刻数不对，请敕部修改疏》。崇祯帝谕“允宜更正”，礼部又上《为奉旨修改历法开列事宜乞裁疏》。十四日决定修改历法，并着徐光启一切督领。

七月二十六日徐光启奏上《条议历法修正岁差疏》，提出历法修正十事、修历用人三事、急用仪象十事、度数旁通十事。

九月十三日敕云：“顷因日食不合，会议宜请更修，特允延推，命尔（徐光启）督领。”即就玄武门内首善书院旧址开设历局。

十月二十七日后金兵入大安口，十一月二十日后金兵薄北京德胜门。

十一月初四日、二十八日两次在平台召对。时后金已达蓟门，定计守城，命徐光启协同料理，巡视内外十六门火器。徐光启因上《守城条议》、《计开目前至急事宜》及《续行事宜》。

是年自五月初十日至九月二十三日有治历疏稿五篇，载《徐光启集》卷七。

又自十一月初四日至十二月二十二日有《平台召对事》两篇、《守城条议》等三篇、奏稿三篇，并载《徐光启集》卷六。

**1630 年　崇祯三年　庚午　六十九岁**

正月初二日上《丑虏暂东绸缪宜亟谨述初言以备战守疏》，二十三日又上《西洋神器既见其益宜尽其用疏》。

三月，三品考满。

上屯盐二疏。五月十六日上第一疏，上谕：“力作垦荒，禁私疏壅，最得屯盐要领，还详加条画来看。”因于六月初九日上《钦奉明旨条画屯田》第二疏，凡五端：垦田第一，用水第二，除蝗第三，禁私盐第四，晒盐第五。

六月二十四日晋升礼部尚书兼翰林院学士，协理詹事府事。

十二月初七日以《神宗实录》告成加俸一级（或作次年正月加俸一

级，盖是年十二月初七日上请，次年正月实行)。

是年自五月十六日至十二月初三日有治历疏稿九篇，载《徐光启集》卷七。

又自正月初三日至九月有守城制器疏稿九篇，载《徐光启集》卷六。

**1631年　崇祯四年　辛未　七十岁**

正月二十八日上《奉旨恭进历书疏》，即第一次进呈之历书二十四卷。

三月，充廷试读卷官。

六月，充考庶吉士读卷官。

八月一日进呈第二次历书二十卷。

十月十五日上《处不得不战之势宜求必战必胜之策疏》，提出三聚四言的计划。

十月二十一日又上《钦奉明旨敷陈愚见疏》，进一步说明建立车营、首召孙元化兵为第一营的计划。

十一月十一日授资善大夫。

闰十一月丁卯二十八日(1632年1月19日)孔有德在吴桥兵变，孙元化被俘。

是年自正月二十八日至闰十一月初六日共有治历疏稿九篇，载《徐光启集》卷八。

又自三月初九日至十月二十一日有守城制器疏稿三篇，载《徐光启集》卷六。

**1632年　崇祯五年　壬申　七十一岁**

四月初四日进呈第三次历书三十卷。

五月初三日以礼部尚书兼东阁大学士，纂修熹宗实录总裁，提调玉牒，参预机务。

八月，同知经筵。

是年自三月十七日至十月十一日共上治历疏稿七篇，载《徐光启集》卷八。

又十二月有《为皇太子拟名疏》。

**1633 年　崇祯六年　癸酉　七十二岁**

七月，刑部都给事中陈赞化劾徐光启与旧辅周延儒“狡弁蓄谋”事，徐光启因上《衰病实深恳赐罢斥疏》，十六日奉旨着即日入直佐理。

七月二十四日二品考满，晋升太子太保、礼部尚书兼文渊阁大学士。

八月初九日以脾病乞假。

九月二十九日上《历法修正告成，书器缮治有待，请以李天经任历局疏》，十月初六上《治历已有成模恳祈恩叙疏》，初七日又上《进缴敕印开报钱粮疏》。

是年在内阁中的奏疏，自二月至九月尚有十封，已编入《徐光启集》卷九。

又治历疏稿四篇，载《徐光启集》卷八。

十月初七日(11 月 8 日)卒于京寓。赠少保，谥文定，加赠太保，遣专使护柩回家乡。

是年(当在七、八月间)撰《赤道南北两总星图叙》。

又撰《大司马海虹(张五典)先生文集叙》。

# 二、徐光启著述年表*

| 时间(年) | 篇　名 | 注 |
| --- | --- | --- |
| 1597 | “舜之居深山之中”一章 | |
| | “子曰:听讼吾犹人也”一章 | 未见 |
| 1599 | 与焦老师书 | |
| 1603<br>及其前 | 毛诗六帖 | |
| | 渊源堂诗艺 | 佚 |
| | 芳蕤堂书艺 | 佚 |
| | 四书参同 | 佚 |
| | 子史摘 | 佚 |
| | 方言转注 | 佚 |
| | 语类 | 佚 |
| | 塾书政 | 佚 |

* 本表录自梁家勉:《徐光启年谱》(上海古籍出版社,1981年),表后的“表例简述”为原著所有(尚有第五条未录,因第五条是关于此表所附“索引”的,这里没有收录所附的“索引”,故此条略去)。另有存在争议的几篇关于天主教的作品,读者可参考本书“著作、传记和墓地、遗迹”章中“徐光启天主教作品”一节。

续表

| 时间(年) | 篇名 | 注 |
|---|---|---|
| 1603<br>及其前 | 二十四则古 | 佚 |
| | 读书算 | 佚 |
| | 赋囿 | 佚 |
| | 制汇 | 佚 |
| | 书法集 | 佚 |
| | 草书类 | 佚 |
| 1603 | 量算河工及测量地势法 | |
| 1604 | 拟上安边御虏疏 | |
| | 跋《二十五言》 | |
| | 克罪七德箴赞 | |
| | 与海翁夫子书 | |
| 1605 | 拟汉武帝罢田轮台诏 | |
| | 汉文帝诛薄昭或以为仁厚中有神武,田叔烧梁狱词,或以为善处人母子兄弟之间,二事宽严得失何如对 | |
| | 正直忠厚辩 | |
| | 圣母万寿颂 | |
| | 郭汾阳大人颂 | |
| | 拟东方朔陈泰阶六符奏 | |
| | 新都杨永嘉张二文忠公赞 | |
| | 赤子之心与圣人之心若何解 | |

续　表

| 时间(年) | 篇　名 | 注 |
| --- | --- | --- |
| 1605 | 刻《紫阳朱子全集》序 | |
| | 君臣交儆箴 | |
| | 为之自我者当如是论 | |
| | 拟缓举三殿及朝门工程疏 | |
| | 与友人辩论雅俗书 | |
| | 题岁寒松柏图 | 诗 |
| | 赋得玉壶冰 | 诗 |
| | 题陶士行运甓图歌 | 诗 |
| | 边塞苦寒吟 | 诗 |
| | 雨霁望西山 | 诗 |
| | 赋得草色遥看近若无 | 诗 |
| | 曲水流觞 | 诗 |
| | 上苑听新莺 | 诗 |
| | 南郊陪祀有述 | 诗 |
| | 北郊陪祀 | 诗 |
| | 闻楚变有感 | 诗 |
| | 闻宋史监门郑侠上疏民图有感 | 诗 |
| | 九日怜芳菊 | 诗 |
| | 甲辰翰林馆课 | 辑 |
| | 《考工记》解 | |

续表

| 时间(年) | 篇名 | 注 |
|---|---|---|
| 1605 | 记里鼓车图解 | |
| | 漕河议 | |
| | 通漕类编 | 佚 |
| | 通漕考评 | 佚 |
| | 漕河评正 | 佚 |
| | 处置宗禄查核边饷议 | |
| | 山海舆地图经解(题万国二园图序) | |
| 1606 | 家书 | |
| 1607 | 几何原本 | 译 |
| | 测量法义 | 译 |
| | 选练论 | 未见 |
| | 家书 | |
| 1608 | 题《测量法义》 | |
| | 测量异同 | |
| | 甘薯疏 | |
| | 复宫端全座师 | 函 |
| 1609 | 俞子如先生像赞 | |
| | 芜菁疏 | 部分存 |
| | 勾股义 | |
| 1611 | 《澹园续集》序 | |

续　表

| 时间(年) | 篇　名 | 注 |
| --- | --- | --- |
| 1611 | 家书 | |
| | 跋《几何原本》 | |
| | 简平仪说 | 笔述 |
| | 《简平仪说》序 | |
| | 平浑图说 | 未见 |
| | 日晷图说 | 未见 |
| | 夜晷图说 | 未见 |
| 1612 | 泰西水法 | 笔述 |
| | 农遗杂疏 | 部分存 |
| | 致亲家(函二通) | |
| | 家书(二通) | |
| 1613 | 家书(二通) | |
| 1614 | 刻《同文算指》序 | |
| | 宜垦令 | 佚 |
| | 北耕录 | 佚 |
| 1615 | 辟妄 | |
| | 咨诹偶编 | |
| | 拟复竹窗天说 | |
| | 医方考 | 佚 |
| | 种棉花法 | 部分存 |

续 表

| 时间(年) | 篇　名 | 注 |
| --- | --- | --- |
| 1616 | 家书(七通) | |
| | 辨学章疏 | |
| 1617 | 粪壅规则 | |
| 1618 | 海防迂说 | 佚 |
| | 海防考评 | 佚 |
| | 复焦座师 | 函 |
| | 复吕益轩 | 函 |
| | 复钱游戎 | 函 |
| 1619 | 复庄游戎 | 函 |
| | 家书 | |
| | 敷陈末议以殄凶酋疏 | |
| | 兵非选练决难战守疏 | |
| | 复王孝廉 | 函 |
| | 复熊芝冈经略(两通) | 函 |
| | 辽左阽危已甚疏 | |
| | 恭承新命谨陈急切事宜疏 | |
| | 兵事百不相应疏 | |
| | 选练百字括 | 未见 |
| | 选练条格 | 未见 |
| | 练艺条格 | 未见 |

续表

| 时间(年) | 篇名 | 注 |
| --- | --- | --- |
| 1619 | 束伍条格 | 未见 |
| | 形名条格 | 未见 |
| | 复袁宪使位宇 | 函 |
| | 时事极迫极窘疏 | |
| | 复黄宪副毅城 | 函 |
| | 复太史焦座师 | 函 |
| | 兵机要略 | 未见 |
| | 火攻要略 | 未见 |
| | 虏情第一 | 未见 |
| | 大征第二(别题《大征策》) | |
| | 器胜第三(别题《器胜策》) | |
| | 服戎第四(别题《服戎策》) | |
| | 边备第五 | 未见 |
| | 禁旅第六 | 未见 |
| | 用人第七 | 未见 |
| | 财计第八 | 未见 |
| | 营田第九 | 未见 |
| 1620 | 剖析事理仍祈罢斥疏 | |
| | 东事警急练习防御疏 | |
| | 与茅止生 | 函、佚 |

续 表

| 时间(年) | 篇 名 | 注 |
| --- | --- | --- |
| 1620 | 与鹿伯顺 | 函、佚 |
| | 统驭事宜疏 | |
| | 巡历已周实陈事势兵情疏 | |
| | 酌处民兵事宜疏 | |
| | 巡历控辞疏 | |
| 1621 | 简兵将竣遘疾乞休疏 | |
| | 简兵事竣疏 | |
| | 谢皇赏疏 | |
| | 谨陈任内事理疏 | |
| | 与李我存太仆(二通) | 函 |
| | 致亲家 | 函 |
| | 谨申一得以保万全疏 | |
| | 与大司徒李孟白 | 函 |
| | 复大司马张座师 | 函 |
| | 申明初意录呈原疏疏 | |
| | 台铳事宜疏 | |
| | 仰承恩命量力知难疏 | |
| | 服官非分疏 | |
| | 与周子仪给谏(二通) | 函 |
| | 复临县尹诸葛澹明 | 函 |

续 表

| 时间(年) | 篇 名 | 注 |
| --- | --- | --- |
| 1621 | 与胡季仍比部 | 函 |
| | 与杨淇园京兆 | 函 |
| | 与王泰蒙大司空 | 函 |
| | 与茅止生 | 函 |
| | 略陈台铳事宜并申愚见疏 | |
| | 阳明先生批《武经》序 | |
| 1622 | 与李我存太仆 | 函 |
| | 与吴生白方伯 | 函 |
| 1623 | 端闱奏草 | 辑、佚 |
| 1624 | 复周无逸学宪 | |
| | 张铨传 | 佚 |
| | 复张深之司隶 | 函 |
| | 灵言蠡勺 | 笔述 |
| | 与吕公原比部 | 函 |
| | 先祖事略 | |
| | 先祖妣事略 | |
| | 先考事略 | |
| | 先妣事略 | |
| | 吴夫人事略 | 未见 |
| 1625 | 与王无近端尹 | 函 |

续表

| 时间(年) | 篇名 | 注 |
| --- | --- | --- |
| 1625 | 《适志斋稿》序 | |
| | 疏辩 | |
| | 与李君叙柱史 | 函 |
| 1627 | 复苏伯润柱史 | 函 |
| | 农书(《农政全书》未定稿) | |
| | 庖言 | 辑 |
| 1628 | 敬陈讲筵事宜以裨圣学政事疏 | |
| | 经闱讲义 | 佚 |
| 1629 | 自陈不职乞赐罢斥疏 | |
| | 再沥血诚辨明冤诬疏 | |
| | 先事强兵疏 | 佚 |
| | 重修天津卫学官记 | |
| | 条议历法修正岁差疏 | |
| | 报告测候日食疏 | 佚 |
| | 为奉旨修改历法开列事宜乞裁疏 | |
| | 守城条议 | |
| 1630 | 再陈一得以裨庙胜疏 | |
| | 控陈迎铳事宜疏 | |
| | 破虏之策甚近甚易疏 | |
| | 丑虏暂东绸缪宜亟谨述初言以备战守疏 | |

续　表

| 时间(年) | 篇　名 | 注 |
| --- | --- | --- |
| 1630 | 西洋神器既见其益宜尽其用疏 | |
| | 恭报教演日期疏 | |
| | 报告火药局火灾并自劾疏 | |
| | 镇臣骤求制铳谨据职掌疏 | |
| | 闻风愤激直献刍荛疏 | |
| | 修改历法请访用汤若望罗雅谷疏 | |
| | 言屯盐事宜疏 | 佚 |
| | 奉旨条画屯盐疏 | |
| | 修改历法疏 | |
| | 钦奉明旨谨陈愚见疏 | |
| | 钦奉圣旨复奏疏 | |
| | 题为月食事宜疏 | |
| | 奉命修历因事暂辍谨略陈事绪以明职守疏 | |
| | 报告观测月食疏 | |
| | 审查冷守中历法议意见 | |
| | 为一事两旨前后互异谨据实直陈恳勘明归一以劝忠节以昭信史事疏 | |
| | 奉旨回奏疏 | |
| 1631 | 因病再申前请以完大典疏 | |
| | 预推月食疏(三通) | |
| | 奏呈历书总目表疏 | |

续表

| 时间(年) | 篇名 | 注 |
|---|---|---|
| 1631 | 奉旨恭进历书疏(第一次) | |
| | 遵例引年恳乞休致疏 | |
| | 与周明玓 | 函 |
| | 报告测验月食疏(二通) | |
| | 审查魏文魁所著历元一书意见 | |
| | 学历小辨 | |
| | 奉旨续进历书疏(第二次) | |
| | 预推日食疏 | |
| | 报告测验日食疏 | |
| | 处不得不战势宜求必战必胜之策疏 | |
| | 钦奉明旨敷陈愚见疏 | |
| | 奏为月食事疏 | |
| | 兵事或问 | |
| | 兵事疏 | 辑 |
| | 六函彙辑 | |
| | 上略下略 | |
| 1632 | 报告测验月食疏(二通) | |
| | 奉旨恭进第三次历书疏 | |
| | 预推月食疏 | |
| | 南宫奏草 | 辑、佚 |

续　表

| 时间(年) | 篇　名 | 注 |
| --- | --- | --- |
| 1632 | 月食乞照前登台实验疏 | |
| | 月食先后各法不同缘由及测验二法疏 | |
| | 修历缺员谨申前请以竣大典疏 | |
| | 与周明玙 | 函 |
| | 景教堂碑记 | |
| 1633 | 恳予假调理疏 | |
| | 病势少减入直办事疏 | |
| | 衰病实深恳赐罢斥疏 | |
| | 考课无能乞允辞免疏 | |
| | 恭谢天恩疏 | |
| | 《张海虹先生文集》序 | |
| | 赤道南北两总星图叙 | |
| | 恭谢颁赐疏 | |
| | 预推月食疏 | |
| | 历法修正告成书器缮治有待请以李天经任历局疏 | |
| | 纶扉奏草 | 辑、佚 |
| | 清台奏草 | 辑、佚 |
| | 乞休疏 | |
| | 农辑 | 佚 |
| | 家书 | 佚 |

续 表

| 时间(年) | 篇 名 | 注 |
|---|---|---|
| 1633 | 治历已有成模恳祈恩叙疏 | |
| | 文集 | 辑、佚 |
| | 序议 | 辑、佚 |
| | 书牍 | 辑、佚 |
| | 诗篇 | 辑、佚 |
| 1635 | 崇祯历书(别题《新法算书》) | 主编 |
| 1638 | 徐文定公集(《皇明经世文编》之一部分) | 辑 |
| 1639 | 农政全书 | |
| 1663 | 文定公集 | 辑、佚 |
| 1903 | 徐文定公家书墨迹 | 辑 |
| 1909 | 徐文定公集(重订本) | 辑 |
| 1933 | 徐文定公集(三订本) | 辑 |
| 1962 | 徐光启手迹 | 辑 |
| | 徐光启集 | 辑 |

表例简述:

(1) 凡谱主作品,除目前尚未考知,谱文从无著录的外,不论整部的"书"或单篇的"文"(论文、奏疏、书函及其他),都依次收入于本表。

(2) 作品以谱文著录的公元年为次序。依其年次,兼可逐题检索谱文及其附注。

(3) 作品名称,概照原题著录。

（4）“名称”项下，酌附简注。其中：（甲）注“译”的，表从外国文译成中国文；注“笔述”的，表从他人口述，笔记成文；注“辑”的，表从谱主旧作，自辑或被辑成书；注“主编”的，表与他人合编，并负主编责任。无这些附注的，盖属谱主自撰。（乙）注“佚”的，表该作品已经不存；注“未见”的，表该作品存亡未悉；注“部分存”的，表该作品原件虽佚，部分仍存；无这些附注的，概属现存。

# 三、主要参考文献

## 著 作 类

查继佐:《罪惟录》,杭州,浙江古籍出版社,1986 年。

黄宗羲:《明儒学案》,北京,中华书局,1985 年。

徐光启:《徐光启集》,王重民辑校,上海,上海古籍出版社,1984 年。

徐光启:《徐光启著译集》,上海市文物保管委员会,上海,上海古籍出版社,1983 年。

徐光启:《农政全书校注》,石声汉校注,上海,上海古籍出版社,1979 年。

阮元:《畴人传》,上海,商务印书馆,1935 年。

[美]邓恩:《从利玛窦到汤若望:晚明的耶稣会传教士》,余三乐、石蓉译,上海,上海古籍出版社,2003 年。

[日]沟口雄三:《中国前近代思想的演变》,索介然、龚颖译,北京,中华书局,2005 年。

[荷]霍伊卡:《宗教与现代科学的兴起》,丘仲辉等译,成都,四川人民出版社,1999 年。

[意]利玛窦:《利玛窦中国札记》,何高济等译,北京,中华书局,1983 年。

[英]托伦斯:《神学的科学》,阮炜译,北京,中国人民大学出版社,2003 年。

[法]裴化行:《利玛窦神父传》,管震湖译,北京,商务印书馆,1998年。
[法]谢和耐:《中国与基督教:中西文化的首次撞击》(增补本),耿昇译,上海,上海古籍出版社,2003年。

陈卫平:《第一页与胚胎——明清之际的中西文化比较》,上海,上海人民出版社,1992年。
樊树志:《晚明史》,上海,复旦大学出版社,2003年。
方豪:《徐光启》,重庆,胜利出版社,1944年。
方豪:《中国天主教史论丛》,上海,商务印书馆,1947年。
方豪:《中西交通史》,长沙,岳麓书社,1987年。
方豪:《中国天主教史人物传》,北京,中华书局,1988年。
顾裕禄:《中国天主教的过去和现在》,上海:上海社会科学院出版社,1989年。
何俊:《西学与晚明思想的裂变》,上海,上海人民出版社,1998年。
何兆武:《中西文化交流史论》,北京,中国青年出版社,2001年。
侯外庐:《中国思想通史》第4卷下册,北京,人民出版社,1960年。
侯外庐、邱汉生、张岂之主编:《宋明理学史》下册,北京,人民出版社,1987年。
嵇文甫:《晚明思想史论》,北京,东方出版社,1996年。
江文汉:《明清间在华的天主教耶稣会士》,上海,知识出版社,1987年。
梁家勉:《徐光启年谱》,上海,上海古籍出版社,1981年。
刘毓庆:《从经学到文学》,北京,商务印书馆,2001年。
罗光:《徐光启传》,台北,传记文学社,1970年。
沈定平:《明清之际中西文化交流史——明代:调适与会通》,北京,商务印书馆,2001年。
施宣圆:《徐光启》,南京,江苏古籍出版社,1984年。
孙尚扬:《基督教与明末儒学》,北京,东方出版社,1996年。
万明主编:《晚明社会变迁问题与研究》,北京,商务印书馆,2005年。

王重民:《徐光启》,上海,上海人民出版社,1981 年。

王汎森:《晚明清初思想十论》,上海,复旦大学出版社,2004 年。

王青建:《科学译著的先师——徐光启》,北京,科学出版社,2000 年。

王晓朝:《基督教与帝国文化——关于希腊罗马护教论与中国护教论的比较研究》,北京,东方出版社,1997 年。

熊月之主编:《上海通史》第 1、2 卷,上海,上海人民出版社,1999 年。

徐宗泽:《明清间耶稣会士译著提要》,北京,中华书局,1989 年。

徐宗泽:《中国天主教传教史概论》,上海,上海书店出版社,1990 年。

余英时:《士与中国文化》,上海,上海人民出版社,1987 年。

余英时:《现代儒学论》,上海,上海人民出版社,1998 年。

袁运开、周瀚光(主编):《中国科学思想史》,合肥,安徽科学技术出版社,2002 年。

张学智:《明代哲学史》,北京,北京大学出版社,2000 年。

朱谦之:《中国哲学对欧洲的影响》,上海,上海人民出版社,2006 年。

## 论文类

陈洁、解启扬:《西方逻辑的输入与明末文化思潮》,《广西师院学报》2001 年第 1 期。

樊洪业:《从科举到科学:中国本世纪初的教育革命》,《自然辩证法通讯》1998 年第 1 期。

范中义:《明代军事思想简论》,《历史研究》1996 年第 5 期。

葛荣晋:《程朱的"格物说"与明清的实测之学》,《孔子研究》1998 年第 3 期。

郝秉键:《晚明清初江南"打行"研究(之一)》,《清史研究》2001 年第 1 期。

黄长义:《略论晚明经世思潮的兴起》,《江汉论坛》1997 年第 6 期。

黄书光:《论中国早期教育现代化的艰难探索》,《社会科学战线》2001 年第 6 期。

基甸：《宗教改革思潮对历史文化的巨大影响》，http://www.chilicity.com，2004 年 1 月 30 日。

姜观吾：《徐光启治学方法初探》，《盐城师专学报》1996 年第 2 期。

李虎：《徐光启“生人之率”考辨》，《咸阳师范专科学校学报》2000 年第 2 期。

李利民：《从徐光启的科研历程看中国科技落后的原因》，《湖北社会科学》2002 年第 9 期。

李建军：《影响中国近代科学发展的科学价值观》，《自然辩证法通讯》2000 年第 6 期。

李天纲：《天儒同异：明末清初中西文化学说述评》，《复旦大学学报》（社科版）1997 年第 3 期。

刘明明：《西方逻辑的传播与中国传统思维方式的变革历程》，《九江师专学报》2002 年第 1 期。

刘叶涛：《“李约瑟问题”的深层解读——从逻辑的观点看》，《西南师范大学学报》2002 年第 1 期。

孟宪军：《从耶稣会士看澳门在中西文化交流中的地位和作用》，《东南亚研究》1999 年第 6 期。

闵宗殿：《徐光启对发展我国农学的贡献》，《农业考古》1994 年第 1 期。

席泽宗、吴德铎（主编）：《徐光启研究论文集》，上海，学林出版社，1986 年。

王日根：《论“书院改为学堂”——析从传统“大学”向近代“高等教育”转变的若干机枢》，《高等教育》2001 年第 3 期。

王瑞平：《论中国古代宗室人口增长的特殊性——兼论徐光启“生人之率”三十年翻一番的理论》，《中州学刊》2000 年第 4 期。

王兴亚：《明清时期北方五省棉纺织业的兴起与发展》，《郑州大学学报》（哲社版）1999 年第 1 期。

王兴亚：《明代抑商政策对中国经济发展的影响》，《郑州大学学报》（哲社版）2002 年第 1 期。

吴海江:《中国现代功利主义科学价值观的确立及其对科学发展的负面影响》,《自然辩证法通讯》1999 年第 12 期。
肖巍:《非"体制化":明清之际科学之误》,《复旦学报》(社科版)1997 年第 2 期。
邢兆良:《科学思想应是思想史的基础——关于思想史研究的若干思考》,《上海交通大学学报》(社科版)2002 年第 1 期。
徐海松:《论黄宗羲与徐光启和刘宗周的西学观》,《杭州师范学院学报》1997 年第 4 期。
许康、罗达雄:《〈几何原本〉前三卷校本批校者质疑》,《中国科技史料》第 17 卷第 4 期(1996 年)。
严火其、杨捷:《科学精神与"杞人忧天"》,《学海》2001 年第 6 期。
张柏春:《影响欧洲天文仪器技术东渐的若干因素》,《自然辩证法通讯》1999 年第 5 期。
张柏春:《明末欧洲式天文仪器的试制与使用》,《中国科技史料》2001 年第 1 期。
张纯成:《明末至民初——中国的近代科学史》,《南都学坛》(哲社版)1997 年第 2 期。
张守军:《徐光启的经济思想》,《财经问题研究》1997 年第 8 期。
郑师渠:《鸦片战争前后士大夫西学观念的演进》,《中国文化》2001 年第 17/18 期。
中国科学院中国自然科学史研究室编:《徐光启纪念论文集》,北京:中华书局,1963 年。
周燮藩:《被屏斥的珍籍——〈四库全书存目丛书〉中的天主教文献》,《世界宗教文化》1998 年第 1 期。

# 索 引

## 主要人名索引

**M**

# 主要词语索引

S



T

**W**



**X**

# 后　记

这里对本书的写作情况稍作交代。承蒙南京大学中国思想家研究中心许苏民、周群两位先生的雅意，约请我们撰写这本评传，然而，我们由于种种原因，交稿日期几次拖延，但他们一再予以宽限，该中心负责本书稿的蒋广学先生更是给了我们很多具体的修改意见。因此，在本书出版之际，首先要感谢南京大学中国思想家研究中心以及上述三位先生。

本书由陈卫平拟定初步写作提纲，然后分工写作。陈卫平撰写前言、第一章、第二章，李春勇撰写第四章、第五章、第六章和第七章，并编写了附录，最后由陈卫平统稿。

在本书的撰著过程中，曾得到上海市徐汇区图书馆韩建东馆长、上海市徐汇区文物文化管理办公室陈敬友主任提供研究资料，上海行政学院图书馆的几位同志也提供了大量的帮助，使我们得以充分利用其馆藏文献。我们在此对他们表示衷心的感谢。

本书为上海市重点学科建设项目成果。

作　者

2006 年 7 月

**图书在版编目(CIP)数据**

徐光启评传/陈卫平,李春勇著.—南京:南京大学出版社,2006.8(2007.11 重印)

(中国思想家评传丛书/匡亚明主编)

ISBN 978-7-305-04778-7

Ⅰ.徐... Ⅱ.①陈...②李... Ⅲ.徐光启(1562~1633)—评传 Ⅳ.K826.1

中国版本图书馆 CIP 数据核字(2006)第 073504 号

中国思想家评传丛书

**徐光启评传**

陈卫平 李春勇 著

---

南京大学出版社出版发行

社址:南京市汉口路 22 号 邮编:210093

电话:025-83596923 025-83592317 传真:025-83328362

网址:http://press.nju.edu.cn

电子邮件:nupress1@public1.ptt.js.cn

sales@press.nju.edu.cn(销售部)

南京爱德发展有限公司印刷

开本 850×1168 1/32 印张 10.875 字数 244 千

2006 年 8 月第 1 版 2007 年 11 月第 2 次印刷

印 数 2501—4500

ISBN 978-7-305-04778-7

---

定价:28.00 元